水墨東坡

荣宏君　著

河南文艺出版社
·郑州·

我本无家更安往
往赴故乡兼此居
湖山

苏东坡诗句

壬寅 金耀基

苏东坡（代序）[1]

明·袁中道

苏子瞻，亦字和仲。仁宗景祐丙子，母梦一僧入堂而生。智慧夙成，少年慕玄释，不乐世染；欲辞婚宦，有志未遂。喜读书，手抄经史皆一通。每一书成，辄变一体，书法遂工。髫年便有论著，父明允大以为佳。

年二十，侍明允，偕弟子由，至成都谒张安道。安道倾注甚，致书欧阳永叔。永叔见明允及子瞻、子由文，甚喜，极力推挽，声名大起。

子瞻疏眉秀目，美须髯，戴高桶帽。背有黑子，宛如星斗。少为人雄快俊爽，内无隐情。闻人一善，赞叹不遑，而刚肠疾恶。又善谑笑，锋刃甚利。子由恂恂然，寡言慎重，捐介自守，不妄交游。其志于无生之学，世缘浅，道根深，则两公皆再来人也。而其为文，大略如其为人。子瞻豪肆汪洋，子由冲和平衍。子瞻固谓："子由之文，体气高妙，吾所不及。"而其实子瞻之才远甚。自其少时，明允令子由师子瞻，兄弟友爱，未尝一日相舍。长且游宦四方，读韦苏州诗"那知风雨夜，复此对床眠"，恻然感之，乃相约早退为闲居之乐。第后为福唐主簿一年，与子由同中制科，出佐岐下。时明允奉命修礼书，子由辞商州椽，留京奉养。岐下密通京中，凡观风征俗，感时即事，八观之故区，五丈之遗迹，慷慨征歌，兄弟唱酬，诗筒往来不绝。明允卒后，子由出官济南；而子瞻判官告院，与王介甫议论不合，出为杭倅。于时兄弟散于宦途，离合之感，从此始矣。

初文与可同在馆阁，与可能诗骚，妙墨竹，于子瞻为中表兄弟，最相爱怜。见子瞻数上书言天下事，退而与宾客讥切时政，每加箴戒。于

---

[1] 本文原为《次苏子瞻先后事》，出自袁中道所著《珂雪斋集》，有删节。

其行也，曰："世途险恶，惟守口可以免祸，弟其慎之！"子瞻笑而不答。取道广陵，与刘贡甫、孙巨源、孙莘老聚，自谓"逐人也"，遂以逐人字为韵作诗。

既至杭，湖山胜绝，宝刹云兴，岩谷之间，颇多异人。既通名理，晓了文字，官冗多暇，耽情水石。招来老宿，载携声伎，登山泛水，殆无虚日。孤山惠勤，见知永叔，到官三日，即往访之。时有仲殊嗜蜜，思聪嗜琴，俱能诗歌，呼为蜜殊、琴聪、数与唱和。有参寥道人者，与子瞻尤相知赏，尝与同登寿圣方丈，顾谓之曰："我生平都未至此，而眼界了了，若素所历。自此上至忏堂，当有九十二级。"遣人数之，悉如其言，乃知前身皆此山中僧也。济州晁无咎，随父官杭，年始十七，著《七述》谒子瞻。子瞻奇之，与定交。

初官京师时，妻王生大儿迈，遂夭。后娶王女弟季章。官钱塘，纳侍儿朝云，云亦氏王，甚慧。子瞻尝呼为"老云"。后又有侍儿榴花，及善胡琴琵琶婢。

仕杭三年不调。念弟子由在济南，思与相近，求为陈州守，得密，访李公择于湖。至松江，夜半月出，与张子野痛饮垂虹亭上。子野年八十五，以歌辞闻天下，作《定风波令》。至密筑超然台。改知彭城，约子由会于澶、濮之间，相携至彭城，宿逍遥堂。时兄弟一别，遂已七年。子由念风雨联床之约，不胜离合之感。子瞻则谓："子由天资近道，今已有得，而我亦窃闻其一二，是今者宦游相别之日浅，而异时退休相从之日长，无容凄怆也，然而乡思益深矣。"子由留百余日而去。城东建黄楼，子由为赋。

移知湖州，携客登岘山亭，晚入飞英寺，用"月明星稀"字分韵作诗。时文与可已死，偶曝书见其书字，执字痛哭，遂至失声。

是年言事者以到任谢表为谤，并摭生平诗辞，以为怨望，遣中使追摄赴诏狱。妻子送之出门，皆痛哭。子瞻笑谓妻曰："子独不能如杨朴处士妻，作一诗送我乎？"夷然就道。亲戚故人皆惊散，独王子立兄弟，旧在邸舍，乃取家属致之南都。行次宿州，御史符下，就家取书。州郡望风，遣吏发卒，围船搜取。长子迈，稍长，已随行；其余幼稚妇女，几怖死，去后，悉取书焚之。有司移各州取所留诗，杭州供数百首，名曰"诗帐"。

既就逮台狱，与儿子迈约："狱中不知外事，送食惟菜肉，如我死，以鱼。"迈谨守。逾月忽粮尽出谋，委一亲戚代送，而忘语其约，乃送以鲊。子瞻知不免，因自叹曰："命途舛薄，遭此茶苦。我死易耳，乃竟不得一见吾子由乎！"因赋二诗寄之。一曰："圣主如天万物春，小臣愚暗自亡身。百年未了须还债，十口无家更累人。是处青山堪付骨，他时夜雨独伤神。与君今世为兄弟，更结来生未了因。"二曰："柏台霜气冷凄凄，风动琅珰月向低。梦绕云山心似鹿，魂飞汤火命如鸡。额中犀角真吾子，身后牛衣愧老妻。他日神游定何所，桐江知在浙江西。"书罢，托狱卒遗子由，狱吏不敢隐，遂以上。上见而怜之，自此一意宽释。会以曹太后泣，问故，上意益解。于是黄州之命下矣。

子瞻甫出狱，即有"却拈诗笔已如神"之句。诣黄，道出陈州；子由自南郡来陈相见。是会也，不啻再生，悲喜交集。岐亭逢故人陈季常。季常喜宾客，畜声伎，弃家隐于此地，自号龙丘居士。为留五日。先是有神降于黄，曰："二月望日，苏公至矣，恨吾不及见也！"子瞻果以是日至黄，寓居定惠寺。定惠颙长老为开啸轩。眷属自南都来，迁临皋亭立南堂。

廪入既绝，人口复多，意甚忧之，痛自节俭，日用不得过百五十。每月朔，便取四千五百钱，断为三十块，挂屋梁上。平旦用画叉挑取一块，即自藏去。又年余后，窘甚。有故人马正卿者哀之，于郡请故营地，使躬耕，始营东坡。盖取乐天在忠州时有《东坡种花诗》，又有《步东坡诗》，遂名之谓东坡，自号东坡居士焉。东坡旁有废圃，筑堂曰雪堂。堂成大雪中，因绘雪四壁无容隙，自书"东坡雪堂"四字榜之。

性不喜杀生，自下狱后，念已亲经患难，不异鸡鸭之在庖厨，不欲使有生之类，受无量怖苦，遂断杀。尝往访陈季常，恐季常为己杀也，作汁字诗戒之。季常从此不复食肉。而歧亭之人化之，亦多有不食肉者。然未能忘味，或食自死物；饮酒仅能三蕉叶，而意甚嗜之。尤喜人饮，同其醉醒。邻近四五郡，常有馈酒者，合置一器中，谓之"雪堂义樽"。

偶病赤眼，逾月不出。或疑有他疾，过客传为已死。有语范景仁于许昌者，景仁即举袂大恸，召子弟具金帛遣人周其家；子弟徐言未必可信，且先书问之。乃遣仆以讯，子瞻得书大笑。此信传之都下，上以问蒲宗孟，对曰："风闻有之，恐未实也。"上将进食，因叹息再三曰："才难，才难！"投箸而起，意甚不怿。上与近臣论人才，因曰："轼方古人，孰比？"近臣曰："唐李太白。"上曰："不然。白有轼才，无轼学。"上屡有意复用，而近臣王禹玉辈以"世间惟有蛰龙知"之句，激怒上意。会章子厚力解始释。俄出御札，量移临汝。

　　过金陵，王介甫野服乘驴，谒于舟次，子瞻迎揖曰："轼今日敢以野服见耶？"介甫笑曰："礼非为吾辈设也。"

　　哲宗立，元丰党人散去。五月，复官知登。到郡五日，以礼部郎召还，除中舍。自谓乐天从江州司马除忠州，旋以主客为中舍；己从黄州除登州，亦以仪曹为中舍。出处老少大约相似，盖庶几此翁晚年闲适之乐焉。是时子由相继为侍从。子瞻乃荐黄鲁直、秦少游，而张文潜旧与子由相知，以故得交子瞻，与晁无咎同在史馆。此四人，皆负高才，修行谊，风流儒雅，照映当时，事子瞻不啻如所畏。子瞻虽未常以师道自予，而道德文章，实为诸俊人领袖，天下以此称为"苏门四学士"。茶有"密云龙"者，最甘馨。四人每来，必令侍儿朝云取密云龙，家人以此知之。又荐彭城陈履常为博士。时王晋卿、王定国辈，皆起自幽滞；而刘贡父、张天觉俱在朝廷，又有李伯时之属。弟兄聚首，友朋凑集，文酒赏适，雅道大振。

　　数论事，为赵挺、王觌所论，论其习于纵横捭阖之术，不宜久居朝廷。遂累章请郡，以学士帅杭。至金山，复访了元，留恋浃月。

　　既至杭，于是子瞻去此地十六年，山中道友，稍已凋落。辩才老退，居龙井之风篁岭，地多苍筤筱荡，风韵凄清，流泉活活。子瞻杖履数至，留连竟日。辩才送去岭上，左右惊曰："远公过虎溪矣！"辩才笑曰："与子成二老，来往亦风流。"遂作亭岭上，名曰过亭，亦曰二老。西湖将塞，乃以葑泥筑堤，种芙蓉杨柳其上，望若图画。常于湖上石佛院治郡事。

　　自杭召还为承旨，寓居子由东府。以兄弟同在禁林，请郡得颍。

　　时陈履常为州教授，赵德麟亦官颍，堂前梅花大开，月色鲜霁。妻季章曰："春月色胜秋月色，秋月令人惨凄，春月令人和悦。何如招陈、赵诸公来饮此花下？"子瞻大喜曰："吾不知子亦能诗耶，此真诗家语耳！"遂召诸客痛饮，以语意为歌辞，极欢而散。

移守维扬，获二石：其一绿色，冈峦层叠，有穴达于颠。其一玉白可鉴。渍以盆水，以旧梦游仇池，遂号为仇池石，自谓希代之宝。后王晋卿欲因观夺之，终弗得。寻召还，至封丘张友正。友正时为令，具饭邀之。既至，对设长案，各以精笔佳纸墨列其上，每酒一行，即伸纸作字。以二小史磨墨，几不能供。酒行既终，纸亦尽，乃相易携去。

既至，拜兵部尚书，出知定州。

自起废滞至于今，兄弟荣显八年耳。而元丰诸臣章惇辈，皆会于朝。章惇初与子瞻善，自子瞻陷台狱，惇颇加救援。及迁临汝，惇与有力，子瞻亦自谓："子厚爱我！"而子由至是疏其奸恶，惇大怒，遂修隙。于是子瞻贬岭外，子由贬筠，鲁直贬涪，秦少游贬郴，张文潜贬黄。向所谓四学士者，相随斥去。子瞻笑曰："戒和尚又错脱也！"妻王季章已死，歌舞妓皆散，惟朝云依依不肯去。乃遣长子迈、次子迨归阳羡，而独与朝云、幼子过至岭，独携一轴弥陀曰："此轼西方公据也。"行至临城道中，天气肃然，西山草木皆可数，叹曰："吾南还其必返乎！此退之衡山之祥也。"

既至惠，居合江楼，游白水佛迹，浴于阳池，憩大云寺。野饮设松黄汤。后得隙地数亩，父老曰："此古白鹤观基也。"乃营白鹤新居，葺思无邪斋。每月明之夜，常起登合江楼，或与客游丰湖西禅寺，憩罗浮道院，逮晓乃归。市肆寥落，日杀一羊，不敢与在官者争买，买其脊骨。骨间亦有微肉，煮之，摘剔牙綮间，自云如蟹螯逸味，但众狗不悦耳。

逾年，朝云亦卒。乃葬之于栖禅寺，作六如亭以覆之。于是子瞻飘飘然一苦行头陀矣。未几，长子迈挈家至。

时当事者犹谓罪大罚轻，复谪儋耳。子瞻乃留家惠州，独与幼子过度海。时子由又从筠谪雷，了不相闻。至藤，途中见有逐客来，讯之，子由也。同至雷，逾月而别。而秦少游亦自郴阳移海康，海上偶遇，藉草而坐相语。少游曰："恐下石者更启后命，当奈何！吾已自作挽词矣。"乃袖中出示子瞻，其词凄楚。子瞻读竟，拊其背曰："我常忧逝，未尽此理，今复何言！此去海外，首作棺，次作墓，死即葬于此地耳。"相与啸咏而别。

之琼，于肩舆中坐睡，遇清风急雨，洒然成句。初僦官屋，仅蔽风雨，有司犹谓不可。常偃息于桄榔树下，摘叶书铭，以记其处。买地筑室，为屋三间，昌化士人畚土运甓成之。

常谓儿子迈曰："我常自料，决不为海外人，近日颇觉有还中州气象。"乃涤砚索纸笔，焚香曰："果如所言，写吾平生所作八赋，当不脱误一字。"写毕读之，大喜曰："吾归必矣！"

元符三年，有诏徙廉州，渡海至廉，得秦少游凶问，哀之甚，曰："哀哉！世岂复有斯人乎！"时迨亦至惠矣，乃令迈、迨移家至梧相会。俄拜玉局，北还中原。子由亦由雷还许。

未几疾甚，叹曰："吾年逾耳顺，此事久相待，何所怖？独念吾与子由少时读书山中，如形与影。自奔驰宦海，不能频会。念故山风雨联床，何可复得。犹欲早谢世缘，欢怡晚节。不意命与祸会，垂老投荒。幸今日北归中原，而踪迹相左，至于老死，不及一见。濒海相逢，遂成长别，此实割肠也！"径山老惟琳来候，子瞻曰："岭海不死，而归宿田野，有不起之忧，非命也耶！然生死亦细故耳。"数日，闻根先离，琳叩耳大呼曰："端明莫忘西方！"子瞻曰："此处着力不得。"语毕而终。

目 录

第八章　烟雨西湖

春江欲入戶雨勢來
不已雨小屋如漁舟濛
水雲裏空庖煮寒菜
破竈燒溼葦那

第一章

黄州寒食

◎ 行书三俊
◎ 乌台诗案
◎ 浴火重生

行书三俊

苏东坡在中国是家喻户晓的传奇人物，他是中国传统文化的集大成者，被誉为文坛全才。他是文学家，唐宋八大家之一；他是词人，"豪放派"的开山鼻祖；他还是社会活动家、美食家，爱喝酒、爱品茶，他发明的美食东坡肉、东坡肘子至今依然是大家的最爱。此外，他还是一位书画大家，是中国书画史上的又一座高峰。他最先倡导文人画，还是宋代尚意书法的代表，在书画领域都留下了不朽的杰作。常说"字如其人""书为心画"，接下来将从书画艺术的角度切入，来解读苏东坡的水墨艺术世界。

中华民族拥有五千年一脉相承的文化。人类进入文明阶段的一个重要标志就是发明了文字。众所周知，世界上一共有五大文明发源地，中华文明是这五大文明中唯一一个没有中断的文明。这五大古国都创立了自己的文字，虽然这些文字都具有实用和审美的功能，都有属于自己的书写方法，但是最终也只有中国的汉字真正发展成为一门独立的书法艺术。这是为什么呢？总结下来，主要有以下三点原因：

一是汉字的"图画性"。古老的汉字是单音节的象形文字，既可以表音也可以表意，一开始是看到什么东西，就把它画下来。在书写的过程中，为了简便而变得越来越抽象，最后形成以点、横、竖、钩、撇、捺等笔画组成的，具有独特形体结构的抽象的文字符号。

二是书写工具的特殊性。书写工具的特殊性直接影响书法艺术的形成。我们的祖先发明了毛笔和纸张这些特殊的工具。毛笔吸墨性强，有利于连续书写，非常适合书写者自己内心感情的表达和抒发；另外，毛笔非常柔软，书写的时候可以八面出锋，这是中国书法最终能够形成"真草隶篆"不同字体线条艺术的重要保障。

三是文化的统一性。中国是一个统一的多民族国家，文化上崇尚儒家。虽然历史上也有过短暂的分裂，但最终还是走向大一统。政治上的统一就必须要求"书同文"。可以说，国家的长久统一是书法艺术得以延续至今的一个重要的制度保障。

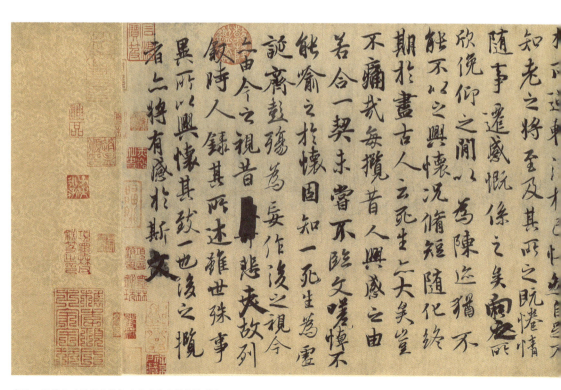

东晋　王羲之《兰亭集序》（北京故宫博物院藏）

书法是中国独有的一门艺术形式，它植根于深厚的中华传统文化土壤之上，已经拥有几千年的历史了。纵观中国书法史，历朝历代可谓名家辈出。这些艺术大师们在真、草、隶、篆等字体上，均给后人留下了杰出的作品。比如，在中国书法史上，曾产生过三件著名的行书作品，被公推为"天下三大行书"。那么，这三大行书都是什么样的作品？作者又是谁呢？

第一名就是天下闻名的《兰亭集序》，又叫《临河序》，作者是东晋的大书法家、一代书圣王羲之。东晋穆帝永和九年（353年）三月初三，是中国传统的上巳佳节，书圣王羲之邀请他的朋友谢安、谢万，还有他的儿子王凝之、王徽之、王献之及其他社会名流，合计四十多人，在会稽山阴的兰亭举办了这年春天的第一次雅集活动，当时春风浩荡，众人曲水流觞、饮酒赋诗，一共作诗

37 首。大家准备出一本诗集，就邀请德高望重的王羲之给写一篇序言，王羲之在微醺的状态下拿起鼠毫笔，在蚕茧纸上一鼓作气，写下了被后世称赞为"天下第一行书"的绝代珍品《兰亭集序》。王羲之也被后世尊称为"书圣"。《兰亭集序》文笔清新优美，书法写得更是精妙绝伦，比如序文中一共出现了二十个"之"字，每个"之"字的写法都不一样，绝对没有雷同。据说后来王羲之酒醒了以后，又照着原文书写了好多遍，无论怎么写也达不到原先的水平了。唐太宗李世民喜欢王羲之的书法，去世的时候，就把这件稀世珍宝随葬，埋进了昭陵，成为书法世界永久的遗憾。

　　大唐王朝雄视天下，以开阔的胸襟和霸悍的视野推动着社会演进，表现在书法艺术上那就是创立了开阔恢宏、法度森严的楷书，又称唐楷。说到楷书，

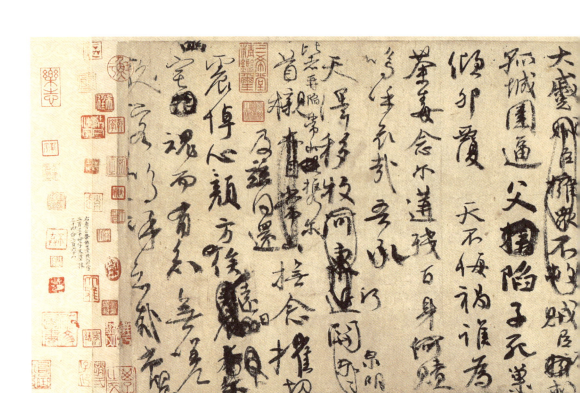

唐　颜真卿《祭侄文稿》（台北故宫博物院藏）

可能大家马上会想到两个人，谁呢？那就是颜真卿和柳公权。这两位大书法家都擅长楷书，他们的书法被尊称为"颜筋柳骨"。颜真卿的楷书被称为"颜体"，他写的正楷端庄雄伟，庙堂之气十足，作品有《颜勤礼碑》《多宝塔碑》《东方朔画赞》，等等。颜真卿除了擅长楷书以外，他的行书作品也气势磅礴，别具面貌，比如下面要介绍的在"天下三大行书"中位居第二名的《祭侄文稿》，就是这样一件杰作。

《祭侄文稿》从书写形式上来看，是一篇用行书创作的文稿，也就是一篇草稿。颜真卿在创作《祭侄文稿》的时候，完全摆脱了书写法度和规则的约束，是真性情的一种自然流露，没有任何人为做作的笔画，作者在书写的时候已经达到了心手两忘的境界。那么，《祭侄文稿》是在什么背景下创作的，书写的又是什

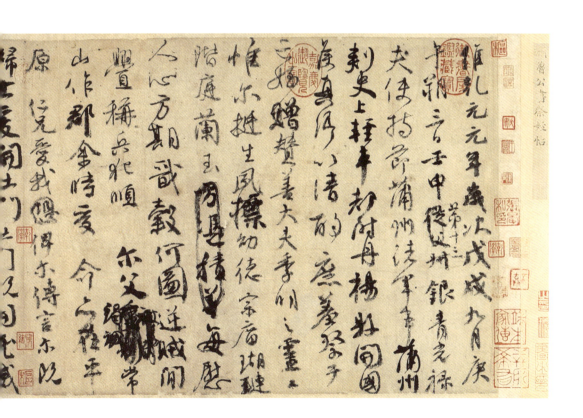

么内容呢?

唐玄宗天宝十四年（755 年），大将安禄山和史思明发动叛乱，"安史之乱"爆发。忠君爱国的颜真卿联络他的堂兄颜杲卿起兵讨伐叛军，颜氏一门先后有三十多人为国捐躯，堂兄颜杲卿和他的小儿子颜季明也都被叛军残忍杀害。758年，颜真卿派的人在河北寻访到了侄子颜季明的遗骨，面对国仇家恨，颜真卿悲愤交加，情不自已，边写边涂，一口气写成了这篇名垂千古的祭文——《祭侄赠赞善大夫季明文》，简称《祭侄文稿》。

介绍了行书中排名第一的《兰亭集序》和排名第二的《祭侄文稿》，那么第三名是谁的作品呢？第三名就是由北宋的著名文学家、政治家、书画家苏东坡所创作的《黄州寒食诗帖》，又称《寒食帖》。一起来欣赏这件字帖：

> 自我来黄州，已过三寒食。
> 年年欲惜春，春去不容惜。
> 今年又苦雨，两月秋萧瑟。
> 卧闻海棠花，泥污燕支雪。

这首诗要表达什么意思呢？苏东坡说："自从我来到黄州，已经度过了三个寒食节。每年都惋惜春天太短，大好春光没有办法挽留。今年开春以来，阴雨绵绵，连着下了两个月，天气像深秋一样寒冷萧瑟，让人心情低落，郁郁寡欢。刚刚盛开的娇艳的海棠花被雨水打落一地，紧接着就被地上的污泥摧残得一片狼藉。"

> 暗中偷负去，夜半真有力。
> 何殊病少年，病起头已白。

"暗中偷负去，夜半真有力"，用的是《庄子》里的一个典故，说是一个人把小船藏到山谷里，他以为藏得很好了，谁知道晚上来了一个力大无穷的人，把小船背走了。这个寓言故事是说世事无常，谁又能改变得了现实呢？就像一个患重病的少年，病虽然好了，但头发却全白了，这是人为的力量所不能改变的事情。

春江欲入户，雨势来不已。

小屋如渔舟，蒙蒙水云里。

空庖煮寒菜，破灶烧湿苇。

那知是寒食，但见乌衔纸。

君门深九重，坟墓在万里。

也拟哭途穷，死灰吹不起。

　　春天江水高涨，眼看着就要冲进屋里来了。居住的破房子却像一叶扁舟，孤独无助地在水里漂流。厨房里空无一物，只好在破灶烧着湿芦苇，将就着煮些青菜。日子过得混混沌沌，本来忘记了今天是什么日子了，当看到天上的乌鸦衔着纸钱飞过，才想起来今天就是寒食节。想舍身报效朝廷，皇宫大门深九重，可望而不可即；想回故乡给祖坟烧纸祭奠，家乡却又远在万里之外。哀叹自己已经到了穷途末路，前途就像一团死灰一样不能复燃。

　　通读全诗，不难看出，诗中充满了苦涩苍凉的味道，东坡把在黄州生活的沮丧、失望，以及落魄无助的心境表现得淋漓尽致。众所周知，苏东坡是四川眉县人，二十二岁考中进士，一直在朝廷做官，他为什么来到了偏僻的黄州，又是在什么背景下才写出如此凄凉哀婉的诗句呢？要了解这些情况，还要从历史上一个著名的冤案，也是北宋时期最大的一个文字狱"乌台诗案"说起。

二

乌台诗案

1067 年，二十岁的赵顼登基，这就是北宋历史上的第六位皇帝宋神宗。神宗是少年天子，他登基之初，雄心勃勃，一心想做一个中兴皇帝，亲政以后，马上想到变法，那么他为什么要变法呢？我们一起回顾一下宋朝的发展状况。当时北宋建国已经一百多年，由于长期执行的是重文轻武的国策，所以多年以来在统治上就面临着一系列的危机，比如，朝廷任命大量的文职官员，导致官僚机构臃肿超编。军费开支庞大，却无所作为，为了求得和平，每年还要贡给西夏和辽国大量岁币，使北宋财政入不敷出。国家就形成了"冗兵、冗官、冗费"的局面，官员多不胜数，人浮于事，造成整个国家机构运转缓慢。这些繁重的财政支出，最后都要转嫁到最底层的老百姓身上。而当时，豪强地主大量兼并农民土地，再加上高利贷盘剥和繁重的苛捐杂税，压得老百姓喘不过气来，直接导致很多地方发生农民暴动。面对内忧外患，宋神宗认为要想富国强兵，必须实行变法，以扭转时局。

就在这样的大背景下，以王安石为代表的新党粉墨登场了。王安石，江西临川人，北宋著名的政治家、文学家、改革家，也是著名的"唐宋八大家"之一。王安石志向远大，一心要变法图强，报效国家，宋神宗也急于变法来改变国家积贫积弱的局面，所以两个人相见恨晚，一拍即合。从熙宁二年（1069 年）开始，王安石主持变法。变法的内容主要集中在发展农业生产和富国强兵，如变法条例中推广青苗法、农田水利法、免役法和保甲法等条款。

总之，变法核心就是"理财"和"整军"，涉及政治、军事、经济等各个方面。这场变法一直延续到 1085 年，宋神宗去世，前后长达十七年，是中国古代史上一次规模巨大的社会变革运动。

以欧阳修、苏东坡为代表的旧党，认为变法操之过急，所以极力反对王安石。苏东坡出身贤良方正科，所以他认为自己看到了问题，就应该知无不言，而且要言无不尽，所以他就搜集各方资料，在熙宁二年给皇帝写下了万言书，这就是历史上著名的《上神宗皇帝书》。这个万言书全面驳斥新法，否定王安石变革。总结下来，主要有以下三个方面：

一是新法颁布操之过急，调研不够。

二是新法条例设置不合理，施行更不够慎重。比如青苗法，为了发展农业，向农民提供低息贷款，本来是为了减轻农民的负担，可是在地方执行的过程中却完全变了样，地方官员强行摊派，从中渔利，中饱私囊，最后弄得百姓怨声载道，民不聊生。

三是王安石用人唯亲不唯贤。为了迅速推行新法，王安石大力排除异己，在用人上，只要你口头上支持新法，不管才能和品行，一律重用。苏东坡在这里所说的"亲"不是指有血缘关系，而是那些投王安石所好，为升官而专门讨好亲近王安石的人。

苏东坡的万言书不但没有得到皇帝的支持，还彻底和王安石为首的新党撕破了脸。随后他开始到杭州、密州等地任职，彻底离开了中央。在地方当官，让苏东坡更加了解了新法在推行中的种种弊端，所以他经常写诗议论、讽刺新政，新党把苏东坡看作自己政治利益集团最大的敌人，他们也在不断搜集网罗苏东坡的罪证，想把他置于死地。元丰二年（1079 年），苏东坡被任命为湖州知州，他按惯例给宋神宗上了一个谢表，谢表中写了这样一段话：

知其愚不适时，难以追陪新进；察其老不生事，或能牧养小民。

——苏东坡《湖州谢上表》

欧阳修像

　　苏东坡这段话是说：自己迂腐不识时务，难以和新进之人共同进步。皇上
体察我年老也不会多生事端，或许能够保全一方百姓，所以才让臣到湖州任职。
这本来是一个例行公事的谢表，可是却被御史李定、舒亶、何正臣等人诬陷苏
东坡是有意讽刺朝廷，否定熙宁新政，接着又从他的诗集中找出一些诗句，一
起上报给朝廷。在这些人的唆使下，宋神宗雷霆大怒，下令逮捕苏东坡，把他
从湖州抓回汴京，关在御史台。汉朝的时候，御史台栽着许多柏树，柏树上住
着很多乌鸦，所以御史台又叫乌台，这个称呼一直延续到宋代。苏东坡因诗获罪，
在乌台关押了一百多天，所以后人就把这个冤案叫作乌台诗案。乌台诗案最终
的处理结果是，革去苏东坡现任官职，下放到黄州任团练副使，但又强调了一点，
就是"不得签书公事"。

　　乌台诗案是北宋官场上最大的一场文字狱。苏东坡少年得志，一直以来都
是顺风顺水，没想到人到中年，在仕途上却遭遇了一场灭顶之灾。四十五岁的
苏东坡来到黄州，虽然头上还有一个团练副使的官帽，实际上他就是一个犯官，
甚至是一个三无人员。为什么说他是三无呢？因为一无实权，二无工资，三无
自由。由地方官监视居住，不得擅自离开黄州。

　　苏东坡被贬至黄州，遭受了人生道路上毁灭性的打击。当时的黄州还是偏

远地区，偏僻荒凉，苏东坡以犯官之身来到黄州，举目无亲，他蜗居在一个叫作定惠院的寺庙里，闭门不出，埋头睡觉，心情跌落到了谷底。那一段时间，他曾给一位叫李端叔的好友去信，叙述自己的生活状况。苏东坡说：

> 得罪以来，深自闭塞，扁舟草履，放浪山水间，与樵渔杂处，往往为醉人所推骂。辄自喜渐不为人识，平生亲友，无一字见及，有书与之亦不答，自幸庶几免矣！
>
> ——苏东坡《答李端叔书》

李端叔本名叫李之仪，比苏东坡小一岁，也是进士出身，这个人是东坡的粉丝，一向敬佩仰慕苏东坡。李之仪也是词人，知名度并不太高，但他有一首《卜算子》却非常有名："我住长江头，君住长江尾。日日思君不见君，共饮长江水。"元祐八年（1093 年），苏东坡到河北定州任知州，李之仪终于找到机会和自己的偶像在定州共同工作了一段时间。后来李之仪得罪奸相蔡京，被治罪。

被贬黄州是苏东坡人生的第一个低谷期。元丰五年（1082 年），这是苏东坡来到黄州的第三个寒食节了，这一年的雨水特别多，断断续续下了两个多月，苏东坡想到自己的前途就像这天气一样，阴沉灰暗，看不到尽头，于是研墨铺纸，提笔写下了这篇铭心绝品《寒食帖》。

三

浴火重生

《寒食帖》流传到今天已经有九百多年了，回望它的传承历史，其中充满了曲折和传奇。那么《寒食帖》究竟是如何保存下来的呢？下面我们就来梳理一下这件国宝的流传历史。

苏东坡的政治生涯非常坎坷，他人生中有十几年基本上就是在贬谪流放中度过。元丰七年（1084年）四月，苏东坡被改任汝州团练副使，正式结束了五年的黄州贬居生活。据说他离开的时候非常匆忙，慌乱之中将《寒食帖》诗稿落在黄州。后来诗稿被一个当差的差役发现，他没有声张，偷偷地将其藏了起来。有一年，河南永安县令张浩回四川老家，路过黄州，他有幸见到了《寒食帖》。张浩非常仰慕苏东坡，看到他的亲笔手稿，如获至宝，据说花费了好几百两银子才把《寒食帖》收藏到手。张浩是四川崇州江原人，原籍山西，早在魏晋时期祖上迁往四川定居。张家来到四川后，也一直保持着耕读传家的祖训，数百年来是晴耕雨读，到了张浩的父亲张公裕这一代终于开花结果，于宋仁宗皇祐年间考中进士。张公裕为人宽厚，他与朝中的大臣李公择十分友好，两个人经常走动，年幼的张浩也经常跟随在父亲身边。李公择有一个外甥，就是苏东坡的弟子、后来闻名天下的书法大家黄庭坚。黄庭坚自幼丧父，所以很小的时候就跟随舅舅李公择读书，就这样，少年张浩和黄庭坚就在李府相识了，两个人

右黃州寒食二首

起 哭塗窮死灰吹不 九重墳墓在万里也擬 銜紙　天門深 知是寒食但見烏 破竈燒濕葦那 水雲裏空庖煮寒菜 不巳雨小屋如漁舟濛

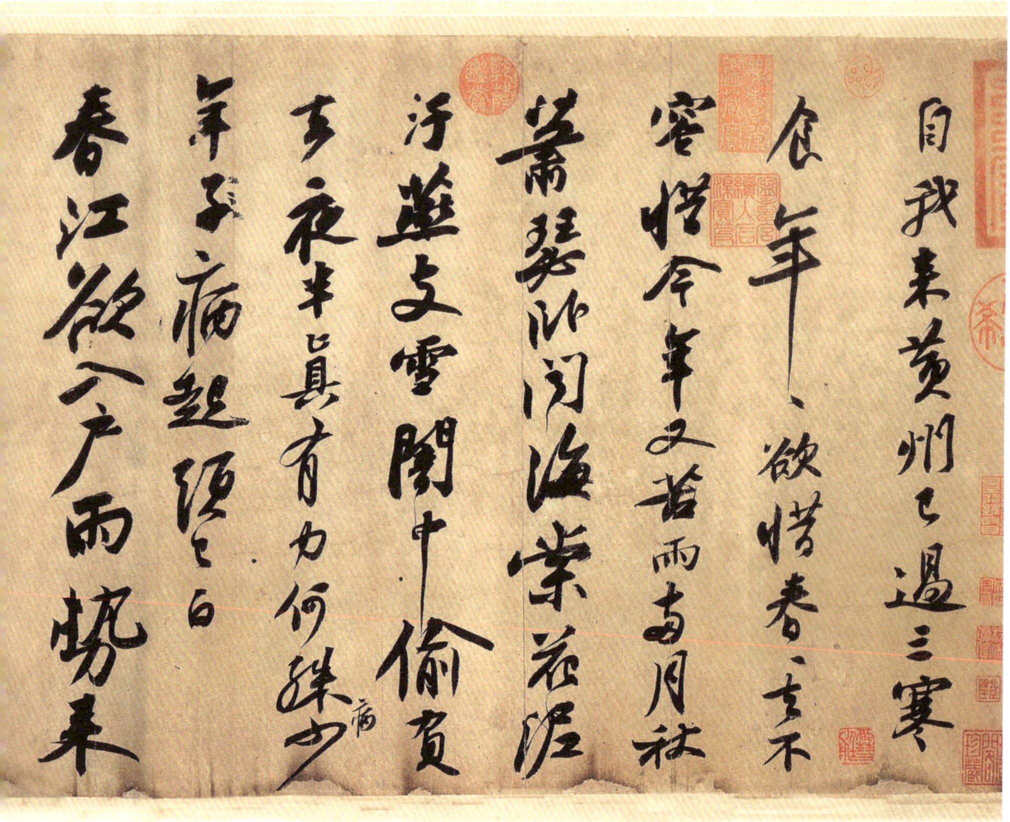

自我来黃州已過三寒
食年年欲惜春春去不
容惜今年又苦雨两月秋
萧瑟卧聞海棠花泥污
燕支雪闇中偷負
去夜半真有力何殊少
年子病起須已白
春江欲入户雨势来

也结下了深厚的友谊。后来，黄庭坚拜师苏东坡，和名士晁补之、秦观、张耒成为著名的苏门四学士，名满天下。

宋哲宗元符三年（1100年），张浩因为母亲去世，正在四川老家丁忧守孝。恰巧这个时候，黄庭坚来到四川眉州的青神县探望姑母。眉州和江原是邻县，距离不远，所以张浩听到消息后，就带着《寒食帖》诗稿来看望老朋友。见到好友突然来访，这真是他乡遇故知，黄庭坚喜出望外，尤其是又看到恩师苏东坡的诗稿，他更是激动不已。当时苏东坡正贬谪在海南岛儋州，黄庭坚也因为乌台诗案的牵连，备受朝廷打压，官职也是一贬再贬。当他读到《寒食帖》的诗句，才知道苏东坡在黄州受尽了磨难，他感同身受。想到老师现在万里之遥的儋州，生死未卜，当时苏东坡已经六十五岁，黄庭坚也早已经年过半百，想到这一生师生二人可能再也不能谋面了，他感慨良多，挥笔为《寒食帖》写下一段跋语：

> 东坡此诗似李太白，犹恐太白有未到处。此书兼颜鲁公、杨少师、李西台笔意。试使东坡复为之，未必及此。它日东坡或见此书，应笑我于无佛处称尊也。

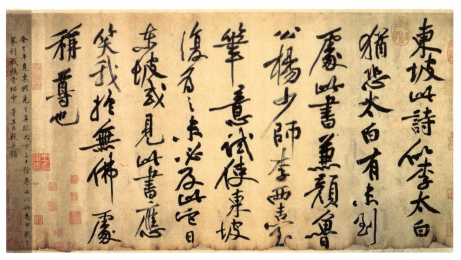

宋 黄庭坚题跋

黄庭坚认为，苏东坡的这首《寒食帖》风格像李白，甚至有李白达不到的地方。书法则秉承了唐朝的颜真卿、五代的杨凝式和北宋李建中的笔法，假如让东坡重新写一遍，也不可能再达到这种水平了。

得到黄庭坚的题跋，这件《寒食帖》锦上添花，堪称双璧同辉。从此张浩更是把这件书法作品珍藏在张氏善颂堂内，当作张氏家族的传家宝秘不示人，后来此书传到张浩的侄孙张缙手中。张缙详细考证了张浩收藏《寒食帖》的前后过程，也题写了一个长跋：

> 东坡老仙三诗，先世旧所藏。伯祖永安大夫尝谒山谷于眉之青神，有携行书帖，山谷皆跋其后，此诗其一也。老仙文高笔妙，粲若霄汉云霞之丽。山谷又发扬蹈厉之，可为绝代之珍矣。昔曾大父礼院官中秘书，与李常公择为僚。山谷母夫人，公择女弟也。山谷与永安帖自言，识先礼院于公择舅坐上，由是与永安游好。有先礼院所藏昭陵御飞白记及曾叔祖卢山府君志，名皆列山谷集，惟诸跋世不尽见，此跋尤恢奇，因详著卷后。永安为河南属邑。伯祖尝为之宰云。
>
> ——三晋张缙季长甫懿文堂书

张缙还在帖上加盖了两枚印章，"懿文堂图书"和"埋轮之后"，"懿文堂"是张缙的堂号，这个很好理解，那么"埋轮之后"是什么意思？其实这个"埋轮"说的是发生在东汉顺帝汉安元年的一个著名典故。

据《后汉书·张纲传》记载，东汉顺帝时，大将军梁冀专权，朝政非常腐败。汉安元年（142年），选派张纲等八名大臣巡视全国，监察吏治，这些大臣都是有名望的大儒贤士，很多担任过重要官职，只有张纲的年纪最小，官职也最低。其他接到命令都启程了，只有张纲把车轮埋在洛阳郊外，说什么也不走，张纲说最大的贪官奸臣就在朝廷当中，不需要再到地方去检查了。随后，他列出了梁冀的十五条罪状，揭露梁冀的罪恶，整个朝廷都被震动了。后人就把"埋轮"

南宋 张缜题跋

看作是不畏权贵、敢于直言正谏的一个典故。

在《寒食帖》上，还盖有"容斋清玩"和"容斋"葫芦肖形印两枚。那么"容斋"是谁？"容斋"是南宋著名的文学家洪迈的号，这说明在南宋的时候，《寒食帖》曾经被洪迈收藏。洪迈是江西人，南宋翰林院学士，著名的文学家，他花费四十年心血写成的《容斋随笔》，是一部集历史、文学、艺术等方面知识于一体的笔记体小说。这本书考证严谨，资料丰富，被后世公认为是南宋笔记小说之冠。

1279 年，南宋灭亡，《寒食帖》辗转来到元朝皇宫，被元文宗图帖睦尔收藏。元文宗自幼生长在内地，受儒家文化影响很深，他提倡尊孔，是元朝皇帝中为数不多的有作为、有建树的帝王。天历二年（1329 年），元文宗在元大都创建奎章阁，搜集整理儒家经典著作，设置书画博士，任命大画家柯九思担任鉴书博士，负责收藏整理历代珍贵书画典籍，还编修了著名的《经世大典》。《寒食帖》是在天历年间被收进了皇宫，元文宗就在帖的右上角钤盖了"天历之宝"的皇家收藏印章。从南宋灭亡到天历年间已有五十年，那么《寒食帖》在这段时间内是如何流传的？它又是如何进入元内府的呢？《寒食帖》上钤盖的两枚印章"张

南宋 张缵收藏印
"懿文堂图书"

南宋 张缵收藏印
"埋轮之后"

南宋 洪迈收藏印
"容斋清玩" "容斋"

元 元文宗收藏印
"天历之宝"

元 张金界奴收藏印
"张氏珍玩"

元 张金界奴收藏印
"北燕张氏家藏"

氏珍玩"和"北燕张氏家藏"将为后人解读这段历史。

这位张氏是谁，又有什么来头？我们先来看件作品，这件作品名为《张好好诗》，是唐朝著名诗人杜牧唯一流传下来的书法真迹。在民国期间被大收藏家张伯驹重金收藏，后来又无偿捐给了国家。这幅书法上也盖有"张氏珍玩"和"北燕张氏家藏"这两枚印章。据张伯驹考证，这两枚印章的主人就是元朝的收藏大家张金界奴。张金界奴是元大都宛平县人，他的父亲叫张九思，在元朝官居光禄大夫，是一个从二品的高级官员。元朝著名书画家赵孟頫就是经他的特别推荐，被元政府征召做官，所以赵孟頫就自称是张氏门生。张九思是书画收藏大家，喜欢搜集典藏历代书画，比如张伯驹珍藏的另外一幅隋展子虔《游春图》也曾经是他的藏品。

张金界奴这个名有些奇怪，因为在元朝，只有蒙古人或者色目人起名字的时候，名字的最后往往添加一个"奴"字。可是张九思和他的夫人都是汉族，为什么给儿子起了个蒙古人的名字呢？因为在元朝时期，很多汉族人自幼学习蒙古语，就起了蒙古名字，这个现象延续了好多年。张九思去世后，藏品被张金界奴继承。元文宗非常赏识张金界奴，在筹建奎章阁的时候，就钦点他为都

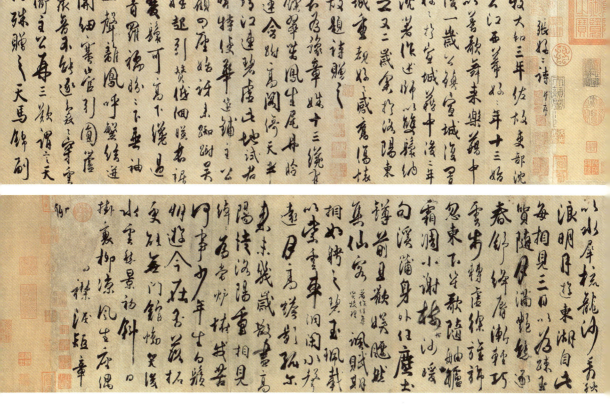

唐　杜牧《张好好诗》（北京故宫博物院藏）

主管主事，官居正二品，主要负责奎章阁的营造建设工作。从天历二年二月开始，前后花费了一年多的时间，奎章阁建成。元文宗对该工程非常满意，赏赐了很多东西给张金界奴。张金界奴也为了向朝廷表达忠心，特意献出家藏的唐朝虞世南摹写的《兰亭集序》，并在卷尾题写"臣张金界奴上进"，这就是中国书法史上《兰亭集序》版本中著名的"张金界奴本"。《寒食帖》上虽然没有张的题跋，但从加盖的两枚印章推断，这墨宝应该是张金界奴进献给元文宗图帖睦尔的。

1368 年，元朝灭亡，《寒食帖》进了明朝的皇宫，所以帖上加盖了典礼纪察司印半印。后来该卷书法又赏赐给了大臣韩世能、韩逢禧父子。韩世能是明代的大收藏家，对《寒食帖》非常珍爱，他还专门让门生、书画家董其昌鉴赏题跋。董其昌鉴赏过很多苏东坡的真迹，但是他认为《寒食帖》艺术水准最高，

清　叶衍兰　赵孟頫像

所以就写下来这一段跋语：

> 余生平见东坡先
> 生真迹不下三十余卷，
> 必以此为甲观。

明 董其昌题跋

在《寒食帖》众多的收藏印当中，还藏着一枚不起眼的小印玺，印章刻的是"北平孙氏"。这方印章虽然很小，但印章的主人孙氏可不是个小人物，他就是明末清初的著名收藏家孙承泽。孙承泽是北京大兴人，崇祯四年的进士，当过李自成大顺政权的官员，进入清朝后，又在顺治年间供职清政府。他复杂的人生经历，使清政府对他也不是十分信任，所以孙承泽最终在政治上并没有什么建树，也可以说是一个失败者。真正让他名留青史的，还是在他致仕以后的著书立说和书画收藏鉴赏。他所著的《庚子销夏录》，就是一部中国书画鉴赏领域的重要图书。孙承泽这方印，基本上让后人理清了《寒食帖》从明朝流传到清朝的历史。孙承泽之后，《寒食帖》又传到清初第一才子纳兰的手中。

纳兰是大学士明珠的长子，满洲正黄旗人，叶赫那拉氏，字容若，号楞伽山人，清朝初年著名的词人，原名纳兰成德，因为康熙立胤礽为太子，而太子的乳名叫成德，为了避太子讳，就改名为纳兰性德。纳兰对《寒食帖》到底有多喜欢呢？我们看一下手卷，他一口气竟然把不同种类的印章盖了二十四次。纳兰才华横溢，可惜天妒英才，他年仅三十岁就英年早逝了。

清 杨鹏秋 纳兰性德像

纳兰去世后，《寒食帖》进入了乾隆的皇宫。乾隆皇帝十分喜爱书画，他是宋徽宗之后又一个超级帝王收藏大家。乾隆皇帝是历史上有名的"点赞狂"，但凡他看过的书画作品，必定一再题跋。这件《寒食帖》是乾隆的心爱之物，他不但亲笔题写了标签"苏轼黄州诗帖，长春书屋鉴赏珍藏，神品"，接着又在一张上等的蜡笺纸上题了"雪堂余韵"四个大字作为引首，"雪堂"是苏东坡到黄州以后的书斋名。乾隆十三年四月初八，又在《寒食帖》之后和黄庭坚跋语之前作了一个长跋，称赞东坡书法，乾隆说：

> 东坡书豪宕秀逸，为颜、杨以后一人。

颜、杨是指唐朝的颜真卿和五代的杨凝式。乾隆皇帝的书法习自赵孟頫，属于比较秀丽流畅的字体，是清代帝王中出类拔萃的书法家，但是要放在书法史上来看，他确实还入不了行列。不过敢在苏东坡、黄庭坚两位大师之间舞文弄墨，他对自己的书法还是信心满满。除了三处题跋之外，乾隆皇帝又加盖了至少二十一枚印章，有"乾隆御览之宝"，有"五福五代古稀天子之宝"，这枚印章是乾隆四十九年，公元1784年，乾隆帝七十四岁的时候得到了第五代玄孙，也就是五世同堂，刻下这枚印章，反映了乾隆的喜悦心情。"八徵耄念之宝"是公元1790年，乾隆八十岁的时候亲自设计的一方玉玺，作为庆祝自己八十大寿的贺礼。还有一枚"太上皇帝之宝"，这是乾隆让位于嘉庆皇帝以后在《寒食帖》上加盖的印章。当时乾隆已经到了耄耋之年，依然对《寒食帖》念念不忘，拿

清 纳兰成德收藏印

出来鉴赏的时候，忍不住盖上这枚印章。这枚印章一是显示了乾隆皇帝强烈的占有欲，另外一方面也反映了他对《寒食帖》的十分喜爱。乾隆还把《寒食帖》收入《三希堂帖》和《石渠宝笈汇编》一书中，列为上上品，也就是内府收藏的最高等级。清朝在乾隆时期国力达到了鼎盛。乾隆以后，由于闭关锁国，盲目自大，清王朝的命运就如同日薄西山，一天天衰弱下去。乾隆去世也就几十年，《寒食帖》也开始了一百多年的颠沛流离生涯，尤其是还经历了三次火灾、一次大地震，每一次都险象环生，面临着被毁灭的危险。

先是第一次大火。1860 年，第二次鸦片战争爆发，英法联军攻入了北京，咸丰皇帝仓皇逃亡承德，侵略者闯进圆明园公开抢劫书画古玩，然后又一把大火把圆明园烧毁，当时收藏在园内的《寒食帖》也在兵荒马乱中流落民间。

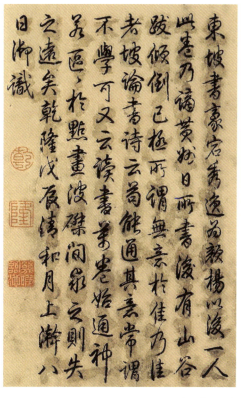

清　乾隆题跋

再是第二次火灾。大概在同治年间，《寒食帖》被一位叫作冯展云的官员得到。有一年，冯展云到陕西任职，大概是需要用钱，他就把包括《寒食帖》在内的大批书画质押保存在典当行，没想到有一天典当行不慎失火，冯展云寄存的书画几乎全部被烧毁，唯独《寒食帖》幸免于难，有如神佑，《寒食帖》的底部也因此留下了火烧的痕迹。冯展云去世以后，《寒食帖》又为其弟子裴景福收藏。裴景福是安徽霍邱人，光绪十二年进士，著名的书画收藏家。由于在仕途上屡遭贬谪，自认为与苏东坡身世相同，所以曾大量搜求有关苏东坡的书画墨迹，他一生经手收藏过的东坡手迹有《定惠院月夜偶出二诗草稿卷》《楷书归去来兮辞集字诗词、赤壁二赋卷》《墨竹卷》《自书和吟雪七古卷》《大楷眉山远景楼记卷》《手书西湖诗册》《大草千文卷》《题烟江叠嶂图歌卷》《小楷怀素自叙释文册》《兴龙节侍谦前一日清虚堂吟雪诗卷》《大楷飞龙篇卷》《书营籍周韶落籍诗轴》《书阿房宫赋》《枯木竹石图立轴》《文与可苏东坡墨竹合卷》《题文与可槎竹图八大帧》，当然其中最著名的藏品就是被誉为"天下第三行书"的《黄州寒食诗帖》了。那么裴景福是如何得到《寒食帖》的呢？他在专著《壮陶阁书画录》中作了十分详细的叙述，今移录如下：

> 《寒食帖》自御园流出，同治初吾师冯展云中丞得之。师故后寄质余斋，未几赎回。丁亥秋，余嘱琉璃厂论古斋萧君往广州探访之，盛伯羲祭酒亦托其代购，余不知也。萧以五百金得之，过沪上，秘不出。予至其寓所穷搜而后得，以原值加百金取之，遂摹入《壮陶阁帖》。逾年入京，盛嘱张劲予学士坚劝相让。时张缙一跋尚未摹出，浼人钩就，以原值易去。尔时鉴别粗疏，未将纸色墨色尺寸详记，今尚悔之。冯师出抚陕西，是卷存京师，质库中不戒于火，他书画多付一炬，此卷墨迹下角纸边已微有灼损痕。乙卯夏入京，复见之景朴孙处，距初得将三十年矣。

在这段记载中，裴景福不但详细记录了自己得到《寒食帖》的经过，而且还交代了该帖最终辗转流传到了国子监祭酒盛昱的手中。盛昱，字伯羲，别署意园，满族，姓爱新觉罗，著名收藏家。在这一时期，《寒食帖》还差一点成为南洋大臣张之洞的藏品。据清末著名学者罗振玉记述，一天盛伯羲带着《寒食帖》到武汉拜访张之洞。张之洞是清朝洋务运动的代表，于同治十二年出任四川学政，光绪元年到眉州督考，驻地"眉州考棚"与三苏祠仅一墙之隔，闲暇的时候，他就常到三苏祠拜谒游览。张之洞对三苏父子非常崇敬，尤其敬仰苏东坡，是个苏迷，十分喜欢东坡的书法墨迹，他的书法"结体求丰，用笔求润"，就深受东坡影响。当张之洞展开《寒食帖》的时候，像着了魔一样，看了一遍又一遍。盛伯羲看张之洞如此爱不释手，就当即表示愿意将《寒食帖》奉送，不过他同时提了一个要求，什么要求呢？就是让其在职务上有所照顾。张之洞毕竟是清流，他考虑再三，最后理智还是战胜了贪欲，非常谨慎地说："如果你开一个合适的价格，现在已经是仲春了，我可以把冬天穿的貂裘皮袄质押在典当行里，把《寒食帖》买下来，如果您要送给我，那我绝对不敢收留。"最后，盛昱看"买卖"不能成交，也不好再勉强，不过见到张大人也不容易，他就又请求张之洞给《寒食帖》赐跋。张之洞却推托说，东坡的弟子黄庭坚已经做了非常精彩的评论，我张某人就不献丑了。盛昱本来踌躇满志而来，可是结果却让他大失所望，只好灰溜溜地离开了武汉。

那么，张之洞是出了名的喜爱苏轼的书法墨迹，面对艺术水平最高的《寒食帖》，为什么要把这样的宝贝拒之门外呢？我认为主要有两个方面的原因：

首先，《寒食帖》毕竟是皇宫的收藏，现在不明不白地流失在民间，应该属于赃物，自己身为朝廷大员，不能收受来路不明的东西。

其次，当时张之洞是南洋大臣，是晚清举足轻重的人物，地位显赫，他也担心私自收受财物，会成为政敌攻击受贿的把柄。

所以考虑再三，张之洞还是咬咬牙，把这件国宝拒之门外，保全了他的一世清名。据罗振玉回忆，1902年，他正在武昌张之洞幕府。彼时，他与端方、梁鼎芬等人都在座亲历了此事。罗振玉说：

先师张文襄公，嗜东坡书。光绪壬寅，公建节武昌，客有持此卷请谒。公赏玩不置,谓平生所(见)苏书墨迹,以此卷及内府藏《枙木诗》为第一。客喜甚,言将奉献,并微露请求意。公曰:"时已仲春,貂裘适可付质库,若以价相让,当留之,否则不敢受也。"客大失望,因求公题识。时方向夕,公乃张宴。邀端忠敏(端方)、梁文忠(梁鼎芬)、马季立孝廉与予同赏之。且语众曰:"如此剧迹,不可不一见。明日,物主人将此北归矣。"时物主方在座,喻公意,乃亟请曰:"若许加题,当迟行程一二日。"公曰:"山谷老人谓此书兼鲁公、少师、李西台之长,某意则得法于北海与鲁公。然前人所言,乌可立异?矧文节为东坡老友,某安敢窃议其后?"卒不允。主人因请坐中诸人,亦无敢下笔者,客乃悯悯挟此卷北归。故今卷中无公一字。文襄事功,昭昭在人耳目,而持躬严正,不可干以私,即此一事已见一斑。此事予在武昌官寺所亲见。今重观此卷,追忆往事,爰书之卷后,以记公之清风亮节。玉当日与诸公并几展观,情况宛在目前,公与忠敏、文忠既先后骑箕天上,季立亦委化,惟头白门生尚在人世耳。瑰宝重逢,曷胜忻慨。

甲子仲夏,上虞罗振玉书于津沽寓居聱砚斋

清朝末年,中国遭遇千年未有之变局,旧的机制都在逐渐土崩瓦解,书画文物收藏当然也不例外,比如原先藏在皇亲贵胄手中,甚至皇宫大内的书画文物,也因为社会大格局的转变,而开始了新一轮的重新变化组合。据大收藏家张伯驹介绍,在清末民国初年,北京产生了一批著名的书画收藏家,其中完颜景贤名气最大,号称"民国收藏第一人"。他是满洲镶黄旗人,著名的鉴赏家、收藏家。因为他收藏有珍贵的唐虞世南的《孔子庙堂碑》《汝南公主墓志铭稿》和《破邪论》,所以自号"三虞堂"。当时《寒食帖》也成了三虞堂的藏品,至于完颜景贤是通过什么手段从盛伯羲手中得到《寒食帖》的,目前还没看到详细史料。

先師張文襄公著東坡書光緒壬寅在湖北武昌嘗有梓此書議而未果此書乃王貴沅不

置謂平生所見而蘇書墨蹟以此最多及　　　內府藏檀木詩為第一嘗舉此書奉獻

至撤詩末意今曰時已仲春歸囊適可以為余壽遯福素送禮果支忠馬季立孝廉與

受此者大有望因念余嘗迫　題識時方夕以為　　　方夕以為送禮果支忠馬季立孝廉與

予同賞之且語客曰如此劇蹟不可不一見明日物主嘗此此歸去時物主

方在世衛王家乃述蕭曰某舉此嘗遷行於二日各老人謂此書乘

魯王少師李西臺之長某客列諸法于此涯與魯王並前人正言焉可異與

劇文節為東坡老友去安敬稱議其後率不完主人圖清此中諸人亦無敬

下事者客乃惆悵換此書比歸故今老中無曰一字文襄李功卻在人亦目

而持脭嚴正不可干瀆邷即此一事之見明此事予在武昌宮寺而觀先今重覩

此書遲遲往事舊書一事後此記以三清風亮節正當日與諸公至凡居観前此

究在目前以今怒然志乾光後躊其先上李立亦委化姊頭白門生尚在人世年疇

貴重逢昌勝斯況甲子仲春上虞羅振玉書于海法寓居燈下觀而已見

清　罗振玉题跋

完颜景贤收藏宏富，张伯驹在《清末以来之书画收藏家》一文中考证，完颜景贤至少拥有一百四十六件历代珍贵书画，但是对苏东坡《寒食帖》他还是另眼相看。所以，在帖上他加盖了"金章世系、景行维贤"、小如庵墨缘、景行维贤、景贤鉴藏、虞轩、"完颜景贤精鉴赏"等至少八枚印章。

1917年10月，北京艺术界在中山公园举办了"京师书画展览会"。完颜景贤拿出《寒食帖》参展，这是九百多年来，《寒食帖》第一次以现代展览的方式面对大众公开展出。这次书画文物特展，在当时引起了巨大轰动，观者如云。也正因这次展览，《寒食帖》的公开亮相引起各界的广泛关注，很多收藏家都想得到这件国宝，最终导致《寒食帖》流失海外，几乎到了万劫不复的地步。这是怎么回事呢？再说北京有一个收藏家叫颜韵伯，他在这场展览会上看到《寒食帖》，就开始惦记上这件名帖。巧合的是，展览会后不久，完颜景贤病逝，颜韵伯花了不少精力，终于在1918年，从完颜景贤后人手中花高价买到了《寒食帖》。当年的农历十二月十九是苏轼的生日，颜韵伯在《寒食帖》上作了一个跋，记录了自己收藏《寒食帖》的整个经过：

> 东坡《寒食帖》山谷跋尾历元明清叠经著录，咸推为苏书第一。乾隆间归内府，曾刻入《三希堂帖》。咸丰庚申之变，圆明园焚，此卷劫余流落人间，帖有烧痕，即其时也。嗣为吾乡冯展云所得，冯殁，复归寓郁华阁。展云、伯羲秘藏不以示人，亦无钤印、跋尾。意园云逝十年，始由朴孙完颜都护购得。越六年，是为戊午，乃由朴孙转入寒木堂，此数十年来未经著录展转递藏之大概也。余恐后来无由知其源委，用特识于卷尾，若夫书之精妙，前人评定第一，断推古今公论，余复何言。
>
> 戊午东坡生日，瓢叟颜乙记

民国初年，日本文化界在东京举办了中国唐宋元明清书画展览会，正是这场展览会，在日本收藏界掀起了一阵收藏中国古代书画热潮。那个时期，中国古代书画价格炒得非常高。日本人对中国唐宋文化非常热爱，苏东坡在日本也拥有大量的粉丝，在当时，东坡不少精品书画都被日本人收藏。比如，苏东坡的书法《李白仙诗卷》、绘画《枯木怪石图》正是这个时期流落到了日本。就在这个大背景下，1922 年，颜世清在日本东京举办了"颜氏寒木堂书画展览会"，在日本文化收藏界引起了很大反响。当时日本的银行家菊池惺堂是著名的收藏家，他酷爱中国传统文化，对苏东坡的《寒食帖》是奉若神明，最终以六万大洋的价格从颜韵伯手中买下了《寒食帖》。

1923 年 9 月 1 日，日本关东地区发生强烈地震，东京几乎瞬间被夷为平地，地震还造成满城大火，菊池惺堂家中也陷入一片火海，当时菊池冒死冲进大火，在烈火中仅仅抢救出来苏东坡的《寒食帖》和李公麟的《潇湘卧游图卷》两件作品。1924 年，菊池惺堂邀请日本著名的汉学家内藤虎，给《寒食帖》做了一个长跋，详细记述了《寒食帖》从中国流落到日本，以及遭遇关东大地震和东京大火的全过程，这也是《寒食帖》遭遇的第三次大火。为了更清晰地了解这段惊心动

颜韵伯题跋

魄的历史，附内藤虎题跋如下：

苏东坡《黄州寒食诗卷》，引首乾隆帝行书"雪堂余韵"四字。用仿澄心堂纸致佳者，东坡诗黄山谷跋并无名款。山谷跋后，又有董玄宰跋语。张青父《清河书画舫云》：东坡草书《寒食诗》，当属最胜。卞令之《书画汇考》亦已著录。阮芸台《石渠随笔》云：苏轼《黄州寒食诗》墨迹，卷后有黄鲁直跋，为世鸿宝，戏鸿堂所刻止苏诗黄跋。其后张缙一跋，人未之见其跋云云。彭大司空云：缙跋所谓永安，庭坚为作仁宗皇帝御书记者也。庐山府君乃公裕弟，公邵官通直郎，知庐山县。张氏世为蜀州江原人，云：出留侯之裔，故以三晋署望也。虎按：卷中埋轮之后印，实系张氏所钤。又有天历之宝及孙退谷、纳兰容若诸人印记。可以见，乾隆以前历世迭更、珍袭之概。乾隆以后授受则详于颜韵伯跋中矣。韵伯为颜筱夏方伯子，家世贵盛，大正壬戌来游江户时携此卷，遂以重价归菊池君惺堂。癸亥九月，关东地震，都下毁于火者十六七，菊池氏亦罹灾，先世以来收储荡然一空，惺堂躬犯万死取此卷及李龙眠《潇湘卷》而免于灾，一时传为佳话。此卷昔脱圆明之灾，今复免旷古未有之震火，虽云有神物呵护，抑亦惺堂宝爱之力矣。及惺堂命以跋语，为书其事于纸尾。此卷为见存东坡名迹第一，则张董诸人已道之，张文襄亦称为海内第一（见梁节庵题识，节庵者文襄门下士也）。微特芸台谓为无上妙品（石渠随笔评东坡武昌西山诗帖卷云："苏迹极多，当以此与黄州寒食诗为无上妙品"），可知精金美玉市有定价云尔。甲子四月，内藤虎书。

予于丁巳冬，尝观此卷于燕京书画展览会，时为

蘇東坡黃州寒食詩卷引首乾隆帝行書雪堂餘韻四字用仿澄
心堂紙致佳者東坡詩黃山谷跋並無名款山谷跋語又有董玄宰跋語
張青父清河書畫舫云東坡草書寒食詩當屬最勝下令之書畫彙致
六巳著錄阮芸臺石渠隨筆云蘇戰黃州寒食詩墨蹟卷後有黃魯
直跋為世鴻寶戲鴻堂所刻止蘇詩黃跋其後張縉一跋人未之見其跋
云。數大司空云縝跋所謂永安庭為作仁宗皇帝御書記者也盧山
庋之窩故以三晉署望也党按卷中埋輪之後印寶係張氏所鈐又
府君乃公裕弟公邸官通直郎知縣為蜀州江原人云出留
有天曆之寶及孫退谷納蘭容若諸人印記可以見乾隆以前歷世迭
更珍饒之概乾隆以後搜要則詳于額韻伯跋中矣韻伯為顏筱夏
方伯子家世貴盛大正壬戌來游江戶時攜此卷遂以重價歸
菊池君惺堂癸亥九月關東地震都下爆於火者十六七菊地氏。
罹災先世以來收儲蕩然一空惺堂躬犯萬死取此卷及李龍
眠瀟湘卷而免於災一時傳為佳話此卷昔脫圓明之災今復免兒
曠古未有之震火雖云有神物呵護抑亦惺堂寶愛之力矣及
張董諸人已道之張文襄亦稱為海內第一見梁節菴題簽節菴
惺堂命以跋語為書其事於紙尾此卷為見存東坡名蹟第一則
壹臺謂為無上妙品石渠隨筆評東坡武昌西山詩他卷云藝蹟徽特若
不能若東坡此卷用雞毫弱翰而揮灑自在有
寄收予齋中半歲餘昕夕把玩益歡觀此乃磨乾隆御墨用心太平室純狼毫作此跋愧
予於丁巳冬嘗觀此卷於燕京書畫展覽會時為完顏樸孫所藏震災以後惺堂
有之價云尔 甲子四月 內藤虎書

日本　內藤虎題跋

完颜朴孙所藏。震灾以后，惺堂寄收予斋中半岁余，
昕夕把玩，益叹观止。乃磨乾隆御墨，用心太平室纯
狼毫作此跋，愧不能若东坡此卷用鸡毫弱翰而挥洒自
在耳。虎又书。

　　《寒食帖》流失海外，一直使华夏子孙耿耿于怀。其中，中国的一位书画大
师尤其对《寒食帖》魂牵梦绕，是谁呢？他就是国画大师张大千。张大千是四
川内江人，和苏东坡是同乡，同时他还是东坡的铁杆粉丝。听说《寒食帖》被
卖到日本，张大千一直在关注《寒食帖》的一举一动，想找机会把这卷国宝买
回国内，让东坡作品重返故乡。就在张大千托人打探《寒食帖》的同时，另外
一个中国人也在暗中密切关注着，这个人就是曾经担任过武汉大学校长的王世
杰。第二次世界大战刚一结束，王世杰就委托友人在日本寻访《寒食帖》的下
落，1950 年 12 月，最终以三千五百美金从菊池惺堂后人手中买了回来，在东瀛
漂泊了近三十载后，千年国宝终于回归祖国。1959 年，王世杰于台北在《寒食帖》
后留下了最后一位现代人的题跋：

　　　　　东坡先生此帖，曾罹咸丰八年英法联军焚毁圆明
园之厄。尔后，流入日本，复遇东京空前震火之劫，
详见卷后颜世清、内藤虎两跋。二次世界战争期间，
东京都区大半为我盟邦空军所毁，此帖依然无恙。战
事甫结，予嘱友人踪购得之，乃购回中土，并记于此。
后之人当必益加珍护也。

　　1981 年，王世杰病逝于台湾，三年后，《寒食帖》入藏台北故宫博物院。
　　后人评价《兰亭集序》和《祭侄文稿》，二者的价值就在于艺术上的独一无
二，其中既包括书法技巧，更蕴含着人文关怀。《寒食帖》的艺术成就也在于苏
东坡的匠心独运，是他在贬谪岁月的神来之笔，记录了一段特殊的历程，永远
不可重复。这也是该帖被评为天下第三行书的重要原因所在。
　　《寒食帖》的千年流传史惊心动魄，它曾经历过两宋交替、南宋灭亡，以及

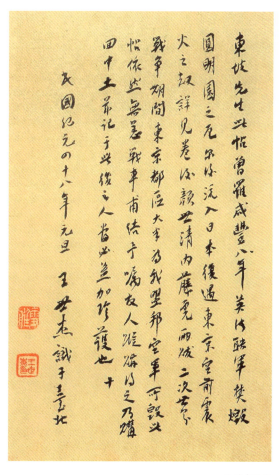

王世杰题跋

元明清三个朝代的更迭。道光以后，遭遇了三次大火，不幸流落到东瀛，又经历了关东大地震和第二次世界大战的洗礼。传承上更是从民间到皇宫，又从皇宫到民间，甚至还流落到异国他乡的日本，再从日本回到宝岛台湾。其实仔细一想，它的命运多舛和作者苏东坡的人生遭际非常相似。庆幸的是，《寒食帖》如有神佑，一千多年来，躲过了一次又一次的劫难，如今依然被完好地保存在中华大地上。

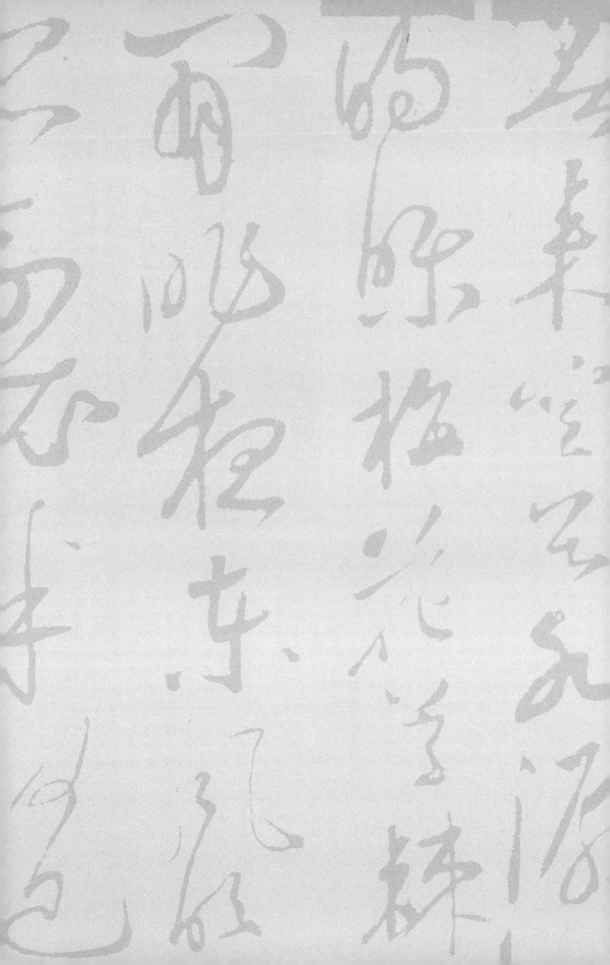

第二章

梅花知己

◎ 暗香疏影
◎ 梅花断魂
◎ 傲骨长存

暗香疏影

1917 年夏，京津地区发生特大水灾。为了给京津赈灾，以颜世清为首的一批北京著名的书画收藏家，联合倡议在中央公园，也就是今天的中山公园举办"京师书画展览会"。展览会出售门票，所得收入捐赠灾区。这次公益展览会是西方展览模式在北京地区的第一次尝试，对于当时的民众来说，展览形式新颖，尤其是苏东坡的书法《寒食帖》第一次公开亮相，参观者众多，引起了不小的轰动。这次展览，不但为灾区募集了大量的善款，而且也对大众进行了一次公开的美育教育，所以主办方决定，要把这种公益展览方式变成一种制度维持下去。1920 年，"京师第二次书画展览会"又在中央公园举办。门票售价是一块大洋，全部收入都用来赈灾。为了筹备这次展览，北京收藏界人士跃跃欲试，他们私底下都有一种斗宝的心态，准备拿出自己的镇宅之宝参展。不过更加引起轰动的是，逊帝溥仪为了博得民众的好感，也决定提供皇室内府收藏的十一件历代书画珍品参展。在中国传统社会中，这些国宝级文物主要收藏于社会的顶层，也就是常说的"公私收藏"。"公"一般就是专指的皇宫大内，收藏品从来秘不示人，专供皇帝一个人赏玩。"私"指的就是士绅阶层，他们的收藏最多也是在私人庭院举办雅集的时候，小范围内向一些志同道合的朋友们展示而已，对于普通的百姓来说，要想看到这些真迹几乎没有可能。展览会是传统模式向现代文明的初步转型，采取公开展示的方式，使书画文物不再曲高和寡、高高在上。不论身份，只要你愿意购买一张门票，就可以参观欣赏。1920 年的这场展览会，因为有皇宫国宝参展，所以观者如云，盛况空前。在溥仪提供的十一件国宝级书画作品中，一件书法长卷更是引起了大众的围观，为什么呢？因为这件作品就是由北宋著名诗人林逋创作的行书《自书诗卷》。林逋是谁？猛然一说到这个名字，可能有些陌生，不过要提到他写的"疏影横斜水清浅，暗香浮动月黄昏"这首咏梅诗，那是家喻户晓。林逋书法真迹传世极少，据说一共只有三件，这一次公开展出的林逋的行书《自书诗卷》之所以珍贵，是因为卷后还附有大文豪苏东坡的一首和诗。这段和诗书写得风流潇洒、笔墨酣畅，向来被书画界看作东坡书法的代表作之一。那么林逋的行书《自书诗卷》写的是什么内容？苏东坡又是在什么样的背景下写的和诗呢？要了解这些情况，还要从林逋的传奇

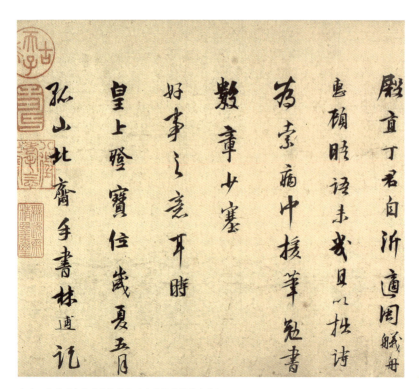

北宋　林逋《自书诗卷》局部（北京故宫博物院藏）

人生说起。

林逋，杭州人，北宋著名隐逸诗人，生于967年，字君复，死后宋仁宗赐谥号"和靖先生"，后人就尊称他为林和靖。林和靖出生于一个书香门第、官宦之家。不幸的是，就在林和靖出生不久，祖父去世，接着父亲病故，几年间家破人亡，林家一下子跌入寒门，林和靖也变成了一个孤儿。少年林和靖却不向命运低头，他刻苦好学，熟读经史百家，后来终于成长为著名的诗人、书画家。在众多史书记载中，林和靖性情孤高自爱，远离功名富贵，喜欢恬淡闲适的生活。尤其是中年以后，他隐居在西湖的孤山，种梅养鹤，悠然自得，甚至二十年不入城市，还断然拒绝朝廷的征用。那么林逋为什么自觉远离繁华，甘心做一个清苦的隐士呢？其实他做出这样的选择，绝非一时冲动，其中还有一段曲折哀伤的时代背景。

在传统的绘画题材中，林逋的形象一般是以一个隐士、柔弱书生的形象出现的。其实现实生活中的林逋文武双修，剑胆琴心。在他少年时期，北宋不断遭到契丹的侵犯，但宋政权由于一直执行的是重文轻武的国策，军事力量薄弱，所以对外的战事是屡战屡败。宋真宗登基后，也想有所作为。他召回主战派大臣王禹偁。王禹偁是山东巨野人，著名的诗人、散文家，是北宋诗文革新运动的先驱，有名的直臣。宋真宗还启用名相寇准，并先后两次御驾北巡，激励前线的将士们。景德元年（1004年），宋真宗亲自到澶州前线督战，将士们备受鼓舞，乱箭射死了契丹名将萧挞览，消息传出，举国欢腾。林和靖是热血青年，面对异族的入侵，他也血脉偾张。就在这个背景下，林和靖走出书斋，穿上戎装，决定到曹州府前线以身报国。当时的作战前线是澶州，林和靖为什么要到曹州府呢？曹州就是今天的山东菏泽，位于黄河下游，离当时的首都汴京不过百里，而与契丹作战的前线澶州城就和曹州府一河之隔，所以一切作战物资都要通过曹州府转运送到前线去。当时在曹州任知府的是浙江富阳人谢涛，他专门管理支援前线的粮草和军资。林家和谢家有通家之好，是世交，所以林和靖就来到曹州投奔谢涛，想要抗击契丹有所作为。一想到沙场秋点兵，英气勃勃的林和靖是豪情万丈，一路上写下很多抒发爱国热忱的诗歌，其中一首诗写道：

胆气谁怜侠，衣装自笑戎。

寒威敢相掉，猎猎酒旗风。

——林逋《淮甸南游》

这首诗透露出来的是林和靖壮怀激烈，渴望在猎猎酒旗风中痛杀敌军，保家卫国的情怀。他踌躇满志地来到曹州府，在知府谢涛的关照下，确实得到了很好的接待，但是大家仅仅把他当作一位清客，陪他谈诗射箭，就是不允许他到澶州前线。其实他不清楚，这是因为宋真宗已经产生了厌战思想，对契丹的政策有了巨大转变。1004 年的这场战争，在大好的形势下，宋军完全可以乘胜追击，可由于真宗厌战，最后却签订了屈辱的城下之盟，决定每年贡给契丹二十万匹绢、十万两白银，这就是历史上著名的"澶渊之盟"。接着，皇帝还罢免了主战派寇准的官职，重用奸臣王钦若。王钦若在宋真宗的授意下，搞了一个"天书封禅"的大骗局来欺骗民众，宣告说和契丹讲和都是天意，以这种迷信的方式愚昧大众，以挽回朝廷颜面。当时"封禅"的骗局全国流行，尤其是一些读书人投其所好，写文章吹捧朝廷，这样往往就能够得到朝廷的重用。林逋是一位拥有凛然正气又精神独立的人，他拒绝谄媚朝廷。尤其是中央对契丹的政策冰火两重天，这让林逋大失所望。一腔热血无处抛洒，他灰心丧气地离开曹州府，挥笔写下了这样一首诗：

诗怀动叹嗟，驴立帽阴斜。

雨泺生新硙，茅丛夹旧槎。

午烟昏独店，冈路透谁家。

几日江南兴，扁舟泊岸沙。

——林逋《出曹州》

这首诗充满了对时局的失望和愤慨，和来时的心情截然不同。林和靖感到眼前一切都是昏暗迷茫的，天上淫雨霏霏，地下泥泞不堪，山岗上崎岖不平的小道不知通向何方。于是林和靖下定决心要放弃污浊不堪的世俗生活，彻底归隐山林，他要在江南寻找一片净土，在那里"扁舟泊岸沙"，也就是要过一种远离世俗的隐居生活。

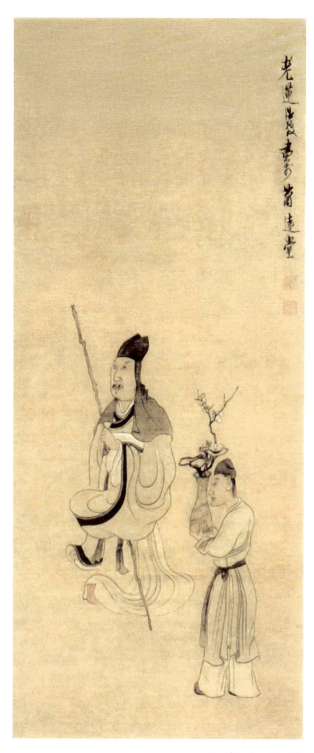

明　陈洪绶　林和靖像

钱塘之胜在西湖，西湖之奇在孤山。今天的西湖孤山已是一个市声繁华的风景胜地，但在北宋时期，孤山还是一个非常偏僻的地方。这里远离市区，人迹罕至，所以林和靖就决定在孤山隐居。他在这里种梅、栽竹、养鹤、打鱼，劳作的空余时间，专注于书画诗词创作，林逋"以梅为妻，以鹤为子"，所以人称"梅妻鹤子"。他二十年不入城市，远离人间烟火，他的诗词也越来越清奇俊雅，最为代表的诗歌就是以下这首：

> 众芳摇落独暄妍，占尽风情向小园。
> 疏影横斜水清浅，暗香浮动月黄昏。
> 霜禽欲下先偷眼，粉蝶如知合断魂。
> 幸有微吟可相狎，不须檀板共金樽。
>
> ——林逋《山园小梅》（其一）

这首诗主要描写了一株山乡小园中的梅花，赞美她在众芳摇落、百花凋谢的寒冬，独自傲然开放，占尽春光。尤其是颔联"疏影横斜水清浅，暗香浮动月黄昏"，把梅花的高洁典雅描写得淋漓尽致，这句诗也被誉为咏梅的千古绝唱。南宋诗人王十朋盘点古今吟诵梅花的诗人，认为林和靖的咏梅诗已是"暗香和月入佳句，压尽古今无诗才"。也是从林和靖开始，"暗香""疏影"就成了梅花的代称。

北宋时期，林和靖的人格修为、诗词文章都达到了超凡脱俗的程度，在当时就被人们广泛赞誉，成为那个时期的超级网红。比如，和他生活在同时代的著名诗人梅尧臣就认为，读林和靖的诗歌能够"令人忘百事"，就是说读了他的诗词，人世间的烦恼忧愁全部忘记了，能达到"一诗解百愁"的效果。

一代名臣范仲淹也是林和靖的粉丝，十分钦慕他的风骨人品。范仲淹评价林和靖"风俗因君厚，文章到老醇"，还曾多次到孤山拜访，由衷地称赞他为"山中宰相"。

天圣六年（1028 年），六十二岁的林和靖在孤山离世。去世之前，林和靖给自己修好了生圹，还坦然地写下了一首遗诗：

湖上青山对结庐，坟头秋色亦萧疏。

茂陵他日求遗稿，犹喜曾无封禅书。

——林逋《自作寿堂因书一绝以志之》

这首诗开头两句描写了坟墓四周的景色。第三句"茂陵他日求遗稿"说的是汉朝司马相如的一个典故。当时司马相如住在茂陵，去世之前，他专门写了一篇《封禅书》交给汉武帝。司马相如在文中叙述了传说中的七十二位国君封禅泰山的事迹，建议雄才大略的汉武帝更应该去泰山举行封禅，司马相如也因为《封禅书》而享尽哀荣。林和靖借助这个典故表示自己和司马相如不同，不会留下《封禅书》以讨好朝廷。借此来讽刺宋真宗和奸臣王钦若欺骗天下的"封禅"行为，以表明此生追求品行高洁，绝不与阿谀奉承之辈同流合污。

林逋一生不求闻达，带着一身梅香飘然而逝，只留下了满山的傲骨红梅和两只孤苦伶仃的仙鹤在坟前哀鸣。

据明末张岱《西湖梦寻》一书记载，林和靖墓在南宋的时候曾遭到破坏。据说南宋灭亡之后，有盗墓贼认为林逋是大名士，去世后又得到宋仁宗的皇封，墓里面肯定埋藏了不少金银珠宝。就在一个月黑风高之夜盗掘了林逋墓。没想到，墓里面陪葬的只有一块他生前常用的端砚和一支玉簪，再没有任何值钱的东西了。

民族英雄林则徐仰慕林和靖独立清高、淡泊名利的品格，嘉庆二十五年（1820年），林则徐在杭州做官，看到林和靖墓破败不堪，就出资重修墓园，亲笔题写了"林和靖先生之墓"，不仅补栽了三百六十棵梅树，而且还买来两只仙鹤豢养在林和靖墓前。

杭州民众为了感念他们为开发西湖、孤山做出的巨大贡献，就专门在苏堤之上为白居易、林和靖和苏东坡修祠堂永远纪念。这可是古代百姓对待清官高士的最高致敬。

二

梅花断魂

中国古代文人骨子里十分喜爱梅花的傲骨凌寒精神，千百年来，留下来数不清的吟诵梅花的优美诗词。尤其是到了宋朝，文人们对于梅花表现出一种超乎寻常的偏爱。其中最为杰出的代表人士，当然就是林和靖了。林和靖逝世九年后，一个男童在四川眉州出生，他就是后来的大文豪苏东坡。东坡喜爱梅花，更是把林和靖当作精神偶像，对他的道德文章推崇备至。东坡对林和靖的咏梅诗评价极高，曾有人质疑名句"疏影横斜水清浅，暗香浮动月黄昏"，说这句诗并非特指梅花，也可以用在杏花、桃花，甚至梨花身上，苏东坡回答："可则可，但恐杏、桃、李不敢承当耳。"

苏东坡敬重林和靖，尤其喜爱梅花，一生做了很多首吟诵梅花的诗词。与前人不同的是，苏东坡赋予梅花生命，更赋予它人的品格。在他的笔下，梅花不是植物，已变成了傲骨铮铮的君子和不畏严寒的斗士。后来，苏东坡在总结前人的基础上，首先提出了"梅格"一说，为梅花注入了灵魂。那么，苏东坡为什么如此热爱梅花呢？这大概和他坎坷不平的人生遭遇以及一段刻骨铭心的爱情有着重要的关系。

元丰三年（1080 年）的大年初一，北宋首都汴京家家户户张灯结彩，鞭炮齐鸣，大家都沉浸在浓浓的节日气氛里。苏东坡因为乌台诗案，在御史台被关了整整一百三十天，经过多方营救，终于从监狱走出来，呼吸到新鲜自由的空气，感觉到前所未有的轻松。宋神宗虽然赦免了苏东坡的死罪，却把他贬谪到偏僻荒凉的黄州。新年本来是家家团圆的节日，苏东坡却不能在汴京做片刻停留，必须立即启程。苏东坡生在四川眉州的一个书香门第，二十二岁考中进士，他的才能受到大臣欧阳修、梅尧臣的赏识，从此在政途上可谓一帆风顺。虽然大家都公认苏东坡文章盖世，但他多少也有些恃才傲物，在官场上不懂得藏晖，遇事锋芒毕露，尤其是多年来旗帜鲜明地反对王安石变法，最终使他深深地陷入了乌台诗案这场文字狱中。乌台诗案是北宋官场的一场政治灾难，也是苏东坡人生旅途上遭受到的第一次重大挫折。当时苏东坡已经四十五岁，政治理想破灭，更让他自责的是，因为乌台诗案，包括司马光、张方平、王巩、王诜等众多师友都受到牵连。黄州山高路远，苏东坡又是戴罪之身，在御史台差役的监督下启程了，天寒地冻，顶风冒雪，吃尽了苦头。在旅途中，苏东坡静下心来仔细思考检讨人生，到底是什么原因让自己几乎走到了穷途末路？他慨叹"平生文字为吾累"，一路上深深地陷入了痛苦的思索之中。正月二十，来到了湖北麻城的春风岭，当时雨雪交加，天气十分阴冷。突然，一株正在盛开的梅花闪现在面前。在荒郊野岭，一树野梅忍受着风雪的摧残，竟然开得如此娇艳，东坡触景生情，由梅花联想到自己的遭遇，百感交集之下，随口吟出《梅花二首》，其中一首是这样写的：

> 春来幽谷水潺潺，的皪梅花草棘间。
> 一夜东风吹石裂，半随飞雪渡关山。

苏轼赞美梅花超凡脱俗，远离尘世喧嚣，顶风冒雪毅然开放。"的皪"是鲜艳亮丽的意思，说一朵朵靓丽的梅花在杂草荆棘丛中热烈地开放，显得那样骨骼清奇、卓尔不群。接着，诗人由梅花又联想到自身的遭遇，自己以身报国，可是却得不到朝廷的赏识，更不用说重用了，就像眼前的这一树梅花，空怀满腔抱负，却不知关山何处，只能寂寞地自开自落。这首诗表面上写梅花，其实苏轼在感慨自己的不幸遭遇。虽然遭受小人的陷害，但绝不与世俗同流合污，要像圣洁的梅花一样傲然绽放，静静地等待春天的降临。

苏轼于二月初一到达黄州。二月初十，他乘着酒兴用狂草写下了上面这首咏梅诗。诗写好八十八年后，即南宋乾道四年（1168年），成都知府汪应辰将陆续收集到的苏东坡墨迹三十卷，在成都西楼镌刻成碑，制成拓片，以广布东坡书艺，这就是历史上著名的《西楼帖·苏帖》。三十年后，蒙古大军南侵，这批石刻全部毁于战火，所以今天能够看到的《西楼帖·苏帖》拓片都是国宝级文物。值得庆幸的是，今天幸存的《西楼帖》中，就有东坡所写的梅花诗。一起来欣赏这件拓片，前两行起笔平稳，还是行书的笔意，当写到"间"字时候，东坡已经控制不住内心的激动，情绪开始跌宕起伏，行笔也变得狂放起来，尤其写到"飞雪渡关山"这最后五个字，东坡的情绪近乎失控，酣畅淋漓中尽显他高超的狂草用笔技巧。东坡很少写草书，他说"吾醉后能作大草"，遗憾的是，这件草书的真迹早已不知去向，《梅花诗帖》拓片就成了苏东坡唯一传世的狂草作品，对研究他的书法演变具有极其重要的文献史料价值。

宣统年间，《梅花诗帖》被金石学家端方收藏。端方以后，该帖于民国初年归大总统徐世昌所有，现在珍藏于天津艺术博物馆。

元丰四年，苏东坡来到黄州的第二年，这年正月二十，东坡去岐亭送朋友，突然想起一年前遇到的那一树盛开的梅花给自己带来的心灵震撼，欣然写下一首抒怀诗，这就是著名的《西楼帖》中的《往岐亭诗帖》：

> 十日春寒不出门，不知江柳已摇村。
>
> 稍闻决决流冰谷，尽放青青没烧痕。
>
> 数亩荒园留我住，半瓶浊酒待君温。
>
> 去年今日关山路，细雨梅花正断魂。
>
> ——苏轼《正月二十日往岐亭，郡人潘、古、
>
> 郭三人送余于女王城东禅庄院》

诗的开头四句写的是黄州早春的景色。原来经过了一年多的自我疗伤，苏轼慢慢地从乌台诗案的阴影中走了出来。"数亩荒园留我住"说的是在好友马梦德的帮助下，太守徐大受把黄州城东坡上的一块废弃的军营地拨给苏轼耕种，因地在城门外的东坡，所以苏轼就给自己取了一个号，叫"东坡居士"。从1081

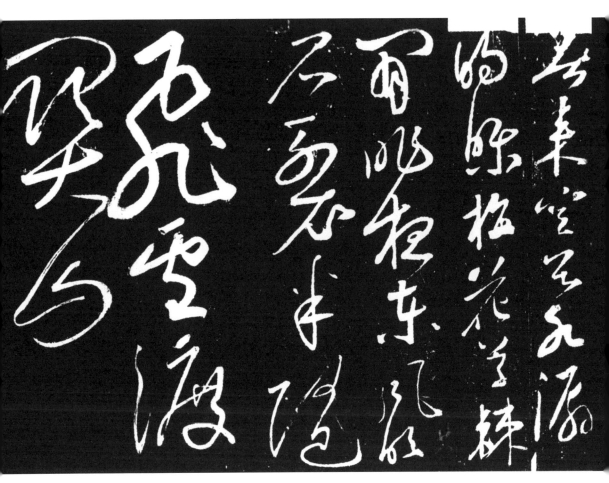

北宋　苏东坡《梅花诗帖》拓片（天津艺术博物馆藏）

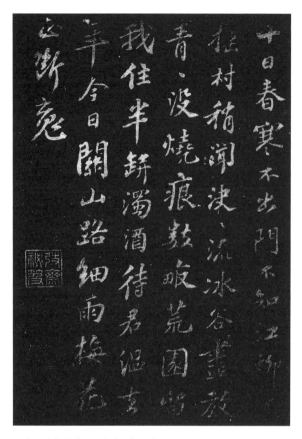

北宋　苏东坡《往岐亭诗帖》拓片（天津艺术博物馆藏）

年开始，大名鼎鼎的"苏东坡"逐渐代替"苏轼"，开始在中国文学史上写下崭新的一页。

在黄州，远离了政治旋涡，苏东坡能够静下心来进行文学创作。北宋政坛上暂时少了一位直臣，但是中国文学史上却冉冉升起了一颗巨星。这一时期，东坡创作了《念奴娇·赤壁怀古》和前、后《赤壁赋》等一大批彪炳千秋的诗词文章。在黄州前后五年的时间里，他不但收获了文学上的"一词二赋"，还收获了一段美好的爱情。

苏东坡一生共有两妻一妾，巧合的是，她们都姓王。第一任妻子叫王弗，和苏轼是眉州同乡。他们于至和元年（1054 年）成亲，当时苏轼十八岁，王弗十五岁，两人在一起生活了十一年，王弗生下长子苏迈。治平二年（1065年），王弗病逝。三年后，苏东坡续娶了王弗的堂妹王闰之。王闰之出身于眉州的一个耕读之家，虽然没怎么读过书，但知书达理，善于操持家务。苏东坡宦海沉浮，王闰之一直无怨无悔，跟随他四处奔波，没有一句怨言，只是默默地做好他的贤内助。元祐七年（1092年），苏东坡在颍州（今安徽阜阳）当知州。这年的二月十五，皓月当空，院子里梅花盛开，幽香扑鼻。王闰之对丈夫说："春月色胜于秋月色；秋月令人惨凄，春月令人和悦。何不邀几个朋友来，饮此花下。"听了夫人的话，苏轼也来了雅兴。立刻就邀来赵令畤、陈师道等几位好友，在梅花树下饮酒赏月，他还根据夫人所说的这段话的语意，填写了一首《减字木兰花·春月·梅花》。

> 春庭月午，摇荡香醪光欲舞。步转回廊，半落梅花婉娩香。轻云薄雾，总是少年行乐处。不似秋光，只与离人照断肠。

这首词主要赞美了堂前的梅花璀璨晶莹，洗尽铅华。苏东坡和朋友们漫步于积水空明的回廊上，感觉到幽香袭来，物我两忘，大家都陶醉在这安谧幽邃的意境之中了。本来词的格调欢快，可是下阕却突然转向感伤，认为春天的月光不似秋光，春月"只与离人照断肠"。没想到竟一语成谶，不久王闰之病死在汴京，年仅四十六岁。这首令人"梅花断肠"一样的《减字木兰花》，竟成了苏东坡和夫人王闰之永别的见证。除了王闰之以外，苏东坡还有一个侍妾，名叫王朝云，字子霞。王朝云是杭州人，因为家境清寒，自幼沦落到歌舞班中。宋神宗熙宁四年，苏东坡在杭州做通判。一天，他于西湖宴饮时招来一班歌舞助兴，就在这个歌舞班中，苏东坡发现王朝云虽然身在烟尘，但是气质不凡，就把她赎回来当婢女，当时朝云才十二岁，十分聪明伶俐，尤其善解人意，很讨苏东坡的喜爱。费衮所著的《梁溪漫志》记载着这样一件事情，说有一天，苏东坡吃过午饭，拍着自己的大肚子问身边的人："你们知道，我这肚子里装的是何物？"大家都争着讨好东坡，有人说"是锦绣文章"，苏东坡摇摇头；有人说"都是真知灼见"，东坡又摇头。这时候朝云拍了拍苏东坡的大肚子，调皮地说：

"学士一肚皮不合时宜。"苏东坡听后捧腹大笑，从此把朝云当作红颜知己。东坡初到黄州，人生地不熟，这是他人生最失意的时刻，在夫人王闰之的主持下，东坡纳朝云为妾，有情人终成眷属，爱情也慰藉了苏东坡几近枯萎的心灵。元丰六年（1083 年），王朝云在黄州为苏东坡诞下一子，取名苏遁，这给困居的苏东坡带来许多欢乐。令人痛心的是，这个孩子第二年就夭折了。

苏东坡被贬黄州，是他一生中最为艰难的岁月，王朝云紧紧跟随，无怨无悔。绍圣二年（1094 年），东坡再贬岭南惠州。东坡这个时候，已是花甲老人，却越贬越远，越贬越荒凉，几乎已走投无路。夫人王闰之已去世三年，身边的侍妾都离开了他，唯独王朝云不离不弃，忠贞不渝地陪伴在苏东坡身边，真是患难见真情。不幸的是，朝云来到惠州的第二年，就因为适应不了当地的气候，染上瘴疠之气不治身亡，年仅三十六岁。多年来，苏东坡和王朝云相濡以沫，是患难夫妻。朝云的死对东坡来说无异于晴天霹雳，世界上那个最懂他的女子走了，常言说哀莫大于心死，他想大哭一场，可是眼中却没了泪水。岭南的梅花玉骨冰姿，正在盛开，悲痛万分的苏东坡挥笔写下了这首著名的悼亡词《西江月·梅花》：

> 玉骨那愁瘴雾，冰姿自有仙风。海仙时遣探芳丛，倒挂绿毛么凤。素面翻嫌粉涴，洗妆不褪唇红。高情已逐晓云空，不与梨花同梦。

词中，东坡赞扬岭南梅花的高风亮节，而朝云就像这冰清玉洁的梅花一样不惧"瘴雾"，无怨无悔地陪同自己贬谪到惠州。东坡感谢朝云的不离不弃。在这里以人拟花，又以花来喻人，寄托了他对朝云这个红颜知己的无限思恋。词写得如泣如诉，犹如"梅花满枝空断肠"。

三

傲骨长存

元祐四年（1089 年），五十四岁的苏东坡再次来到杭州任知州，他上一次在杭州任通判已经是十五年前的事了。这十五年发生了太多的故事，离开了钩心斗角的朝廷，在烟雨迷蒙的西湖又遇到了老朋友，瞬间就忘却了人世间的一切烦恼忧愁，东坡随口吟出一首诗来：

> 到处相逢是偶然，梦中相对各华颠。
>
> 还来一醉西湖雨，不见跳珠十五年。
>
> ——苏轼《与莫同年雨中饮湖上》

与西湖再次相遇，和老友久别重逢，一切好像都在梦中，一切好像又是偶然，但彼此都是华发满头。十五年前，苏东坡在《望湖楼醉书》一诗中曾写下了"白雨跳珠乱入船"的名句，欣慰的是，今天终又能看到这雨珠跳落湖面的景象了。游西湖，就不能不去孤山，去孤山必然要拜谒林和靖墓。东坡来到墓前祭扫，向心中的偶像诉说这十五年的风风雨雨，感慨万千。常言说，日有所思夜有所梦，东坡在当晚就做了一个梦，梦见了谁呢？梦到了偶像林和靖。巧合的是，没过几天，竟然有人送来一卷林和靖的书法求他题跋。这就是林逋的行书《自书诗卷》。

北宋　林逋行书《自书诗卷》（北京故宫博物院藏）

这件作品是林和靖在孤山所作的唯一一件传世书法长卷，共抄录自作诗五首，除了第二首是五言诗以外，其余四首都是七言。第一首诗：

> 编松为篓寄山中，兼得紫微诗一通。
>
> 入手凉生殊自慰，可烦长听隐居风。
>
> ——林逋《制诰李舍人以松扇二柄并诗为遗亦次来韵》

这首诗的背景是，当时的中书舍人李谘给林和靖寄来一柄用松树枝编制的扇子，还为他写了一首诗。"篓"指的就是扇子，"紫微"原本指的是紫微星，唐朝的时候，曾把中书省改为紫微省，后来"紫微"就成了中书舍人的雅称，这里特指李谘。李谘是江西新余人，在他年轻的时候，林和靖就预言他必成大才，还向很多人介绍推荐。李谘后来果然考中进士，成为国家的栋梁。林和靖去世的时候，李谘恰好在杭州任知府。听到林逋去世的消息，他立刻带领门人到孤山祭奠。因为林和靖没有子女，李谘披麻戴孝，为他守灵七天。

收到扇子后，林逋一口气写下五首诗，落款为"时皇上登宝位岁夏五月孤山北斋手书林逋记"。由此可推算，这件书法完成于宋仁宗天圣元年（1023 年），当时林逋五十七岁，已至暮年。书法呈现他晚年的风格，笔法厚重，书体瘦劲，风姿绰约，就像一朵朵正在风雪中绽放的寒梅。

苏东坡刚刚在梦中见到了林和靖，没想到这么快又看到偶像的书法真迹，激动兴奋之情溢于言表，他提起笔来和诗一首，详细描写了梦中林和靖的形象：

> 先生可是绝俗人，神清骨冷无由俗。
>
> 我不识君曾梦见，眸子瞭然光可烛。
>
> ——苏轼《书和靖林处士诗后》

林和靖去世九年后苏东坡才出生，虽然没有见到过先生，但东坡坚信在梦中见到的那位目光炯炯、神清骨冷之人就是林和靖，赞扬他是世间难以见到的绝俗之人。

当谈到林和靖的诗词和书法的时候，苏东坡更是推崇备至，他说："诗如东

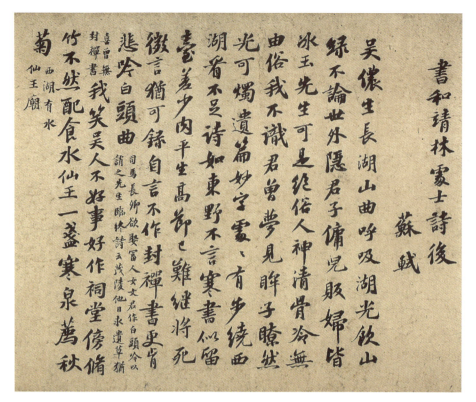

北宋 苏东坡《书和靖林处士诗后》（北京故宫博物院藏）

野不言寒，书似留台差少肉。"东坡认为林和靖的诗歌韵味近似唐代大诗人孟郊，但却没有寒苦的格调。历史上有"郊寒岛瘦"的典故，其实这个典故就出自苏东坡，他在《祭柳子玉文》中说"元轻白俗，郊寒岛瘦"，意思就是孟郊的诗格调寒苦，贾岛的诗格调瘦硬。至于林和靖的书法，东坡认为是李留台书风的延续，笔力瘦硬刚劲。李留台就是北宋初期著名书法家李建中，他的书法以神气清秀、骨肉匀净著称，对宋代书坛影响极大。传世名作《土母帖》就是这种书风的代表，被列为中国十大行书第十名。

林和靖擅长书画，工行草书，书法瘦挺劲健，历来被书坛推崇。比如，苏东坡的弟子黄庭坚就认为，林和靖的书法是字如其人的典型代表：

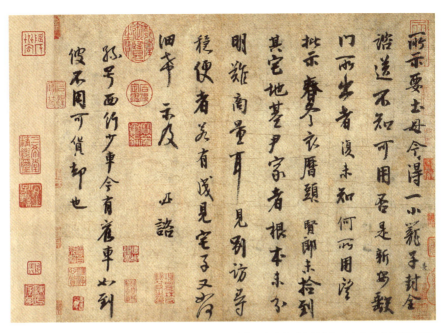

北宋 李建中《土母帖》（台北故宫博物院藏）

林处士书清气照人，其端劲有骨，亦似斯人涉世也耶。

——黄庭坚《题林和靖书》[1]

南宋诗人陆游喜爱梅花，曾写下著名的咏梅诗"何方可化身千亿， 一树梅花一放翁"。他仰慕林和靖的达观超脱的襟怀，说他的书法：

高胜绝人，予每见之，方病不药而愈，方饥不食而饱。

——陆游《跋林和靖帖》

[1] 黄庭坚著，郑永晓整理：《黄庭坚全集》，南昌：江西人民出版社，2011年，第1600页。

林逋行书《自书诗卷》经苏东坡题跋后，这两段名人书法相映生辉，珠联璧合，历代收藏家都视若珍宝。由于史料缺乏，南宋和元朝的递藏情况不清楚。到了明朝，曾被著名文学家王世贞、王世懋兄弟先后题跋。进入清朝，学者王鸿绪在康熙五十四年于西安官邸留下长跋；乾隆时期，这件书法进入了内府，被乾隆皇帝加盖了数不清的收藏印，如"乾隆御览之宝""五福五代古稀天子之宝"和"八徵耄念之宝"等多枚印章。在历史上，虽然林逋是一个与皇帝不合作的典型，但是这也不妨碍风雅的乾隆对其书法真迹的狂热追捧。乾隆不但前后多次在这件作品上题跋，而且他五次下江南的时候，都将之随身携带。尤其是到了西湖，乾隆的行宫就建在孤山南麓，距离林和靖墓仅有数百米。在盛开的梅花树下，乾隆就取出这卷书法反复鉴赏品评，还写下了许多首和诗以发思古之幽情。

1769年，乾隆三十四年，这一年乾隆皇帝又得到林逋的另外两封亲笔书信《三君帖》和《秋凉帖》，就这样，世上仅有的三件林逋书法真迹都汇聚到内府，用欣喜若狂来形容乾隆当时的心情也毫不为过，他自豪地写下此诗：

> 五诗二札逋翁迹，札作册方诗卷曲。
> 同弆石渠最上乘，璧合珠联两结绿。

数十年中，乾隆先后在手卷上题写了六段跋语，但是还觉着不过瘾，乾隆五十六年（1791年），他又做了一段考证，让大臣董诰誊抄在卷尾：

乾隆收藏印

宋和靖处士林逋，高节迈俗，诗文笔札，当时即芟之。苏轼题其五诗卷，又有二札册，明吴宽诸人皆叠轼韵题末，二种先后入内府珍藏。予自丁丑至甲辰五次南巡，携卷就题。已丑得二札，复题之。六叠韵互书卷册，联匣汇弆，志延津之合。乾隆辛亥御识，臣董诰奉勅敬书。

除了乾隆的收藏御印之外，手卷上还盖有嘉庆皇帝的"嘉庆御览之宝"和宣统皇帝的"宣统御览之宝""无逸斋精鉴玺"。1911 年，清朝灭亡，逊帝溥仪以赏赐二弟溥杰的名义，把这卷珍贵的书法盗运出宫。1932 年，伪满洲国成立，书法又被带到长春。1945 年，伪满洲国灭亡，林逋的行书《自书诗卷》在兵荒马乱中流落到民间，后来被一位叫刘国贤的辽宁人得到。1952 年，刘国贤把这卷书法上交给辽宁省博物馆。两年后，林逋的行书《自书诗卷》在离开北京整整三十年以后，又重新回到故宫。1949 年，林和靖另外两通书札《三君帖》和《秋凉帖》则渡海到了台湾省，今天也完好地珍藏在台北故宫博物院。

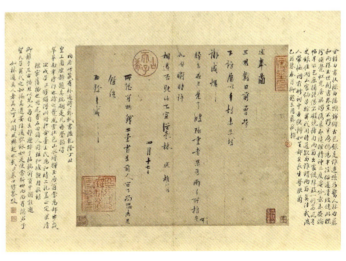

北宋　林逋《三君帖》（台北故宫博物院藏）

戰餘久別思念不忘遠想

體中佳勝

法眷多無恙

佛閣必已成就

梵修不易數年金經屢度得歲入德弟

應師仍在思濛住院如何瞻望

第 三 章

天下治平

◎ 乡心万里
◎ 忧乐天下
◎ 治平无恙

一

乡心万里

190

1934年10月13日，南京江宁地方法院突然对北平故宫博物院首任院长易培基等九人提起公诉，控告易培基监守自盗，利用院长身份窃取故宫国宝。这个案件的公开审理，引起轩然大波，社会上各种传言铺天盖地，其中就传出北宋文豪苏东坡的书法被盗一事。原来故宫收藏有一件苏东坡手卷，这个手卷共收录了两件东坡的信札，传说其中的一件被易培基盗割。剩下的这一件就是下面要介绍的《与治平大士书简》，又叫《治平帖》。下面我们一起来欣赏这件墨宝。

轼启：久别思念不忘，远想体中佳胜，法眷各无恙。佛阁必已成就，焚修不易。数年念经，度得几人徒弟。应师仍在思蒙住院，如何？略望示及。石头桥、堋头两处坟茔，必烦照管。程六小心否，惟频与提举是要。非久求蜀中一郡归去，相见未间，惟保爱之，不宣。轼手启上，治平史院主、徐大师二大士侍者。

八月十八日

通读全文，《治平帖》是苏东坡写的一封私信，写给谁的呢？是写给眉州治

轼启久别思念不忘远想

雍中佳胜

法眷各无恙

佛阁必已成就

应师仍在思蒙住院如何伏望

禁修不易数年念经度得几人徒弟

示及

石头桥堋头两处坟莹必烦

挂管照拂仍与提举是要

此外蜀中一郡归去相见未间惟

保爱～不宣

轼再启上

治平史院主徐大师二大士 侍者

八月十八日

北宋　苏轼《治平帖》（北京故宫博物院藏）

平寺的史院主和徐大师两位高僧的，拜托他们帮忙照看坟茔，文中提到的"程六"是东坡的表弟程之元。

这件信札落款"八月十八日"，没有具体注明是写于哪一年，据赵孟頫和文徵明等人考证，这封信应该写就于宋神宗熙宁三年，也就是公元1070年。这一年，王安石变法正在大宋的国土上如火如荼地推进。对于这场变法，苏东坡强烈反对，他接连写了两封《上神宗皇帝书》，全面批评否定新法。苏东坡的举动自然遭到以王安石为首的新党的反击。本来宋神宗看重苏轼的才能，多次想委以重任，但王安石明确反对，并把苏东坡排挤出中央，惩罚他到开封府担任推官。他的弟弟苏辙也被贬谪到陈州担任了一个有名无实的学官。总之，新党的反击手段花样百出，让苏轼防不胜防，使他尝到了政治生涯上的第一次重大挫折，对官场开始有些心灰意冷，所以他在《治平帖》中明确表示，想离开朝廷这个是非之地，能够"求蜀中一郡归去"，就是想在四川家乡谋一个官职，以终老乡里。

除了上面介绍的这些情况以外，这封信的主要内容就是拜托两位高僧帮忙照管祖坟。东坡信中所说的祖坟有两处，一处位于"石头桥"，一处位于"栅头"。"石头桥"安葬着苏味道和他身后的十四世子孙。苏味道是苏东坡的始迁祖，河北栾城人，唐朝的政治家、文学家，曾在武则天时期任宰相。唐中宗李显登基，严厉打击武则天党羽，苏味道就被贬谪到眉州做刺史。苏家从此定居眉州，开枝散叶，到苏东坡已是第九代。所以东坡是眉州人，祖籍河北栾城。以苏轼为代表的"三苏"在宋朝名扬天下，父亲苏洵被称为"老苏"，苏轼被称为"大苏"，苏辙被称为"小苏"。三父子虽然都出生在眉州，但对祖居地栾城一直念念不忘，他们在自己的诗词、书画里经常署名"赵郡苏洵""赵郡苏轼"等。后来，苏辙被朝廷授予的爵位就叫"栾城县开国伯"，他的作品集就取名为《栾城集》。苏辙为兄长苏轼写的墓志铭也注明"苏自栾城，西宅于眉"。

这个"眉"指的就是眉州，也就是今天的四川省眉山市。历史上的眉州是人文荟萃之地，自古人杰地灵，在苏东坡生活的两宋期间，共有八百八十六人考取进士，史称"八百进士"，是中国历史上著名的"进士之乡"。其中最为杰出的代表人物当然就是三苏了。一门三父子都是大文豪。在唐宋八大家中，苏家父子就占了三个名额。眉州为什么能够培养出三苏这样的千古风流人物？除了深厚的地域人文滋养以外，还和三苏背后一位伟大的女性有着重要的关系，这位女性就是苏东坡的母亲程夫人。

程夫人出身眉州青神县的名门望族，父亲程文应官居大理寺丞。程夫人自幼熟读诗书，品行端庄贤淑，为人仁慈善良，是古代美好女性的典范。她在十八岁的时候，嫁给了眉山的苏洵。苏家虽然也曾是官宦之家，书香传世，不过到了苏洵这一代已经没落了，虽然耕读家风还在，但家中已经十分清贫。再加上苏洵不善理家，最大的一个爱好就是四处游玩，按今天的话来说就是一个驴友，一年有一大半的时间在游历名山大川。宽厚善良的程夫人毫无怨言，她独自一个人承担起教育子女的重担。程夫人善于理财，看到眉山纱縠行有商机，就租了一家店面开始经营丝绸生意，家境也渐渐变得殷实富足起来。程夫人不但善于持家，还非常懂得如何培养子女成才。立其志，树其德，她教育苏轼、苏辙兄弟读书首先要明理，要懂得如何做人，长大后要成为一个有操守有气节的人。有一次，程夫人给苏轼兄弟讲述《后汉书·范滂传》的故事。范滂是东汉的一位名士，一位敢于冒死犯颜直谏的忠臣。他最终陷入了党锢之祸，被奸党陷害致死。在慷慨赴死之前，他与母亲诀别，告慰母亲不要过度悲伤。范滂的母亲深明大义，赞同儿子为理想、为正义杀身成仁。听了这个故事后，年仅

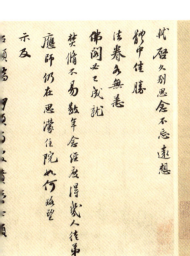

北宋　苏轼《治平帖》（北京故宫博物院藏）

十岁的苏东坡深受感动，他抬头望了望母亲，问道："我长大之后也想成为范滂这样的人，您愿意吗？"程夫人回答："你若能做范滂，我怎么就不能做范滂的母亲呢？"

程夫人经常用这些积极向上、充满正能量的历史故事来教育少年苏轼、苏辙兄弟，使他们逐渐形成了光明磊落、爱憎分明、敢于直言的品性。

据苏东坡《东坡志林》一书记载，一天，家中的两个婢女正在纱縠行的店铺里面熨烫衣服，突然脚下塌陷了一个大坑，坑里面埋着一个大瓮。众人都很兴奋，猜测瓮里面肯定装有不少金银珠宝，大家就准备把瓮挖出来，可是程夫人却让人将坑重新填埋，态度明确地告诉大家，东西是前人埋下的，不属于自己的物品，一丝一毫而莫取。程夫人身体力行地反对不劳而获，教育少年东坡不义之财不可取。后来苏东坡在《前赤壁赋》一文中，就写下了名句：

　　　　且夫天地之间，物各有主，苟非吾之所有，虽一毫而莫取。

这种思想显然就是受程夫人的影响。

后来，在程夫人感召下，丈夫苏洵也幡然醒悟。二十七岁这一年开始发奋读书，最终和儿子苏轼、苏辙一起成为唐宋八大家之中的三杰，成就了中国文学史上不可复制的一段传奇。可以肯定地说，三苏父子能成为一代文豪，隐藏在他们背后的程夫人功不可没。所以，北宋著名史学家司马光在《程夫人墓志铭》中称赞她：

能开发辅导成就其夫、子，使皆以文学显重于天下，非识虑高绝，能如是乎？古之人称有国有家者，其兴衰无不本于闺门，今于夫人益见古人之可信也。

嘉祐元年（1056 年），苏洵带领苏轼、苏辙兄弟进京赶考。父子三人得到了文坛盟主欧阳修的赏识和推荐，三个人在京都快速走红，士大夫争相传诵他们的文章。接下来的考试中，兄弟二人又一起高中进士，三苏名满天下。遗憾的是，程夫人没有得知喜讯就在家乡病逝了，年仅四十八岁。1066 年，苏洵病逝汴京，苏东坡和兄弟苏辙扶灵柩回到眉州，把苏洵与程夫人合葬于老翁泉墓地，也就是东坡信中所说的栅头这块苏家墓园。说到老翁泉的墓园，这是苏洵生前亲自选定。墓园里有一眼老翁泉，四季水流不断，逐渐形成了一个天然水井，当地百姓又把它叫作"老翁井"，传说每当皓月当空的时候，就有一位白发老者

北宋　苏轼《赤壁赋》（台北故宫博物院藏）

坐卧在井旁，若见有人靠近，就隐身于井中，"老翁井"由此得名，据说苏洵字老泉，也是得名于老翁泉。

在老翁泉这块墓园里，还安葬着苏东坡的结发妻子王弗。王弗是眉州青神县人，出身书香世家，知书达礼，精明干练，她十七岁就嫁给了苏东坡。任劳任怨地过着相夫教子的生活。东坡第一次出任凤翔府签判的时候，家里面常常是高朋满座，这个时候，王弗就躲在屏风后面，听他们的谈话，她能够根据这些人的言谈举止区分出不同的人品来。客人走后，她就劝告丈夫要亲近什么样的人和疏远什么样的人，后来这些推断大都应验了，所以东坡是发自内心地佩服妻子的见识和眼光。东坡和王弗是少年夫妻，两个人在一起生活了十一年，可谓夫妻情深。治平二年（1065 年），二十八岁的王弗病逝汴京，苏东坡把王弗安葬在老翁泉墓园，还在墓地周围种了很多松树。苏东坡有诗说："老翁山下玉渊回，手植青松三万栽。"

王弗的突然离世一直让苏东坡久久不能释怀，十年以后，他在密州做知州的时候，晚上做了一个梦，梦见了多年未见的亡妻，于是就写下了这一阕令人肝肠寸断的千古绝唱《江城子·乙卯正月二十日夜记梦》：

　　　　　　十年生死两茫茫，不思量，自难忘，千里孤坟，
　　　　无处话凄凉。纵使相逢应不识，尘满面，鬓如霜。夜
　　　　来幽梦忽还乡，小轩窗，正梳妆。相顾无言，惟有泪

千行。料得年年肠断处，明月夜，短松冈。

在安葬王弗的时候，苏东坡也给自己修了一个空穴，准备百年后与爱妻合葬。1101年，苏东坡病逝于常州，去世前，他留下遗嘱："即死，葬我嵩山下。"弟弟苏辙把他安葬在河南郏县。郏县与故乡眉山远隔千山万水，与王弗同穴而眠的愿望就成了永久的遗憾。

苏东坡最后一次返回故乡是安葬父亲苏洵和爱妻王弗，守丧三年后，1068年，三十三岁的苏东坡离开眉州，从此再也没有机会重返故里。作为游子，苏东坡只好写信委托故乡的亲朋好友来帮忙照管坟茔，《治平帖》就是这样的一封信函，因为去信的寺庙名字叫治平寺，所以后人就把这封信函命名为《治平帖》。单从字面上来看，"治平"有天下大治、吉祥平安的意思。在古代，"修身、齐家、治国、平天下"简称为"修齐治平"，是儒家的核心思想，也是历代读书人必须恪守的理念。宋真宗去世后，宋英宗即位，就把年号定为"治平"，他希望大宋王朝在自己的统治之下能够"政治清明，社会安定"，只可惜，英宗英年早逝，只活了短短的三十五岁，"治平"这个年号也仅仅存在了四个年头。苏东坡自幼熟读儒家经典，"天下治平"当然也是他为之奋斗的理想追求。北宋名臣范仲淹有句名言"先天下之忧而忧，后天下之乐而乐"，苏东坡也一直把这句话当作座右铭，他先后担任杭州、徐州、密州等八个州府的知州，还曾被贬谪到黄州、惠州、儋州等地，在这些地方，他时刻关注民生，心系百姓疾苦。

二

忧乐天下

苏东坡关心民瘼，处处为老百姓着想。尤其是遇到像水灾、旱灾和瘟疫这一类的自然灾害，苏东坡更是利用自己所掌握的医学知识，积极有效地防控瘟疫。据史料记载，在旧中国历史上，经常是十年一大疫，三年一小疫。当时，由于医疗水平落后，瘟疫等流行病时常威胁着老百姓的生命安全。苏东坡曾有多次在地方做官的经历，所以他始终把防治瘟疫作为一项重要的民生任务来对待。东坡喜爱医术，经常搜集一些民间秘方，自己研制药材，无偿送给患病的百姓服用，保存到今天的《覆盆子帖》，就是苏东坡为感谢好友帮忙采集中药覆盆子而写的一封感谢信函。东坡做官以后，比如在陕西凤翔、山东密州时均曾遇到瘟疫，他就把自己珍藏的一些重要药方公布出来，让当地患病的穷苦百姓及时得到医治，有效地防止了瘟疫的蔓延。在民间和史书上，至今还流传着他成功防治瘟疫、救百姓于水火的事迹。

元丰三年（1080年），苏东坡贬谪黄州（今湖北省黄冈市）。元丰五年，他的眉山同乡、一代名医巢谷跋山涉水、不远万里来到黄州看望他。一次闲聊，苏东坡听说巢谷有一个家传秘方，叫"圣散子"。"圣散子方"主要由芍药、柴胡、白术、藿香、半夏等几十味中草药组成。这些药材都很常见，价格非常便宜，但是却能够治疗瘟疫。据东坡介绍说，只要服下该药，则"百疾不生，真济世卫家之宝也"。东坡央求巢谷把这个秘方传授给他，以备不时之需。巢谷面露难色，因为祖训要求，秘方不得传于外姓人。后来，禁不住东坡再三请求，巢谷勉强答应传授秘方，不过他要求苏东坡必须立下誓言，秘方绝不外传。苏东坡面对着滚滚的长江水发誓：如将秘方泄露，将葬身鱼腹。一年之后，黄州和邻近州郡突然暴发瘟疫，很多老百姓感染了疾病，苏东坡忧心如焚，他也顾不上当初向巢谷许下的承诺，当即拿出秘方"圣散子"，熬制汤药，免费送给穷苦的百姓。为了使更多的病人得到救治，苏东坡还把这个药方传授给了好友庞安时。庞安时是湖北黄州名医，和后来湖北籍的李时珍等四人并称为"鄂东四大名医"。在九百多年前，发生在黄州的这场人与瘟疫的斗争中，苏东坡怀着一颗博爱仁慈之心，舍小义，存大义，不惜违背誓言，献出秘方。也正是由于东坡的这种无私的大爱，才挽救了成千上万的黄州百姓。东坡后来在《苏沈良方》一书中，写有《圣散子叙》篇，详细讲述了这件"背信弃义"献秘方的事件：

> 其方不知所从出，而故人巢君谷，世宝之，以治此疾，百不失一，既得之。谪居黄州，连岁大疫，所全活者不可胜数。巢甚秘之，此方指松江水为誓盟，不得传人。予窃隘之，以传蕲水庞君安时。庞以医闻于世，又善著书，故以授之，且使巢君名与此方同不朽也。

后来，庞安时还把这个秘方收入到他的专著《伤寒总病论》一书中，秘方公之于世，受益最多的当然就是黎民百姓了。

元祐四年（1089年）三月，五十四岁的苏东坡出任杭州知州。东坡刚到任就遇到了杭州历史上少有的灾情，先是水灾、旱灾，接着又是风灾，大灾过后，往往就开始流行瘟疫。元祐五年（1090年）春初，杭州开始流行疫病，当时官方和民间都没有任何防治措施，一时间大街小巷挤满了求医问药的穷苦百姓。当时有些不良药商就囤积居奇，趁机抬高药价，大发昧心之财。苏东坡立即取出好友巢谷传授的秘方"圣散子"，令人当街支起大锅，熬制汤药，救治穷苦百姓。同时，他还邀请好友、黄州名医庞安时来杭州主持医务，很快疫情便得到控制。

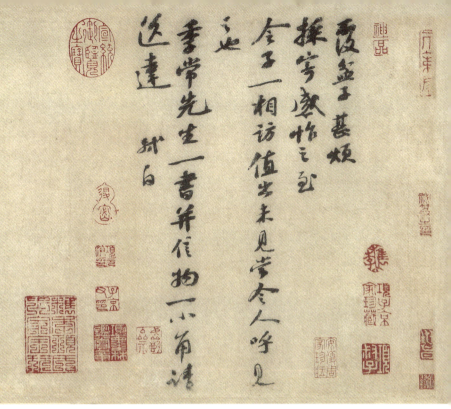

北宋　苏东坡《覆盆子帖》（台北故宫博物院藏）

后来东坡在《圣散子叙》一文中，记述了这次防治瘟疫的经过：

> 圣散子主疾，功效非一。去年春，杭州之病，得此药全活者不可胜数。

　　瘟疫虽然已被胜利祛除，但苏东坡考虑到这种赈济只能起到临时的作用。因为杭州是一座大都市，南北水陆交通要道，要想杭州长治久安，必须设立一家官办药局，由政府出钱支持，这样才具有可延续性。但是开办医院可不是小事，首先面临的困难就是需要大量的资金，究竟怎么解决？面对困难，苏东坡经过一番思考后，他和下属商量决定通过募捐的方式来筹集资金。他首先拨出官银两千缗，然后又以身作则，捐出自己多年积蓄的黄金五十两。同时张贴告示，号召杭州城里的富商大户捐款。在苏东坡的呼吁号召下，参加捐款的人越来越多，不久一座崭新的官办药局就在杭州城中心的众安桥落成了，东坡还给这个药局命名为"安乐坊"。据说"安乐坊"就是现代医院的雏形,"安乐坊"的设立,使杭州的那些老迈贫困且残疾无助的穷苦百姓得到了医疗保障。

后来,苏东坡所创办的"安乐坊"模式引起了朝廷的重视,宋徽宗执政时期,还参照这种模式,在各地设立官办药局,并把"安乐坊"的名字更名为"安济坊",专为穷苦百姓免费治病。

元符元年(1098年),六十三岁的苏东坡再次被贬至海南儋州。九百多年前的儋州还是一块未开化的蛮荒之地,当时地偏民穷,自然环境恶劣,缺衣少食,所以当地百姓为填饱肚子是无所不食。东坡在给苏辙的一首诗中写道:

> 土人顿顿食薯芋,荐以薰鼠烧蝙蝠。
>
> 旧闻蜜唧尝呕吐,稍近虾蟆缘习俗。
>
> ——苏轼《闻子由瘦儋耳至难得肉食》

儋州当地百姓什么都敢吃。他们薰鼠肉烧烤蝙蝠,甚至吃"蜜唧",就是吃活着的小耗子,甚至还生吃蛤蟆。这样的饮食习惯自然非常容易生病,而当地又缺医少药,人一旦生了病,按当地的习俗,他们不去求医,而是让巫医杀耕牛祈祷。可想而知,在这种大环境下,瘴疠和疟疾等流行性疾病时时威胁着当地人的生命安全。为了改变这种生存面貌,苏东坡就开始整理研究各种药方,并亲自到山上采药,仔细考订药的种类,寻找出针对治疗当地疫病的药材。

苏东坡认为,儋州瘴疠瘟疫横行的根本不是自然环境,而是在于人的思想。如果不改变愚昧落后的生活方式,一次瘟疫被击退,那么第二次就会很快卷土重来。于是苏东坡就采取了三项措施:

一是写下《劝农诗》。劝诫百姓重视农业,不要再宰杀耕牛。

二是开挖水井。他看到当地百姓吃的水都是积攒下来的雨水,很不卫生,就亲自带领乡民挖了一口井,让大家吃上干净的井水。

三是开坛讲学。让中原文化在南疆生根发芽,促进海南文明发展,也培养出了海南历史上第一个举人姜唐佐。

苏东坡在儋州期间,还注意发掘记录当地的文化遗存。如海南昌化有古庙峻灵王庙,东坡去拜谒考察,并撰写《峻灵王庙碑》一文,峻灵王庙也因这篇美文而声名远扬，至今香火繁盛。昌化境内也有治平寺一座，苏东坡触景生情，思念家乡，想念安葬在眉山治平寺附近祖茔里的亲人，并留下《自昌化双溪馆下步寻溪源，至治平寺，二首》，其中第二首写道：

> 每见田园辄自招，倦飞不拟控扶摇。
>
> 共疑杨恽非锄豆，谁信刘章解立苗。
>
> 老去尚贪彭泽米。梦归时到锦江桥。
>
> 宦游莫作无家客，举族长悬似细腰。[1]

沧海何曾断地脉。苏东坡晚年在偏远的海南岛儋州谪居了三年，他身体力行，事必躬亲，为当地驱除瘟疫、普及文教等工作做出了重要贡献。清人戴肇辰所著《琼台纪事录》一书就由衷地称赞他：

> 宋苏文忠公之谪儋耳，讲学明道，教化日兴，琼州人文之盛，实自公启之。

元符三年正月，宋徽宗登基，大赦天下。苏东坡也被特赦从儋州移送到廉州（今广西合浦）安置。东坡来到合浦后，看到当地的居民直接从护城河打水饮用，担心老百姓感染疾病，就自掏腰包，请人挖了一口水井，当地百姓把这口井称为东坡井。苏东坡在合浦仅仅待了两个多月，但是他留下的这口水井却滋润了当地百姓近千年，至今井水依然清冽甘甜。

万家忧乐在心头。苏东坡体恤民情、关注民生，他平生的最高理想就是希望天下治平。虽然在政治上郁郁不得志，屡遭贬谪，但是他却把每一处谪居之地都当作自己的故乡，利用所掌握的医学知识，为当地百姓驱除疫病，带来新生。回望数千年的中华民族文明史，就是一部炎黄子孙与瘟疫等自然灾害作斗争的抗争史。瘟疫固然可怕，每次都会带走很多无辜的生命，但智慧的华夏儿女却总能够找到办法，击退瘟疫，走向新生。

---

[1] 也有学者认为此诗作于杭州。

治平无恙

上面简单梳理了《治平帖》书写的时间和时代背景，介绍了苏东坡为了实现"修齐治平"的政治理想，为官一任造福一方的事迹。那么现在重新回到《治平帖》这件书法上来，本文开篇讲述了这件作品在"易培基故宫盗宝案"中被盗割的传闻，那么《治平帖》是否真的被盗割过？"故宫盗宝案"到底又是怎么一回事呢？要理清这件事情的来龙去脉，还要先从《治平帖》的流传历史谈起。

《治平帖》作于熙宁二年，宋朝的流传情况不详。到了元朝的时候，大书法家赵孟頫曾经有机会鉴赏此帖，并写下了一段珍贵的题跋：

> 右二帖皆东坡早年真迹，与其乡僧者也。字画风流韵胜，难与暮年同论。情文勤至，尤可想见。故是世间墨宝。

赵孟頫的题跋明确告诉后人，当时的手卷确实收录有两件苏东坡书作，他称赞这两件作品均是"世间墨宝"。到了元朝末年，苏州一位叫妙声、字九皋的高僧看到了这卷书法，他对"治平"这两个字感到亲切，为什么呢？因为妙声曾经在苏州的石湖治平寺当过住持，认为相见有缘，就花重金把《治平帖》买

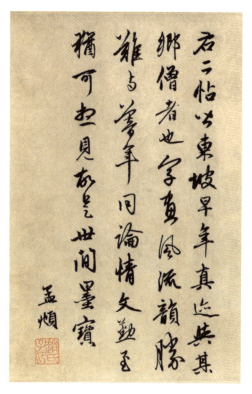

元　赵孟頫题跋

了下来，后来还专门请人给苏东坡画了一幅写真，并亲自为画像题写了赞语，
以表达对东坡先生的景仰之情。赞曰：

> 东坡先生像赞：岷山峨峨，江水所出，钟为异人，
> 生此王国，秉帝抒机，黼黻万物，其文如粟帛之有用，
> 其言犹河汉之无极。若夫紫微玉堂，琼崖赤壁，阅富
> 贵于春梦，等荣名于戏剧，忠君之志，虽困愈坚，浩
> 然之气，之死不屈，至其临绝答维琳之语，此尤非数
> 子之所能及也。
>
> ——吴郡释东皋妙声

妙声法师圆寂于明朝洪武十七年（1384年）。他去世以后，《治平帖》被一位叫张秉道的苏州人收藏。张得到这件书法的时候，就只剩下《治平帖》这一件作品了。我们是怎么知道这个史实的呢？原来张秉道和明中期书画大家文徵明是好朋友，得到《治平帖》后就去找文徵明题跋鉴赏，文徵明详细考证了《治平帖》的书写时间和流传经过：

　　右苏文忠公与乡僧治平二大士帖，赵文敏以为早年真迹。按：公嘉祐元年举进士，六年辛丑举制科，遂为凤翔签判。越四年，治平辛巳召判登闻鼓院。寻丁忧，还蜀。至熙宁二年己酉始还朝，监官诰院。四年辛亥出判杭州。此书八月十六日发，中有'非久请郡'之语，当是熙宁居京师时作。盖公治平中虽尝居京，然乙巳冬还朝，而老泉以明年丙午四月卒，中间即无八月，又其时资浅，不应为郡，故定为熙宁时书无疑，于是公年三十有四年矣。公书少学徐季海，资媚可喜，晚岁出入颜平原、李北海，故特健劲浑融，与此如出二人矣。

　　帖故有二纸，元季为吴僧声九皋所藏。九皋尝住石湖治平寺。以此帖亦有"治平"二字，遂留寺中，且刻石以传，而实非吴中治平也。九皋既没，此帖转徙他所，而失其一。吾友张秉道，世家石湖之上。谓是山中故实，以厚直购而藏之，俾余疏其大略如此。

　　　　　　　　　　　　嘉靖癸巳十一月四日文徵明跋

　　由此可知，早在元末明初，苏东坡的这件书法就已经散佚，只剩下《治平帖》一件作品了。文徵明题跋的时间是嘉靖癸巳十一月四日，即1533年11月19日，就在六十年后，也就是1592年的1月16日，明晚期的著名学者王穉登在题跋中也进一步印证了苏东坡书法散佚一事。王穉登考证：

東坡先生像贊
岷山峨々江水所出鍾為異人生
此王國東帝抒機繡藹萬物其文
如粟帛之有用其言猶河漢之無
極若夫𤋮微玉堂璠序赤壁閬富
貴於春夢等榮名於戲劇忠君之
志雖困愈堅浩然之氣之死不屈
至其臨絕答維琳之語此尤非數
子之所能及也
吳郡釋東皋妙聲

元　妙聲法師　東坡先生像贊

右蘇文忠公與鄉僧治平二大士帖趙文敏以為早年真蹟按
公嘉祐元年舉進士六年辛丑舉制科遂為鳳翔僉判越四年治平辛
巳名刹登聞慧院尋丁憂還蜀至熙寧二年巳酉始還朝監官誥院四年
辛亥山刹杭州山書八月十六日發於巳冬中有非人請邵之語當是熙寧居京師
時作益公治平中雖嘗居京熙乙巳冬還朝而老泉以明年丙午四月卒中
間即無四月又其時資淺不應為邵故定為熙寧時書無疑於是公平三十
有四年矣公書少學徐季海姿媚可喜晚歲出入顏平原李北海故特健勁渾
融與此如出兩人矣帖元季為吳僧聲九皋所藏九皋嘗住石湖
治平寺以此帖於有治平二字遂百寺中且刻石以傳而裏非吳中治平也九皋
既沒此帖轉徙他所而失其一吾友張東道世家石湖之上謂是山中故實
以厚直購而藏之僑余疏其大略如此嘉靖癸巳十一月四日文徵明跋

明　文徵明題跋

苏文忠书法出自王僧虔，仰希江郢小郡帖，谁谓不由晋辙哉！此书之迹全类僧虔。正文待诏所云少年作也，比老始烂漫纵横，若二手矣。此本二帖，而失其一，自张氏已然。玄津先生每以示余，相共叹赏，先生下世后，孺瞻复以相示，不胜人琴之感，孺瞻宝此不翅赤刀银罍矣。

辛卯蜡月二日王稚登敬书

王稚登所说"自张氏已然"，就是强调从张秉道开始，这卷书法就已经只剩下《治平帖》了。张秉道是什么身份？目前只知道他和文徵明是好友。另外，

明　王稚登题跋

书卷上还钤盖有两枚"吴江张基德载图书",据史料记载,张基,字德载,号敬塘,是明苏州府吴县人,曾在嘉靖十九年中举人。张基之后,《治平帖》的流传情况不明。

1648 年,《治平帖》被著名的收藏家宋荦得到。宋荦是河南商丘人,清初著名诗人、书画家,与王士禛等人被称为康熙年间十大才子。宋荦十分珍爱《治平帖》,就在帖上钤盖了"商丘宋荦审定真迹"这枚印章。顾复是清朝的著名鉴赏家,他所著书画鉴赏图书《平生壮观》成书于康熙三十一年,也就是 1692 年,他在这本书中对《治平帖》做了如下记录:

> 治平僧札,白纸。后云与治平史院主、徐大师二大士。赵子昂跋,二札今存一焉。前画东坡像,后东皋妙声赞,文徵明、王穉登跋。
> ——顾复《平生壮观·卷二》

顾复的文字非常翔实,再一次印证《治平帖》早在清朝之前就散佚了。顾复的《平生壮观》也是民间学者最后一次对《治平帖》留下的记录,因为乾隆年间,《治平帖》进入了内府,成为内府藏品,乾隆在卷首苏东坡画像前加盖了"乾隆御览之宝",后来这件作品被赐给了盛京皇宫,也就是今天的沈阳故宫。此后《治平帖》一直被珍藏在关外,直到清朝灭亡。那么,《治平帖》又是如何回到北京故宫的呢?据金梁《盛京故宫书画录》记载,1914 年,民国政府在北京成立古物陈列所管理,沈阳故宫翔凤阁收藏的所有书画一共四百四十九件,全部拨交

清 叶衍兰 文徵明像

"吴江张基德载图书"印　　　"商丘宋荦审定真迹"印　　　乾隆御览之宝

古物陈列所管理。1925 年，故宫博物院成立，苏东坡《治平帖》和古物陈列所的其他文物书画全部划归故宫博物院收藏。

通过以上对《治平帖》的传承历史的梳理，已十分明确，另外一件苏东坡信函早在明朝初年就已经散佚了，那么为什么到了五百多年后的民国又传出被易培基盗割了呢？这就有必要说一说所谓的"易培基故宫盗宝案"。

原来，故宫博物院成立后，民国政府经常拖欠办公经费，为了保证故宫正常运行，1929 年春，院长易培基在几位理事的建议下，决定处理一批故宫旧藏的无关文史的老物品，并呈报南京行政院获得批准。于是他们就把一些旧地毯、老茶叶和一批艺术品质不高的金银器熔化卖掉。这一行为引起了他的政治对手、国民党元老张继的注意。接下来，张继和他的夫人崔振华利用各种关系打压诬陷易培基，诬告他非法侵占、盗卖故宫国宝，消息见报以后，各种谣言铺天盖地而来。1934 年 10 月，张继又操纵南京江宁地方法院对易培基等九人提起公诉，这就是民国时期轰动一时的"易培基故宫盗宝案"。

要判定易培基监守自盗，首先要有证据。法院当时认定易培基以假换真，所以要邀请书画鉴定家来鉴定故宫书画是否被调换。但是北京的书画鉴定界出于各种原因，没有人愿意出面。南京法院没办法，只好邀请当时在上海主编《神话国光》的美术理论家、画家黄宾虹到北京故宫主持鉴定工作。现在大家都知道黄宾虹是山水画大师，著名的艺术理论家，但是书画鉴定并不是老先生的专长。再加上黄宾虹不明就里，一下子就鉴定出好几千幅"赝品伪作"，共计六十二箱，其中苏东坡的《治平帖》就被认定被盗割，作为证据封存起来。黄宾虹的鉴定结果被法院认为是最有力的证据。按常理，故宫博物院全是皇家藏品，怎么会有赝品呢？法院由此认定一定是易培基等人以假换真。易培基有口难辩，大部分个人财产被没收，连诉讼费都难以筹措，精神上极度压抑，1937 年 9 月，他在上海含冤而死。临终前，易培基转交国民党当局遗书一封，他说：

> 惟有故宫一案，培基个人被诬事小，而所关于国内外之观听者匪细。仰恳特赐查明昭雪，则九幽衔感，曷有既极！垂死之言，伏乞鉴察。

直到新中国成立后，在毛泽东、董必武等国家领导人的关怀下，所谓的"易培基故宫盗宝案"才彻底平反，被认定为民国时期一大冤案。从 1949 年一直到 1959 年，北京故宫博物院对当年封存的六十二箱文物彻底清点，经严格审查鉴定，在这批所谓的赝品中，重新清理出真迹两千八百七十六件，被定为一级品的就有五百零一件，其中包括宋马麟的《层叠冰绡图》和宋徽宗赵佶的真迹《听琴图》。另外，学者们也认真考证了苏东坡《治平帖》的流传历史，证明另外一件信札早在明朝初年就已经散佚，所谓被易培基盗割纯属子虚乌有。

乾隆时期，曾把四件苏轼书法赐藏盛京皇宫，除了《治平帖》以外，还有《净因院画记》（神品）、《中山松醪赋卷》和《西湖诗卷》。1914 年，这四件书法又重新回到故宫。1933 年，为避战祸，后三件东坡书法全部南迁，1949 年又渡海去到台湾。《治平帖》因为被黄宾虹定为"易培基故宫盗宝案"的罪证，侥幸留在大陆，成为北京故宫博物院收藏的苏书精品。

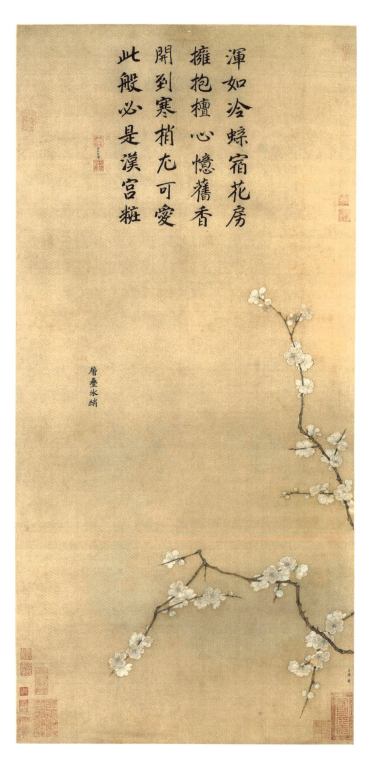

渾如冷蝶宿花房
擁抱檀心憶舊香
開到寒梢尤可愛
此般必是漢宮粧

層疊冰綃

南宋　馬麟《层叠冰绡图》（北京故宫博物院藏）

北宋　宋徽宗《听琴图》（北京故宫博物院藏）

轼启：新岁未获
展庆，祝颂无穷。稍晴，
起居何如？数日起造必有涯，何日果可
入城？昨日得公择书，过上元乃行，计
月末间到此。
公亦以此时来，如何如何？窃计上元起造，尚未
毕工。轼亦自不出，无缘奉陪夜游也。沙枋
画笼，旦夕附陈隆船去次，今先附扶劣
膏去。此中有一铸铜匠，欲借

第四章

新岁展庆

◎ 君子同行
◎ 人来得书
◎ 须臾万古

君子同行

北京故宫博物院至少珍藏有八件苏东坡书法真迹，其中有一个手卷非常特殊。说它特殊，是因为这一个手卷中就收录了两封苏东坡的书信，这两封信就是著名的《新岁展庆帖》和《人来得书帖》。那么这两件作品创作于什么时期，写的又是什么内容呢？下面就来了解一下这两封信创作的时代背景。

元丰三年，因为乌台诗案，苏东坡被贬黄州。他刚到黄州的时候生活困窘，无所适从，内心充满了痛苦和矛盾。白天不敢见人，就窝在寺庙定惠院里睡大觉，只有夜深人静的时候，他才愿意走出寺院，一个人在月光下孤独地徘徊。抬头看到一轮残月凄凉地挂在梧桐树梢，他觉得自己就像一只离群的大雁，在苍穹中孤独地飞过，无依无靠，凄凉又无助。乌台诗案之前，苏东坡一直顺风顺水，身居要位，说是万人瞩目也毫不为过。可是被贬黄州后，身份落差巨大，一开始很难适应。时间久了，东坡也慢慢地放下身段，尝试着融入当地老百姓的生活。他在乡村酒店喝着劣质酒，听老百姓讲述山野趣闻，甚至被醉汉推搡几下也毫不在意。东坡在谪居黄州一年后给朋友李之仪写过一封信，他在信中说：

木有瘿，石有晕，犀有通，以取妍于人，皆物之病也。

谪居无事，默自观省，回视三十年以来所为，多其病者。

足下所见，皆故我，非今我也。

——苏轼《答李端叔书》

苏东坡认为，树上长有木瘤，石头上生有晕斑，犀牛角生来有洞腔，都是用来取悦讨好别人的，本来都是事物的病态。东坡接下来开始自我反省，回首这几十年来的所作所为，自己仰仗有才华，处处锋芒毕露，一点也不知道藏晖，这其实也是一种病态啊！苏东坡痛定思痛，人活着不能够只为了这些蜗角虚名、蝇头微利，要调整心态，彻底放下身段，以一种平和心态来适应新的生活。苏东坡是贬官，没有薪俸收入，一家子十几口人花费很大，眼看着积蓄的那点银两很快就要用完了，怎么办？那就自己动手，丰衣足食。苏东坡在黄州城东门外的东坡上要了一块五十亩的荒地，亲自带领家人开荒种田。他在这块土地上开挖水井，种麦种稻，又栽上桑树、枣树，总之"不令寸土闲"。两年多来，苏东坡的生活变得越来越充实，疲惫的身心渐渐得到修复，对待生活的态度更是发生了翻天覆地的变化，所以他写信告诉弟弟苏辙，说"便为齐安民，何必归故乡"。齐安是黄州的古称，东坡说我现在已经是地地道道的黄州人，不需要再回到万里迢迢的故乡了。苏东坡有终老黄州的想法，所以在这年的冬天，他准备在自己开垦的土地上盖几间农舍，当作读书和接待朋友的书斋，这几间农舍就是历史上著名的东坡"雪堂"。

元丰五年（1082年），苏东坡被贬黄州已经三个年头了，这一年的大年初二，也就是2月2日，黄州的百姓正在欢度新年，窗外鞭炮声此起彼伏，不绝于耳。苏东坡坐在书桌前，挥笔展纸，给他的一个至交好友写了一封信，这封信就是今天依然珍藏在北京故宫博物院的《新岁展庆帖》，下面我们就一起欣赏这件信札的主要内容：

轼启：新岁未获展庆，祝颂无穷。稍晴，起居何如？数日起造必有涯。何日果可入城？昨日得公择书，过上元乃行，计月末间到此。公亦以此时来，如何，如何？窃计上元起造尚未毕工，轼亦自不出，无缘奉陪夜游也。沙枋画笼，旦夕附陈隆船去次。今先附扶劣膏去。此中有一铸铜匠，欲借所收建州木茶臼子并椎，试令依样造看，兼适有闽中人便，或令看过，因往彼买一副也。乞暂付去人，专爱护，便纳上。余寒更乞保重，冗中恕不谨。轼再拜，季常先生文阁下。正月二日。

子由亦曾言，方子明者，他亦不甚怪也。得非柳中舍已到家言之乎，未及奉慰疏，且告伸意，伸意。柳丈昨得书，人还即奉谢次。知壁画已坏了，不须快怅，但顿着润笔，新屋下不愁无好画也。

因为这封信开头写有"新岁未获展庆"字样，所以后人就把它命名为《新岁展庆帖》。这封信是苏东坡写给他的好友陈季常的，主要内容是讨论即将与一

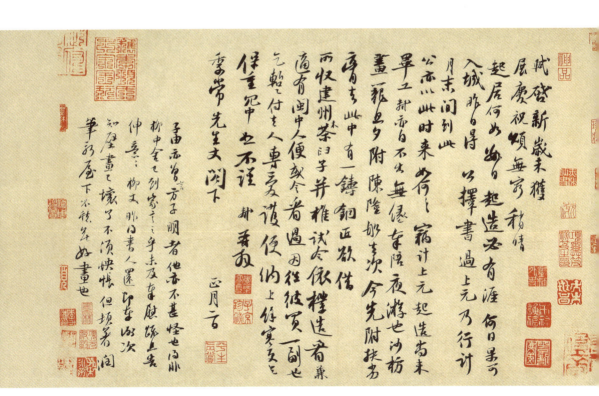

北宋　苏轼《新岁展庆帖》（北京故宫博物院藏）

乾隆为《寒食帖》御题"雪堂余韵"

位叫李公择的朋友在黄州聚会的事情。信中所说"数日起造必有涯",是指正在黄州建造的东坡雪堂。东坡所说的公择,就是指北宋的名臣李常,字公择。他是江西永修人,北宋元祐年间进士,善书法绘画。李公择是苏东坡的大弟子,也是书法家黄庭坚的六舅。另外,李公择和苏东坡也是志同道合的好朋友,《苏轼文集》中至今还保存着苏东坡写给他的十七封书信。那么这封信的收信人陈季常又是什么身份呢?陈季常本名陈慥,字季常,号方山子,四川眉州青神县人,苏东坡的同乡。关于东坡和陈季常的关系,这还要从苏东坡的老领导陈希亮说起。嘉祐六年(1061年),苏东坡考中"贤良方正能直言极谏科",取得最优等成绩。当年,二十六岁的苏东坡被朝廷委派陕西凤翔府任签判,春风得意的苏东坡也对这人生的第一份工作充满了期待。他当时在凤翔府的直接上官就是知府陈希亮。陈希亮是一位清官,有担当,有作为。据《宋史·陈希亮传》记载,他在凤翔任知府的时候,当时官仓仓库中的粮食积攒了很多。面对着堆积如山的存粮,主管官员担心粮食会发霉变质,所以整天提心吊胆。一年春天,凤翔发生了大饥荒,陈希亮决定拿出十二万石粮食借给老百姓。主管官员害怕擅自动用官粮要获罪,不敢放粮。陈希亮当即表态,如有事情,他一人负责。当年秋天凤翔大丰收，老百姓高高兴兴地用新粮偿还了欠粮，这样既解决了粮荒，又防止了陈粮变质，官民两便，一时传为美谈。陈希亮也是眉山人，说起来他和苏东坡家还是世交，如果论辈分呢，陈希亮和东坡的祖父苏序是同辈人。陈希亮做事严谨，不苟言笑，平常对苏东坡要求非常严格，有的时候甚至不留情面，这还让东坡产生过不少误会。后来才知道陈希亮是担心少年得志的苏东坡暴得大名，骄傲自满，故意对他严格要求，以去除他身上的傲骄之气。陈希亮去世后，苏东坡亲自给他作传，回忆往事，东坡对当年的一些作为还感到非常愧疚，他说：

> 而轼官于凤翔，实从公二年。方是时，年少气盛，
> 愚不更事，屡与公争议，至形于言色，已而悔之。
>
> ——苏轼《陈公弼传》

东坡所说的"愚不更事"，说的是有一年陈希亮在太守公馆建了一座亭子，命名为凌虚台，让苏东坡写一篇《凌虚台记》以作纪念。东坡就用春秋笔法把陈希亮挖苦讽刺一番，整篇文章畅想了凌虚台将来坍塌毁坏的样子，说太守要想通过铸造高台夸耀于世、自我满足，那就错了。陈希亮看后大度地笑了笑，一字不改地把文章刻在石碑上。老领导的宽宏大量让苏东坡感到汗颜，多年以后还为当初的少不更事后悔不已。

陈希亮一共有四个儿子，最小的儿子就是陈季常。陈季常性格豪爽，轻财好义，他虽然生在官宦世家，却崇尚佛道，对科考功名一点也不感兴趣。苏东坡虽然对老领导陈希亮敬而远之，却和他的公子陈季常在凤翔一见如故，两个人三观相同，很快就成了推心置腹的好朋友。据说陈家在西京洛阳有大片的豪宅，在河北也有数不清的田产，可是陈季常对这些财富毫无兴趣，他骨子里有一种天生的侠义之风，理想生活就是仗剑走天涯。后来，竟然带着家人来到了偏僻的湖北麻城，过起了简朴的隐士生活。元丰三年一月下旬的一天，苏东坡从汴京被押解往黄州，当时刚过了麻城，来到岐亭，突然看到一匹白马从远处奔驰而来，等近前一看，双方都大吃一惊，原来骑马的人就是陈季常。他乡遇故知，而且又是在苏东坡人生际遇最艰难的时候。两个人在荒郊野岭寒暄一番，陈季常毫不顾忌东坡是戴罪之身，非常热情地邀请东坡来到家中小住。两个至

交好友在一起饮酒、畅聊、鉴赏书画，一连住了五天，苏东坡才重新启程赶往黄州。陈季常的友情就像一缕春风，温暖了几乎到了穷途末路的苏东坡，岐亭偶遇，给东坡注入了重新生活下去的勇气和力量。

另外，信里面还有一段话：

> 此中有一铸铜匠，欲借所收建州木茶臼子并椎，试令依样造看。兼适有闽中人便，或令看过，因往彼买一副也。乞暂付去人，专爱护，便纳上。

陈季常家存有一副建州木质茶臼并椎，东坡准备借过来，请铸铜匠依样仿造一副。恰好有一位福建人要回闽，顺便让其看一下，好让他回福建的时候代买一副回来。苏东坡喜爱品茶，"从来佳茗似佳人"就是东坡写下的咏茶名句，东坡的这段话给后人留下了一笔宝贵的茶文化遗产，也成为了解北宋茶文化的一份珍贵史料。

黄州距离岐亭有一百多里，苏东坡在黄州居住了五年，陈季常七次来黄州看望东坡，东坡也先后三次前往岐亭看望陈季常。元丰七年，苏东坡转任汝州团练副使，陈季常听说后专门赶来送别，他从黄州一直送到江西的九江才与苏东坡依依惜别。

二

人来得书

陈季常和苏东坡是君子之交，情同手足。上面曾经介绍，季常有兄弟四人，他排行最小，长兄叫陈伯诚，庆历六年的进士，曾做过度支部郎中，在兄弟四人中，两人感情最深厚。约在元丰二年，也就是苏东坡写《新岁展庆帖》的这一年前后，陈伯诚突然得急症去世，陈季常是肝肠寸断，痛不欲生。很快，东坡也得到了消息，他连忙写信安慰季常，这封信就是和《新岁展庆帖》合装在一卷的《人来得书帖》，一起来欣赏：

轼启：人来得书。不意伯诚遽至于此，哀愕不已。宏才令德，百未一报，而止于是耶？季常笃于兄弟，而于伯诚尤相知照，想闻之无复生意。若不上念门户付嘱之重，下思三子皆不成立，任情所至，不自知返，则朋友之忧盖未可量。伏惟深照死生聚散之常理，悟忧哀之无益，释然自勉，以就远业。轼蒙交照之厚，故吐不讳之言，必深察也。本欲便往面慰，又恐悲哀中反更扰乱，进退不惶。惟万万宽怀，毋忽鄙言也。不一一。轼再拜。

知廿九日举挂，不能一哭其灵，愧负千万！千万！
酒一担，告为一爵之。苦痛！苦痛！

　　东坡说，您让人送来的书信已经收到。没想到您的兄长伯诚突然去世，深
感惋惜惊愕。他的才学渊博宏大，德行高尚，却还未得到回报，就这样生命终
止了。知道你们兄弟情深，就连我听到这样的噩耗也觉得没有活下去的意念了。
接下来就是劝解季常要看开生死，并解释自己本来想亲自去慰问，可又害怕忙
中添乱，所以就送过去一担酒，以表达哀悼之情。

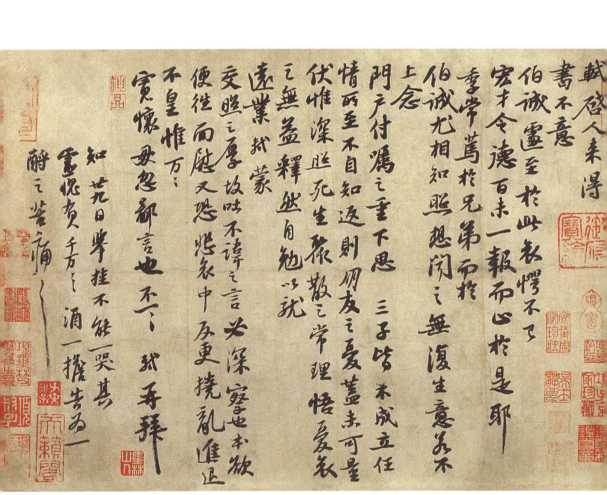

北宋　苏轼《人来得书贴》（北京故宫博物院藏）

元　赵孟頫　苏东坡像

由于这封信没有留下具体的书写时间，再加上陈伯诚究竟去世于哪一年，也无史料可查，所以关于《人来得书帖》的具体书写时间就成了一个谜。故宫博物院著名书画鉴定家徐邦达考证，认为《人来得书帖》的运笔方式和《新岁展庆帖》非常接近，所以书写时间也应当在 1083 年前后。

苏东坡在黄州期间，因为陈季常等朋友的陪伴而使他度过了五年艰苦难熬的贬谪生活。东坡在一首诗中这样描写与陈季常的友谊：

此行非远别，此乐固无穷。

但愿长如此，来往一生同。

——苏轼《陈季常见过三首》

苏东坡在这首诗中真诚表达了希望两人的友谊能够地久天长、相交一生的愿望。苏东坡除了写有大量的诗歌纪念与陈季常的友谊之外，还亲自操刀给他撰写了一篇《方山子传》。在传中，东坡解释了陈季常号"方山子"的来历。原来，季常平常戴着的一顶又高又大的帽子，形状就像一座方屋。据东坡考证，这顶帽子是仿造古代乐师戴的"方山冠"，因此就称陈季常为"方山子"。后来，苏东坡也从这顶帽子上得到启发，亲自动手，给自己也设计了一顶。这顶帽子高大威武，个性十足，直接取材于陈季常的方山冠。因为苏东坡字子瞻，所以后人就把这顶帽子称为"子瞻帽"。"子瞻帽"在中国艺术史上非常知名，一千年后，书画大师张大千是苏东坡的超级粉丝，他不但学他的绘画，学他的做人，而且在生活上也处处仿效东坡，他还根据子瞻帽的样式专门设计了一顶帽子，张大千戴着这顶帽子走遍东西，也把中国书画艺术传遍全世界。

謂須史九重真龍出一洗万古凡馬空也
董其昌觀

軾啓新歲展慶
屢慶視頌無窮積情
起居何如久别
起居忽有涯何日歸乎
入城昨日得
公擇書過上元乃行計
月末間到此
公亦此時來此何
早工軻守不出無緣
一報起造尚未
畫一軻子不出無緣一陪
夜游也沙枋
一報起多附陳隆如素須
今先附扙肩
齊亨此中有一鑄銅匠欲借
兩收建州茶子并軻
試令依榟造者兼
適有閩中人便或令者過因往彼買一副也
先帖付之人專爱護便納上續寄去
亮帖付之人專爱護便納上續寄去
保重宅中必不謹
季常先生文閣下
軻再拜
正月日

子由亦曾言方子明者他亦不甚怪也內翰
柳中舍已到家三二年矣未及奉慰亦未
仲熒柳文那肩書人還次
知壁畫已壞了不須快快但頗為問
筆那麾下不復拳拳如畫也

北宋　苏轼《新岁展庆》《人来得书》二帖合卷（北京故宫博物院藏）

載啟人來得
書不意
伯誠靈至於此衰憊不下
宏大令遠百未一報而心於是耶
季常篤於兄弟而於
伯誠尤相知照然閒之無復生意矣不
上念
門戶付囑之重下思
三子皆未成立任
情兩至不自知返則朋友之愛蓋未可量
伏惟深察死生聚散之常理悟愛戀
之無益釋然自勉以就
遠業我蒙
交照之厚故味不諱之言必深察也本欲
便往面慰又恐悲哀中反更撓亂進退
不皇惟萬
寶懷毋忽都言也不一　軾再拜

知兄日以挂不能哭甚
靈悦貴手弄酒一擑告之一

東坡真跡余所見叄卷凡十卷皆宋
人倣鈎廓填坡書奉濃晓經填墨
益不免墨猪之論唯此二帖則杜老所

三

须臾万古

苏东坡和陈季常是莫逆之交，两个人经常书信往来，在《苏轼文集》中至今还保留了他写给陈季常的十六封书信。《新岁展庆帖》和《人来得书帖》这两封信并没有收入文集，但墨迹却穿越千年风雨，完好地保存到今天，成了两人友谊的见证，更加显得弥足珍贵。接下来梳理一下这两封信函的传承历史。

据说陈季常非常钟爱东坡的书法，是字字珍藏。北宋灭亡后，内府书画绝大多数从汴京流散到金内府。在当时，苏东坡是一个具有国际影响力的人物，他在辽国和金国都有大批的粉丝。东坡的弟弟苏辙曾出使辽国，他回来后写过这样一句诗，"谁将家谱到燕都，识底人人问大苏"。"大苏"指的就是苏东坡，可见苏东坡已是"国际名人"了。当时的金章宗，崇尚儒雅，擅长书画，而且还十分喜爱收藏，他在中国艺术史上，和宋徽宗赵佶、清朝的乾隆一样，都是在书画鉴藏上非常有建树的皇帝。金章宗对宋徽宗非常崇拜。周密在《癸辛杂识》说：

> 章宗凡嗜好书札，悉效宣和，字画尤为逼真。

金章宗嗜好书法，尤其喜欢临摹宋徽宗的"瘦金体"，已经到了乱真的地步。

比如，宋徽宗临摹的唐朝张萱的《虢国夫人游春图》，前隔水上的"天水摹张萱虢国夫人游春图"这个题签就是金章宗所写。现收藏于大英博物馆的顾恺之《女史箴图》，卷后一段抄录的《女史箴》书法，也是金章宗的手迹。

苏东坡的这两件书札都曾进入金章宗内府，作品上分别钤盖了"御府书印"半印两枚，《人来得书帖》上还加盖了"御府宝绘"一枚。明朝中期，这两件作品被收藏家项元汴得到。项元汴，字墨林，他曾收藏一把晋朝的古琴，琴上刻着"天籁"两个字，所以他就给自己的斋号取名天籁阁。项元汴收藏的历代书画珍品有两千多件，比如唐代怀素的《自叙帖》《苦笋帖》和李白的《上阳台帖》都曾是他的藏品。众所周知，乾隆皇帝是一个点赞狂，凡是他经手的字画，留下的全是题跋和收藏印。相比于乾隆，项元汴更是有过之而无不及。经他收藏过的书画，也都是印痕累累，苏东坡的这两件作品也不例外，他先后钤盖了"天籁阁""项元汴印""子京""檇李项氏士家宝玩""神品"等数十枚印章。

在书法艺术上，《新岁展庆帖》和《人来得书帖》运笔自然流畅，字体劲媚秀逸，是苏东坡由早年书体转入中年书体的代表作。明朝的书画鉴赏家董其昌对这两件作品评价非常高，他说：

> 东坡真迹，余所见无虑数十卷，皆宋人双勾廓填。坡书本浓，既

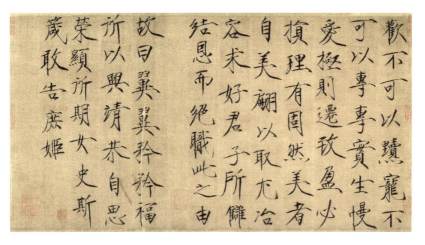

金　金章宗完颜璟《女史箴图》题跋

经填墨，盖不免墨猪之论，唯此二帖则杜老所谓"须臾九重真龙出，一洗万古凡马空"也。

——董其昌题

苏东坡是宋朝尚意书法的杰出代表，在书法创作中强调"我书意造本无法，点画信手烦推求"，意思是作书的时候不能过多地考虑一笔一画的书写，要不拘成法，重在书写心绪、生活意趣，抒发自己内心的情感，这样才能够自出新意。董其昌在这段题跋中，就引用大诗人杜甫赞颂画马名家曹霸的诗"须臾九重真龙出，一洗万古凡马空"，来比喻苏东坡的书法变化多端，超越古今。明末清初，学者冯铨摹刻著名的《快雪堂帖》，也把这两件书札收入刻石。

进入清朝后，收藏大家安岐得到了《新岁展庆帖》和《人来得书帖》。他把这两件作品收入到著作《墨缘汇观》一书，称赞二帖皆为"坡翁杰作"。这两件作品上至今还可以看到"安仪周家珍藏""仪周鉴赏""仪周珍藏"三枚收藏印章。乾隆十一年（1746年），安岐去世，他的绝大多数藏品都被风雅的乾隆皇帝出资收藏，从此《新岁展庆帖》和《人来得书帖》进入内府，成为皇家藏品。乾隆皇帝喜爱苏东坡，他在《新岁展庆帖》前题写了"英风遗韵，青出平原"的赞语，并分别钤盖了"乾隆御览之宝"的印章，后来在刻治《三希堂法帖》的时候，还把这两件作品收了进去。乾隆是中国历史上年寿最高、在位时间最长的皇帝。他活到八十九岁，在位六十年。

明　董其昌题跋

乾隆在历史上不仅是一位文治武功的优秀皇帝，还是一个狂热的艺术品收藏家。他在位的时候，无论文化、军事、经济等方面都处于世界领先地位，所以强大的国力给他提供了艺术品收藏的重要保障。当时内府收藏的历代书画在一万件以上，其中晋唐宋元书画约两千件，明代书画也有两千多件。乾隆的儿子嘉庆皇帝也喜爱书画，更是想尽办法搜罗遗留在民间的书画珍品。当他听说大臣毕沅、毕泷兄弟收藏有著名的《清明上河图》，就给毕沅兄弟编织罪名，将其抄家，毕氏兄弟收藏的宋元名画全部收入内府。俗话说，物极必反，盛极必衰。1820年，嘉庆去世，在他以后，清朝国力渐渐衰弱，再加上内忧外患，乾隆的皇子皇孙们再也没有闲情雅致坐下来鉴赏书画了，这些瑰宝从此躺在后宫仓库里尘封，这一睡就是四十年。

　　1860年，第二次鸦片战争，英法联军闯进北京，收藏在圆明园、清宫和西黄寺等处的国宝被大肆抢劫。据《石渠宝笈》一书记载，藏在圆明园内的宋朝

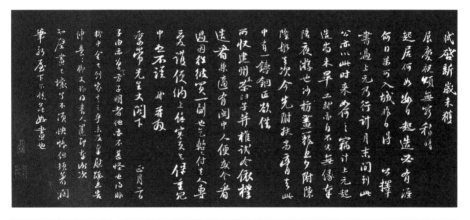

《三希堂法帖》中《新岁展庆帖》《人来得书帖》拓片

名画就有两百多件，全部流失，苏东坡的《寒食帖》就是在这个时期流落到社会上的。这是清朝成立二百一十二年以来皇宫藏品第一次浩劫。又过了四十年，庚子之变爆发，八国联军侵华，北京再次沦陷，侵略者对紫禁城收藏的文物国宝又进行了一次打劫，东晋大画家顾恺之的《女史箴图》，被英军上尉约翰逊盗走，至今《女史箴图》就收藏在大英博物馆。另外，唐朝韩滉的《五牛图》也流失海外。新中国成立之初，《五牛图》在香港待价而沽，在周恩来总理的关心下，国家花费六万港币，才结束了这件国宝在海外半个多世纪的颠沛流离生涯，重新回到北京故宫。以上这两次文物浩劫都是外患。1911 年，清朝灭亡后，藏在紫禁城的国宝又经历了一次内忧，这是怎么回事呢？

俗话说，日防夜防，家贼难防。清朝灭亡后，逊帝溥仪根据民国政府的优待条例，继续住在皇宫，直到 1925 年被冯玉祥赶出紫禁城。那么在这期间，溥仪以赏赐弟弟溥杰为名，大肆盗取了一千三百多幅历代珍贵书画，先是带到天津张园，伪满洲国成立后，这些书画又被他带到长春，其中就包括苏东坡的《和林通行书自书诗卷》。1945 年，伪满洲国灭亡，存放在长春伪满皇宫的书画文物被看守的士兵疯狂盗抢，这是近代以来清宫收藏书画文物遭遇的又一次重大劫难。

溥仪在紫禁城监守自盗，宫里的妃子和太监们也蠢蠢欲动，他们挖空心思寻找机会盗窃国宝。当时在地安门一带，为了方便收购这些从宫里头偷盗出来的文物，几乎一夜之间就冒出了好多家书画古玩铺，其中最有名的一家就叫品古斋。比如，北宋蔡襄的《自书诗帖》就是品古斋从太监手里收购过来的，后来又被张伯驹花重金收藏。1956 年，伯驹先生把蔡襄《自书诗帖》等八件国宝级书画捐献给了国家。

1931 年，日本发动"九一八"事变，开始准备全面侵华。为了保存故宫文物的安全，1933 年 2 月，故宫博物院决定把一万三千四百二十七箱文物精品南迁，其中包含历代书画八千三百六十九件。抗战胜利后，这些历尽劫难的故宫文物暂时在南京保存，1948 年底，六十多万件文物精品漂洋过海到了台湾，在迁台的书画作品中，至少有二十九件苏东坡书法精品。

上面讲述了从清末到民国时期故宫博物院文物藏品的聚散历史，那么，苏东坡的《新岁展庆帖》和《人来得书帖》是否也在这些藏品之中呢？为此查阅了清室善后委员会编著的《故宫物品点查报告》，还有张伯驹整理的《故宫散佚书画见闻录》和杨仁凯著的《国宝沉浮录》，离奇的是，书里对这两件书法都没有留下任何记录。也就是说，《新岁展庆帖》和《人来得书帖》既没有被溥仪偷盗出宫，也没有跟随文物南迁，更没有颠沛流离到台北，仿佛神秘地人间蒸发了一样，那么这两件作品到底去了哪里，它们背后究竟又发生了哪些不为人知的故事呢？故宫著名文物专家朱家溍在《故宫退食录》一书中的一段讲述，才彻底弄清了深藏在背后的秘密。

1934 年 3 月 11 日，留守在故宫的工作人员正在漱芳斋整理清宫物品，突然在大炕炕板上的坐垫中间，发现了一本十二开册页，没想到这开册页就是乾隆皇帝御笔题名的《法书大观》。这是一件极其重要的国宝。《法书大观》汇聚了东晋王献之的《东山帖》、唐欧阳询的《张翰思鲈帖》《卜商读书帖》、唐颜真卿的《湖州帖》、唐柳公权的《蒙诏帖》、北宋蔡襄的《遣使持书帖》、米芾的《提

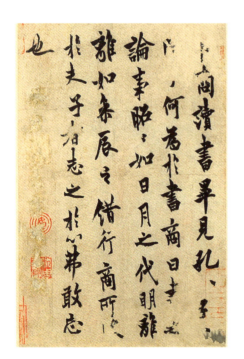

唐　欧阳询《卜商读书帖》（北京故宫博物院藏）

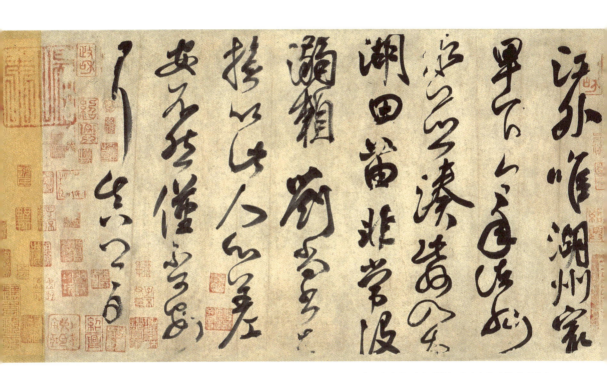

唐　颜真卿《湖州帖》（北京故宫博物院藏）

刑殿院帖》、南宋吴琚的《寿父帖》、元赵孟頫的《道场何山诗帖》。当打开册页的第七开和第八开时,赫然入目的就是苏东坡的《新岁展庆帖》和《人来得书帖》。这本册页,可以说件件都是国宝,清点人员兴奋异常。不过同时大家也产生了一个疑问,这么重要的墨宝,怎么会随便塞到炕床的坐垫中呢? 很明显,这是当年太监想浑水摸鱼,准备把册页偷盗出宫,可能一直没找到合适的机会,只得把它藏到坐垫中等待时机。

当时偷盗的太监非常忌讳清宫收藏的印章和乾隆皇帝的题字,为什么呢? 因为明眼人一看就懂,这是宫里的东西,不好销赃。所以就用手指蘸着唾沫,把十二开册页上所有的御印和乾隆题词全部擦抹掉。现在把苏东坡墨迹和《三希堂法帖》做一下对比,就能发现,乾隆曾经在《新岁展庆帖》上亲笔写下的"英风遗韵,青出平原"的题词和"乾隆御览之宝"的印章,就是这样被太监涂抹掉的。

1964 年,故宫博物院把这两件书信从《法书大观》册页中抽了出来,单独装裱成一个手卷,也就成了我们今天看到的苏轼《新岁展庆贴·人来得书帖》合装这个样式。

苏东坡在黄州居住了五年的时间,在这期间给陈季常写过很多封信,目前有墨迹保存下来的除了《新岁展庆帖》和《人来得书帖》以外,还有一件收藏在台北故宫博物院的《一夜帖》,又叫《致季常帖》。

> 一夜寻黄居寀龙不获,方悟半月前是曹光州借去摹拓,更须一两月方取得。恐王君疑是翻悔,且告子细说与,才取得,即纳去也。
>
> 却寄团茶一饼与之,旌其好事也。轼白。季常。廿三日。

信中说的"黄居寀",四川成都人,是五代十国时期的画家。他父亲就是著名的花鸟画大家黄筌。黄居寀擅画花鸟,还做过翰林待诏。在这封信中,苏东坡委托陈季常向王君转达,他所索取的黄居寀画的《龙》,暂借给一位叫曹光州的朋友临摹去了,东坡承诺,一旦曹光州还画以后,就马上交给王君。随信寄赠王君团茶一饼,以表达歉意。苏东坡谪居黄州期间,正是他艺术创作的井喷期,

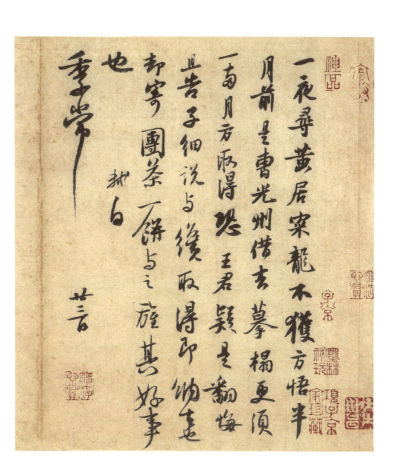

一夜尋黃居寀龍不獲方悟半
月前是曹光州借去摹搨更頃
一兩月方將得恐王君疑是翻悔
且苦子細說与纏取得即納去
却寄團茶一餅与之旋其好事
也 軾白

季常

苏軾

北宋　苏轼《一夜帖》（台北故宫博物院藏）

书法也形成了新的面貌,《一夜帖》用笔凝重,质朴敦厚,是黄州时期创作的书法精品。另外,台北故宫博物院还收藏有一件《覆盆子帖》。覆盆子是一种味道鲜美的时令水果,同时还是一味药材,可以入药。东坡在信中说:

> 覆盆子甚烦采寄,感怍之至。令子一相访,值出未见,当令人呼见之也。季常先生一书并信物一小角,请送达。轼白。

这件信札写在黄州期间,信中提到了陈季常。鉴定家徐邦达认为这封信是写给一位叫杜沂的友人,但也有学者认为,《覆盆子帖》就是写给陈季常本人的一张便条。

锦上添花易,雪中送炭难。苏东坡以戴罪之身落难黄州,可是陈季常却毫不顾忌世俗的眼光,依然倾心相交,这些穿越千年风雨保存下来的苏东坡书信,也就成了两个人相濡以沫、肝胆相照的最好见证。

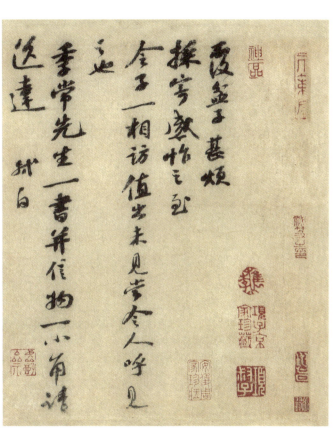

北宋　苏东坡《覆盆子帖》（台北故宫博物院藏）

第五章

潇湘竹石

◎ 人间遗墨
◎ 高呼与可
◎ 清风千载

一

人间遗墨

1961 年 5 月，北京文化界突然传出来一条消息，苏东坡真迹《潇湘竹石图》突然现身。但文物专家对这张画意见不一，有的认为是苏东坡真迹无疑，有的则认为这是一张假画。

苏东坡在中国可是家喻户晓的人物，被誉为文坛全才，是诗书画大家。他的书画作品历来受到人们的追捧膜拜，由于历史的原因，他的绘画传世稀少，那么《潇湘竹石图》到底是一件什么样的作品呢？当时北京文化界人士都充满了疑问和好奇。著名的历史学家邓拓喜爱传统绘画艺术，计划写一部图文并茂的《中国绘画史》，系统地介绍历代具有代表性的画家和他们的作品。为此，他花费了大量的精力去收藏、研究中国古代书画。苏东坡是文人画的倡导者，是撰写中国美术史不可或缺的关键人物。听说他的绘画真迹现身北京，邓拓也在密切关注这件事情，希望一睹为快。那么，是谁把苏东坡《潇湘竹石图》送到了北京？他又是如何得到这件作品的呢？要想了解这张画的传承历史，就必须介绍一个人，就是活跃在民国时期的一位书画捐客——白坚甫。

白坚甫（1882—1968），原名白坚，号坚甫，新中国成立后移居重庆，并改名为白隆平。白隆平是四川南充人，光绪廪生，曾参加过维新变法和四川保路运动，后来留学日本，早稻田大学政治科毕业。回国后供职于北洋政府，日伪时期曾任北京傀儡政府内政部秘书，还曾兼任北京师范学院教员。白坚甫擅长诗词、书法，热衷金石书画的鉴赏与收藏，是民国时期非常活跃的鉴赏家和书画商人。他早年在北京曾参与创办徐园诗社，还是《雅言》诗刊的编委，所以当时和北京文化艺术界的名流傅增湘、溥儒、张伯驹等人来往很多。

由于白坚甫曾留学日本，讲得一口流利日语，在日本朋友众多，再加上他自己就痴迷书画收藏鉴赏，后来就做起了中日之间的书画生意，当起了艺术品经纪人。按大收藏家张伯驹的说法，其实就是书画掮客，专做投机生意。当时，北京的许多收藏家和他都有联系，比如恭亲王府的溥儒就与他关系非同一般。那个时期很多前朝的遗老遗少，坐吃山空，入不敷出，只好靠出卖祖传的书画古玩来维持生活。为了能卖个好价钱，他们往往就把文物委托给白坚甫，让他寻找日本客户。比如，恭王府旧藏的唐朝韩幹的《照夜白图》和易元吉的《聚猿图》等许多件国宝就是白坚甫转卖到日本的。1937年，溥儒的母亲去世，为了置办丧事，溥儒被迫出让西晋陆机的《平复帖》，这个消息也是白隆平最先得到。

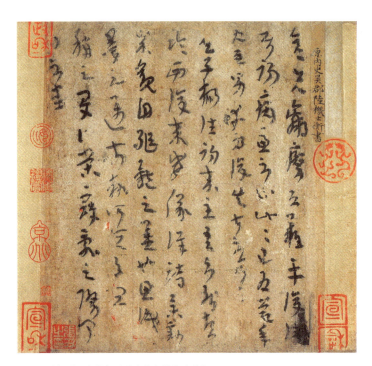

西晋　陆机《平复帖》（北京故宫博物院藏）

正当他积极联络日本收藏家的时候，张伯驹担心国宝流失，就毅然出资四万元买下《平复帖》，这才避免国宝外流。虽然在《平复帖》的收藏上，白坚甫和张伯驹是竞争对手，没想到二十六年后，张伯驹从白坚甫手中为吉林省博物馆买下了一方古砚。这方古砚本来是清末金石学家端方的旧物，经张伯驹等文物专家鉴定，它就是红学史上著名的"脂砚"，这也为当代红学研究增添了一段传奇。

《唐写本说文残卷》六页真迹，是世界上现存《说文解字》最古老的版本，也是最接近东汉许慎原书面貌的善本，被誉为中华文化史上的稀世之宝，这件国宝原是清末著名版本目录学家莫友芝的藏品，后来又成了金石学家端方的收藏。1911 年 5 月，端方被任命为汉粤铁路督办大臣。他强行将四川当地民办铁路收归国有，后来在声势浩大的保路运动中，被起义军杀死。端方身后，《唐写本说文残卷》流传到号称清末第一收藏家完颜景贤的手中。1925 年，完颜景贤去世，这件国宝被白坚甫出资收购。第二年，白坚甫就以三千元的价格，将《唐

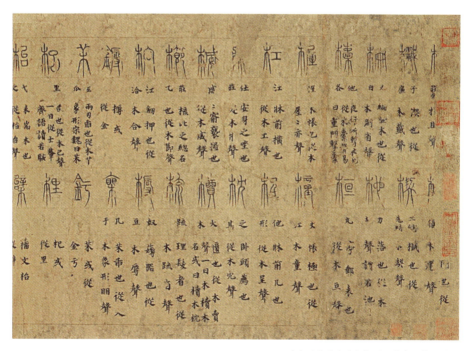

《唐写本说文残卷》（日本杏雨书屋藏）

写本说文残卷》倒卖给了日本著名的汉学家内藤虎，国宝东渡扶桑，至今飘零海外。

白坚甫认识三教九流，消息灵通，北京城有什么稀奇贵重的东西一露面，他几乎最早一批得到消息，总能捷足先登。民国期间，为了从中获利，白坚甫曾把许多珍贵书画文物贩卖到日本，再加上日伪时期曾在汪伪政府任职的经历，所以新中国成立后，他自认为不能融入新社会。当时，已近古稀之年的白坚甫从北京迁到重庆居住，还把自己的名字改为白隆平。1953 年，他向中国历史博物馆捐赠了一柄珍贵的西周时期的"中山父戈"，当时的所用名就已经是白隆平。

1961 年，生活困难的白隆平取出自己收藏的最后一幅古画，这幅画也是他压箱底的藏品。他想卖一个好价钱，思前想后，决定先到上海博物馆看看。他和上海文管会的版本目录学家徐森玉是老相识，经徐森玉介绍，著名的书画鉴定家谢稚柳接待了白隆平。当他打开手卷一看，这张画竟然就是大文豪苏东坡的《潇湘竹石图》。谢稚柳从墨色、纸张和绘画特征各方面仔细鉴赏，认为是苏东坡真迹无疑，可是白隆平开价太高，多少钱呢？人民币 8000 元。谢稚柳听到这个价格，没有当场明确表态，让他再等一等馆里的意见。白隆平看上海博物馆态度不鲜明呀！所以一转身，就来到北京，找到老相识——时任国家文物局文物处处长的张珩。不巧，张珩因公出差在外，传话让他再等上几天。白隆平着急回重庆，就一催再催，后来文物局就建议让故宫博物院来收购此画。故宫博物院研究了几天，专家最终给出鉴定意见，认为苏东坡《潇湘竹石图》是明朝的仿品，没有太大大价值，就把原件给退了回来。白隆平性格固执，他对自己的鉴定水平有十足的信心。于是他带着画又来到琉璃厂荣宝斋问价。就在这个时候，邓拓得到了消息，他委托荣宝斋和平画店经理许麟庐帮忙寻找《潇湘竹石图》。因为故宫博物院已经给出鉴定意见，所以荣宝斋也不敢贸然收购这张画。就这样，许麟庐领着白隆平来见邓拓。邓拓展开《潇湘竹石图》长卷，画面描绘的是湘江和古老的潇水相交汇的一段画面，近处是一片土坡、两块石头、几丛疏竹，远处烟水云山、渺无涯际，一片苍莽古雅的气息扑面而来。邓拓接下来又仔细审看绢的质地、笔墨和题跋，认为这张画构思巧妙，运笔空灵，特别是这画后还留下了元明两个朝代二十六家题跋，可以说传承有序，所以他认定这幅《潇湘竹石图》就是苏轼真迹无疑。为了慎重起见，邓拓又邀请辽宁博物

北宋　苏轼《潇湘竹石图》（中国美术馆藏）

馆著名书画鉴定家杨仁恺来帮忙掌眼。杨仁恺和白坚甫是四川同乡，两个人很早就认识，巧合的是，杨仁恺早在几十年前就在白坚甫那里看到过《潇湘竹石图》，对这张画的来龙去脉非常熟悉，他也坚信这幅画是真迹无疑。就这样，在杨仁恺的协调下，白坚甫自愿把价格从 8000 元降到 5000 元。这笔钱在 20 世纪 60 年代可是一笔巨款。为了收藏和研究这幅古画，邓拓取出了《燕山夜话》稿费 2000 元，又挑选了自己收藏的 14 幅古画卖给荣宝斋，这才凑齐了 5000 元，付清了全部画款。荣宝斋和平画店现存白隆平当年书写的一张收据，这张收据也真实复原了当年邓拓收藏《潇湘竹石图》的经过：

> 今将旧藏苏子瞻为孙莘老作《云山竹石卷》壹件
> 售与和平画店，价人民币伍仟圆正，如数收齐。此据。
> 一九六一年五月廿九日
> 白隆平，住重庆龙门浩上一天门 55 号

得到了《潇湘竹石图》，邓拓如获至宝，他把自己的书房命名为"苏画庐"，还专门刻了一枚印章钤盖在《潇湘竹石图》上。1962 年邓拓经过详细考证，写

成《苏东坡潇湘竹石图卷题跋》一文，刊登在《人民画报》第6期。这篇文章在艺术界引起了不小的反响。邓拓向苏东坡致敬，还专门写了一首七律《怀苏东坡》：

曾谒眉山苏氏祠，也曾阳羡诵题诗。

常州京口寻余迹，儋耳郊原抚庙碑。

海角天涯身世感，朝云春梦死生知。

千秋何幸留遗墨，画卷潇湘竹石奇。

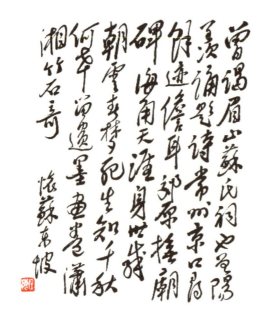

邓拓《怀苏东坡》

二

高呼与可

竹子自古以来就受到中国文人的喜爱，诗人赋诗歌颂它，画家用画笔赞美它，千百年来，乐此不疲。到了宋朝，一位文学家的出现让竹子这个题材在艺术表现上达到了顶峰，这个人就是苏东坡。"可使食无肉，不可居无竹。无肉令人瘦，无竹令人俗"。这是苏东坡赞美竹子的名句，他用"比兴"的手法，把竹子与文人的关系定位到一个前所未有的高度。苏东坡不但创作了大量的诗词咏竹颂竹，他还"观物取象"，拿起笔来写竹、画竹，最后成为一代绘画大家，其与文同创立的绘竹画派被称为"湖州竹派"。说到画竹，那么苏东坡从什么时候开始画竹？他又是师从于谁呢？

苏东坡曾说"吾为墨竹，尽得与可之法"。很明确，东坡说他画竹子都是跟"与可"学的，那么"与可"是谁？他和苏东坡是什么关系？

文同，字与可，生于1018年。北宋梓州永泰人，今天的四川盐亭人，宋仁宗皇祐元年进士。文同多才多艺，苏东坡称赞他有四绝——诗、辞、书、画。当然在这四项中，文同最擅长的还是绘画，尤其是他画的墨竹，名扬四海。文同的家乡四川，竹子遍地生长，遮天蔽日。文同自幼就爱竹，他喜欢竹子高风亮节的操守和宁折不屈的品格。他种竹、画竹，把竹子比喻为君子，还在家乡建"墨君堂"，用竹子的操守来激励自己。关于文同画竹的特征，米芾在《画史》

中总结说："以墨深为面，淡为背，自与可始也。"台北故宫博物院珍藏的文同目前唯一传世的真迹《墨竹图》，就能印证米芾的说法。

治平元年（1064年），苏东坡在凤翔任通判。当时文同路过凤翔，两个人一见如故，结为至交好友。也有一种说法，认为两人是远亲，文同是苏东坡的表兄。文同比东坡年长近二十岁，对于文同，无论是人品还是画品，苏东坡都是发自内心地佩服，他有意师承文同，跟他学习画竹，并留心总结文同的画竹理论。比如"胸有成竹"和"身与竹化"就是苏东坡对文同画竹的高度总结。"胸有成竹"大家都比较熟悉了，下面就谈一下"身与竹化"。晁补之是著名的苏门四学士之一，他曾收藏文同的墨竹真迹。当苏东坡看到这幅作品的时候，当即作诗三首，其中写道：

> 与可画竹时，见竹不见人。
>
> ……
>
> 其身与竹化，无穷出清新。
>
> ——苏轼《书晁补之所藏与可画竹三首》

苏东坡说，文同画竹的时候，全神贯注，物我两忘，身体与竹子融为一体，所以，文同画的竹子风格清新无穷，达到了一种神妙境界。

苏东坡画竹师从文同，遵从"身与竹化""胸中有竹"的创作理念，在这两点的基础之上也提出了自己的主张。他强调"无常形而有常理"，主张绘画一定要熟悉描写对象的生长规律，充分了解形态变化，在形象上要总体把握，不必过分追求细节末梢的描写。比如，在画竹子的时候，要把竹子的生长规律和具体形象牢记于心，然后经过思想感情的酝酿，在胸中逐渐形成丰满的艺术形象，然后通过笔墨表达出来。苏东坡画竹子的时候不分节，往往从竹根直接画到竹梢，对他这种画法，书画博士米芾表示不理解，就质问他："为什么不一节一节地画呢？"东坡笑着说："竹生时何尝是逐节生的？"苏轼在杭州做通判的时候，一天突然来了画兴，可书案上只有一锭朱砂，东坡随手拿起笔来蘸着朱砂画。朋友看到就非常不理解地问他："世上只有绿竹，哪来的朱砂竹啊？"东坡反问："世间本来也没有黑色的竹子，既然可以用墨画竹，为什么不能用朱砂来画呢？"

北宋　文同《墨竹图》（台北故宫博物院藏）

苏东坡绘画借景抒情，不求形似，只为表达一种诗意的情怀，他总结的"论画与形似，见与儿童邻"，这种审美思想也开了中国文人画的先河，后世的画家都遵循苏东坡的艺术理论，把他尊为文人画的先驱。

苏东坡概括总结文同的绘画创作特点是"诗不能尽，溢而为书，变而为画，皆诗之余"，这和他一贯主张"诗中有画，画中有诗"的艺术观念如出一辙。东坡强调以书入画，不求形似，注重意象，也就是注重抒情写意。在创作理念和艺术主张上，苏东坡和文同也一脉相承。他在一首题李龙眠《憩寂图》的诗中曾说"东坡虽是湖州派，竹石风流各一时"，在这首诗中首先提出了"湖州派"的理念，因为苏轼和文同都当过湖州知州，所以后人就尊称他们为"湖州竹派"。

文同老成持重，秉承"入世既深，出世又远"的做人原则，深知朝廷中人事关系错综复杂。1071年，苏东坡到杭州任通判，文同了解苏东坡的个性，专门写信叮嘱他："北客若来休问事，西湖虽好莫吟诗。"他告诫东坡，祸从口出，不要乱写诗议论时政。可是苏东坡秉性难改，最后还是因诗获罪，在湖州知州

任上被捕入狱。人到中年，遭遇了乌台诗案的沉重打击，这个时候他更加佩服文与可的远见卓识。

元丰初年，文同被任命为湖州知州。第二年（1079 年）二月，文同在上任的途中在河南陈州病逝。文同是个清官，生前没有什么积蓄，家里人根本没有能力把他送回四川安葬，灵柩只能暂厝陈州。

1080 年正月初一，在御史台监狱关了整整一百三十天，苏东坡终于被放了出来。劫后余生，他第一时间考虑的却是文同的丧事。苏东坡觉得自己有责任尽快让文同魂归故土。为此，他和弟弟苏辙特地赶往陈州，亲自出钱，安排资助文同灵柩归葬四川，以慰故交在天之灵。

以文同和苏东坡为代表的湖州竹派对中国美术史影响深远，元朝的赵孟頫、李衎、柯久思，明朝的王绂、徐渭，清朝的石涛、郑板桥都是在湖州竹派滋养下成长起来的艺术大师。尤其是清初的石涛和尚，强调笔墨当随时代。他画竹不求形似，以势取胜，独创出清新无穷的墨竹风格。石涛创作的墨竹杰作《高呼与可》，就是在向湖州竹派致敬。

清 石涛《高呼与可图》卷（北京故宫博物院藏）

三

清风千载

苏东坡是尚意书法的代表性人物，他开了文人画的先河，不过令人遗憾的是，由于各种原因，他仅有很少的几幅画作流传下来，而且学术界对于这几幅仅存的作品还充满争议。

根据苏轼诗文集和宋人的各种史料记载来看，在当时，他画了很多墨竹作品，不过由于他一生坎坷，在党争之中经常受到迫害，宋徽宗还下令焚毁他的诗文集，著名的《宣和书谱》和《宣和画谱》没有收入苏东坡任何作品。因为政治的原因，苏东坡的书画绝大部分都被销毁了，又经过近千年的风雨侵蚀，可想而知，能够传到今天的书画确实是凤毛麟角。那么邓拓收藏的这件《潇湘竹石图》到底是一件什么样的作品？又是如何传承到今天的呢？

《潇湘竹石图》，纵 28 厘米，横 105.6 厘米，是苏东坡即兴在一段生绢上描绘的湖南零陵以西潇水和湘江汇合处的一处景色。零陵就是今天湖南永州的零陵区，也是我国唐朝的狂草书法家怀素的故乡，所以怀素又称零陵僧。苏东坡在这幅画中匠心独运，用极简的笔墨和高度的概括手法，艺术地再现了近岸远水、风雨潇湘的生动气象。画卷的左下角，题有"轼为莘老作"五字。那么这位"莘老"是什么身份呢？

在苏东坡的朋友圈中，有两位好友都是字"莘老"，一位是江苏高邮籍的孙觉，一位是河北沧州籍的刘挚。在《苏轼文集》中，至今还保存了不少封写给这两位老朋友的诗文信札。不过据考证,苏东坡和孙觉是同年进士,来往更密切,友谊更深厚,所以《潇湘竹石图》应该是送给孙觉孙莘老的画作。

在苏东坡落款的右首,有一段长跋,这是湖南人杨元祥在元统二年(1334年),用隶书留下的一段跋语。这也是《潇湘竹石图》留下的最早的文字考证,记录了该画在元朝的传承情况:

> 东坡竹石戏墨始见于湘中故家,绫背象轴如旧。
> 越十五年,其家子孙物故。使婢售于市,偶予见之,
> 岂造物相成于予躬。惜绫轴已剥落矣,竟以石米易书。
> 坡仙笔迹宛然可敬,予不能留意,专为梁台杜聘君德
> 甫献,德甫乃好事博雅君子,故予不惜上。元祥。元
> 统甲戌二月望书。

杨元祥说,他早年曾在湘中的朋友家见到过苏东坡的这张竹石图。十五年以后,湘中的朋友想把这张画卖掉,杨元祥就介绍了梁台的朋友杜德甫给买了下来。这是目前有关《潇湘竹石图》能追溯到的最早文字记录。

第二段题跋署名天台叶湜。叶湜是浙江台州人,生卒年不详,他题了一首

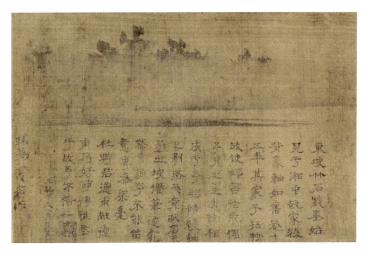

杨元祥题跋

七律，其中末句写道：

> 百年翰墨留真迹，应写潇湘雨后枝。

邓拓认为"应写潇湘雨后枝"一句是对这幅画最好的总结，是点题之笔，所以就把这幅画命名为《潇湘竹石图》。

第四位题跋的人叫郑定，福建闽县人，是元代福建的十大才子之一，为人豪侠仗义，能诗词，擅书法。他用草书写成七绝一首，笔走龙蛇，剑胆琴心，称赞《潇湘竹石图》就像南金一样珍贵。

> 苏老才名重古今，人间遗墨若南金。
>
> 山云挟雨溪头过，石上琅玕起夕阴。

第五位题跋的人是吴郡人钱复。吴郡就是今天的苏州，除此以外，钱复身世不可考。不过他于永乐元年（1403年）五月十八日的这段题跋，却对考证《潇湘竹石图》的流传历史至关重要。钱复说：

> 大明洪武初，梁台李秉中得之同郡杜氏。秉中子从善，装池成卷，宝藏于家，介其友宗之梁先生征余识其后。

这段题跋明确告诉后人，明洪武初年，李秉中是从杜氏手中买来《潇湘竹石图》，杜氏就是杜德甫，这也呼应了元末杨元祥的记述。

李秉中的儿子李从善把《潇湘竹石图》重新装裱，并遵从父亲的意愿，从此深藏家中，秘不示人。直到一百五十五年后，李秉中的第八代孙李甲峰到四川经商，在江阳（今四川省泸州市）遇到了文学家杨慎。他取出《潇湘竹石图》求杨慎题跋。杨慎是明朝正德辛未的状元，一代名士，著名的《三国演义》开篇词"滚滚长江东逝水，浪花淘尽英雄"就出自他的手笔。杨慎的身世和苏东坡非常相似，遭遇甚至比苏东坡还悲惨，晚年一直被朝廷流放。这位状元有感而发，即兴在画卷上题写了一首七言长歌，全文如下：

东坡学士湖山暇，南国清游继颜谢。

舟楫行供苕霅吟，云烟坐入潇湘画。

越人翠被雨波寒，官奴锦瑟歌声阑。

挥毫写尽风中态，掀舞犹疑掌上看。

琅玕落纸珠生唾，画绝名缣诗实和。

未论名价重三都，先遣风流惊四座。

仙翁去后几百秋，江光清澈鱼龙收。

三湘夜冷黄州梦，九疑云远苍梧愁。

君从何处得真迹，云是世传珍且惜。

金陵携来到江阳，卷示当风开盈尺。

江湖散人天骨奇，抹月披风画里诗。

散花楼上新知乐，且听离筵唱竹枝。

甲峰李子沛之自留都来江阳，邂逅江山平远楼，出此卷，席上率尔赋此。嘉靖戊午秋八月廿六日，升庵杨慎书。

明　杨慎题跋

杨慎题于1558年，主要叙述了李甲峰从留都南京来到四川泸州，两人偶遇，在江山平原楼题跋的经过。在整个《潇湘竹石图》二十六家题跋中，杨慎的名气最大，而跋文本身也具有珍贵的艺术价值，尤其是杨慎的书法，传世极少，这篇题跋被誉为现存杨慎真迹中第一等珍品。就在作完题跋后不久，杨慎又被云南巡抚奉密谕追捕，第二年七月，病逝于云南保山。

《潇湘竹石图》卷一共有元明二十六家题跋，那么最后一段跋语题于嘉靖辛酉年，也就是1561年，题跋人是古濠州胡桐。胡桐是安徽凤阳人，其他身份不详，不过他的这段题跋《竹石图序》却十分重要，他在跋中交代了这样一段话：

> 甲峰家世金陵儒行而商业，南遵荆楚，西放巴蜀，往来于缙绅冠盖之间，辞华风度亦高世之流也。始予邂逅涪陵，出苏文忠公之竹石图相示，展而阅之，则为莘老作也。

这段跋语介绍了金陵李甲峰家是世代儒商，胡桐在四川涪陵和李甲峰相遇，李甲峰取出《潇湘竹石图》，请求题跋，于是胡桐就写下了《竹石图序》长跋，这也是《潇湘竹石图》在明末的最后一段记录。

以上元明二十六家题跋，共三千余字，实际上就是一部有关《潇湘竹石图》

明　胡桐题跋

的传承史。仔细研读这些题跋，有的是赏析画作，有的是感叹苏东坡的身世遭遇，从这些充满崇敬的文字中，我们可以清晰地梳理出《潇湘竹石图》从元朝到明朝的传承身世。明洪武初年，李秉中得到《潇湘竹石图》，传给了儿子从善，再传到嘉靖年间李甲峰的时候已经有八代人了。金陵李氏家族把《潇湘竹石图》当作传家宝，代代相传，这中间至少经历了近两百年历史。李甲峰以后，尤其是到了清朝，《潇湘竹石图》是否还一直保存在李家，目前没有史料可查，就不得而知了。不过据著名画家吴湖帆记载，他在1937年曾鉴定过这幅作品，当时在画上还看到晚清书法家何绍基的拜观题跋款一行，但是现在这段题跋已经不知去向。

《潇湘竹石图》从清朝到民国的传承历史一直是空白，那么白隆平又是通过什么手段得到这幅画的呢？目前有很多种说法，也都充满传奇。据说，民国期间，李氏家族彻底败落，李家的一个子孙为筹钱抽大烟，推倒了祖先的牌位，在排位后面的夹壁中把这幅画偷了出来，以非常便宜的价格卖给了北京的古玩店，然后又被白隆平以十块大洋捡漏买下。那么真实情况确实是这样的吗？随着《潇湘竹石图》档案史料的陆续公布，在竹石图手卷的末尾发现了白隆平的一段题跋，在这段跋语中，他明确交代：

今三十年前，苏州孙伯渊以归于我。

白隆平题跋的时间是在1959年，也就是说大概在20世纪30年代他从一位叫孙伯渊的人手里买到了《潇湘竹石图》。孙伯渊是谁呢？孙伯渊，1898年生于苏州，身世坎坷。他出身于书画装裱世家，抗战时期，从苏州逃难来到上海，后来经过刻苦努力，终于从一个装裱师成长为著名的收藏家和金石鉴定家。新中国成立后，他把四千多件书画碑帖捐献给国家。现藏于北京故宫博物院的元朝著名画家黄公望的《九峰雪霁图》就曾是他的藏品。孙伯渊和当时的徐悲鸿、张大千、吴湖帆等艺术大家来往很多，尤其和书画鉴定家吴湖帆关系密切，吴湖帆在1937年5月16日的日记中记下了这样一段话：

孙伯渊携来苏东坡竹石绢本卷，画系元人作，非

北宋　苏东坡《潇湘竹石图》（中国美术馆藏）

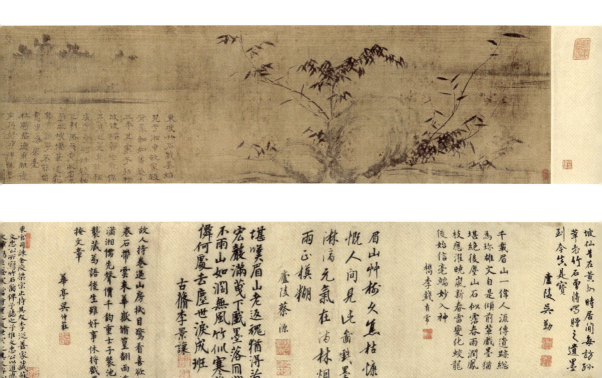

坡仙昔在黃州時居間每訪孙
荜老竹石兩將写贈之遺墨
到今失是寶
　　　　　　　廬陵吳勤

千載眉山一俾人流傳遺跡猶
為珍雄文自是傾前葦戲墨猶
堪絕後塵山石似露春雨潤鳳
枝應掃晚嵐新春雷變化蛟龍
後始信毫端妙入神
　　　　　　　　　　　　槜李錢有常

眉山艸梅久焦枯簾
慨人間見此畬戲墨
淋漓元氣在渴林烟
雨正模糊
　　　　　廬陵蔡源

堪歎眉山老逸硯猶得者
宏厳滿箧下戲墨落同
不雨山如潤無風竹仙寒
傑何廪去塵世淚成班
古橋李景謙

故人持卷過通山房扐
卷石帶雲来華嶽脩篁雨
瀟湘儒先聲價千鈞重日装
藝藏為語後生難好事休持戲
梅文章
　　　華亭吳仲莊

坡翁之艸老竹石圖妙
　　　　海翁

黃堂公退憶斯文設寫清幽寄老華
雨瀟筹堂搖鳳尾雲間綠石爆龍
鮃魔心勁玉堂君子苦節堅剛屬
大臣事業文章先宇披禽吟屬
覺通神
　　　　　　南昌熊晃

石上琅竹掃屬落墨皆神品真化龍
　　　　　　　　茅陵朱陽對

北山外史释氏　贈君

城南兩叟秦風頴江頭見如渭川束坡之意復磎竹柏
之志咸新篁歗侯化龍欲蟄嘶如渭川束坡之高插睐舉峯頭歗

三宗善賁十藝弥貌永賞安生示
人光廪後世不知斯爵而复之散
永識于左方廪潥君子暮孫咸
知斯文章照暎古昔其忠諒義膳之
德文章煇而山漲枝竹千篇宇
曜其煇而心泯枝枝千篇宇
流落人間咸知實重金宝
将其墨戲善寶秋傳之于
家永亲於無窮也
　　　　永樂十三年歲次乙未春三
　　　月十有三日鍾山幻石師戒識

束坡遠孫天下奇竹石點染滿
湘妾愃二妃倚薄蓀林間或
有波痕萬風枝露葉真瀟
落金相玉質萎傾危窠龍蟠肯
今牙角露驚山鬼聲幽玄不造
賭絕愁驚鳳舞會見羽毛新
凴夷知鹿閒色暗人何在空
遗缩素浮光縷錦芭玉軸輝
束新流傳已始降千載奇
珍護失更全主閒麻姑幾吳海
　　　　　松泉夏郇讓

竹石篶序
閗國者有宗篶之
之英君子以隆創造
守而高揚南邊稗
緢紳寬盖之閗華
派插行天下今之
多矣何為孙作艸石也以
是故家之有珍藏者
閗揚家聲其可以語我甲
為文忠公之眉山人史
行而高麗堅壬貞甲字守
渾海之炯臻百世黃庭堅
言忠忠公之志松柏嘖
挺拔作江派者有珍藏
謀若菴之節清眉菴大
淇河之馨永菴相清塞而
志楼楼於煙雨復而則
介石之貞永而磯柱者
中源才立論卓拳者
東坡泥石坂東坡泥沼介
不為紛花

真迹，但元明人题者二十六家，均真而精，洵奇事也。

——吴湖帆《吴湖帆文稿》[1]

这段日记可以证明，《潇湘竹石图》确实曾经为孙伯渊所有，至于孙伯渊从何处得到该作品，吴湖帆并没有交代。日记除了证明白隆平确实是从孙伯渊手中买到《潇湘竹石图》以外，还展现一个信息，那就是吴湖帆认为二十六家题跋都是真迹，但他推断苏东坡的这张画作是元朝人仿造的赝品。当代著名鉴定家徐邦达是吴湖帆的弟子，他也专门对《潇湘竹石图》做过考证，写出《苏轼〈竹石图〉卷》一文。徐邦达也肯定二十六家题跋是真迹，但认为这张画却是仿品，作伪的时间大概是在南宋时期。

收藏到《潇湘竹石图》，是邓拓收藏生涯中最为得意的一笔，不过令他意想不到的是，此画带来了一场飞来横祸。这到底是怎么回事呢？原来，文物界有人暗中嫉妒，就于1963年秋向有关部门写信检举，说邓拓身为分管文化的领导干部，却"与国家争购字画，抢购国家文物"。为此，北京市专门成立调查小组，对邓拓购买苏轼《潇湘竹石图》一事进行调查。经过一番严格的审查后，相关部门认为邓拓"倒卖文物"证据不足，并收回之前的通告。

1964年，邓拓把《潇湘竹石图》，还有沈周的《萱草葵花图卷》、唐伯虎的《湖山一览图》、徐渭的《写生图》等一共一百四十四件古画，全部无偿捐献给了刚刚成立的中国美术馆。邓拓化私为公，他所捐赠的这些文物均属艺术瑰宝，也是中国美术馆自建馆以来收藏到的最珍贵的一批古代书画精品。

1966年，"文革"祸起，4月16日，《北京日报》刊登了关于《燕山夜话》和《三家村札记》的批判材料，邓拓时任北京市委书记处书记、中共中央华北局书记处候补书记等职，他与吴晗、廖沫沙三人被污蔑为"反党集团"，被勒令停职检查。邓拓面对污蔑，决定以死来洗刷自己的清白。5月18日凌晨，邓拓给北京市市委和妻子丁一岚写下两封遗书，然后便选择以自尽的方式离开了人世。邓拓也成为那个特殊时期第一位罹难的文化学者。

《潇湘竹石图》的真伪目前学术界仍有不同的看法，比较有代表性的人物就

---

[1] 吴湖帆：吴湖帆文稿，杭州：中国美术学院出版社，2006年，第79—80页。

是著名书画鉴定家徐邦达和杨仁恺。徐邦达认为该作是赝品，应为南宋时期的伪作。杨仁恺则持不同意见，他在《中国古代书画过眼录》一书中曾详细叙述了《潇湘竹石图》的流传简史和自己的鉴定意见：

> 此卷为白隆平旧藏，徐邦达认为不真，谢稚柳和我则认为真品。白隆平曾携往上海文管会，未成交。又前往北京找张珩，张因公外出未归，未能见面。转送故宫博物院，众人未看好，于是由邓拓收藏。后来我与张珩谈及此画，张表示不当看假。白隆平还有一幅苏氏竹石，早已流往日本，有印本刊行。
>
> ——杨仁恺《中国古代书画过眼录》[1]

徐邦达和杨仁恺均是古代书画鉴定大家，也是中国古代书画五人鉴定小组成员。二人虽然对《潇湘竹石图》真赝有不同看法，不过单就绘画艺术和后来传承有序的二十六家题跋来看，却都肯定这幅作品无论是在中国美术史还是在苏东坡研究上都有它独特的意义。1983 年，由启功、谢稚柳、徐邦达和杨仁恺、刘九庵等人组成的中国古代书画鉴定小组，重新对《潇湘竹石图》进行鉴定和研究，认为无论从艺术价值还是文献价值来看，这幅画都是一份重要的文化遗产，所以最后一致同意，把《潇湘竹石图》收入到《中国古代书画精品录》一书中。

---

[1] 杨仁恺：《中国古代书画过眼录》，沈阳：辽宁人民出版社，2019 年，第 189 页。

附：白隆平题跋

右苏子瞻为孙莘老作竹石卷，（按东坡之字始于苏子居黄州之第二年起，时年四十五，元丰四年也。其以前无东坡之称，此卷盖三十六岁时作，故称子瞻为允。）盖墨妙亭[1]中故物也，距今六百二十五年，元代杨元祥得以湘中故家，以献之梁台杜德甫。然则墨妙亭之败坏散佚，其在蒙古南下，南宋板荡时耶。今四百一年前，杨升庵跋此卷时，存金陵李氏沛之，其后流传之绪未能详。

今三十年前，苏州孙伯渊以归于我。

宋熙宁五年，壬子，公元1072，子瞻时年三十六岁，在杭州通判任。是年秋，湖州大水，苕水入太湖之道多沮，泛滋成灾。运司差子瞻往湖州相度堤堰，规苕水畅入太湖。是时湖州太守孙觉莘老，子瞻之同年友也。迎□□欢，求子瞻作《墨妙亭记》及诗，此卷盖是时之作。画中石之左，丛竹修以扬者，似莘老；其右，丛竹经雨打电击，纷披淋漓者，子瞻自状也。子瞻尝赞文与可画竹，有"风梢雨箨，上傲冰雹。霜根雪节，下贯金铁"之语，我今承以此语，转赞先生此竹。将欲知其人者，必先论其世。今欲读此画，而不晓当日世事可乎？子瞻赠莘老七绝首章有"若对青山谈世事，当须举白便浮君"二句，已道破胸中事矣。熙宁三年，王介甫用事，多爪速立。子瞻议论素异，介甫之徒深恨之，逐子瞻出宫告院，任之开封府推官，以困之。又使御史知杂事者，诬奏其过失，穷治无所得。子瞻示尝一言以辨，乞外任避之，通判杭州。此非子瞻不出口之世事乎？

子瞻有言：文者德之余，诗者文之余，画者诗之余。今读此画，兼读当时为莘老作《墨妙亭记》及诗，并赠莘老七绝诸作，所谓三余之妙，于兹得之。

---

[1] 墨妙亭，孙莘老知湖州时所建之亭。并于熙宁五年（1072年）十二月，延请苏轼作《墨妙亭记》一文。

熙宁四年十一月，高邮孙莘老自广德移守吴兴。其明年二月，作墨妙亭于府第之北，逍遥堂之东，取凡境内古刻以来古文遗刻以实之。

吴兴自东晋为善地，号为山水清远。其民足于鱼稻蒲莲之利，寡求而不争。宾客非特有事于其地者不至焉。故凡郡守者，率以风流啸咏投壶饮酒为事。自莘老之至，而岁适大水，上田皆不登，湖人大饥，将相率亡去。莘老大振廪劝分，躬自抚循劳来，出于至诚。富有余者，皆争出谷以佐官，所活至不可胜计。当是时，朝廷方更化立法，使者旁午，以为莘老当日夜治文书，赴期会，不能复雍容自得如故事。而莘老益喜宾客，赋诗饮酒为乐，又以其余暇，网罗遗逸，得前人赋咏数百篇，以为《吴兴新集》，其刻画尚存而僵仆断缺于荒陂野草之间者，又皆集于此亭。是岁十二月，余以事至湖，周览叹息，而莘老求文为记。

或谓余，凡有物必归于尽，而特形以为固者，尤不可长，虽金石之坚，俄而变坏，至于功名文章，其传世垂后，乃为差久；今乃以此托于彼，是久存者反求助于速坏。此既昔人之惑，而莘老又将深檐大屋以锢留之，推是意也，其无乃几于不知命也夫。余以为知命者，必尽人事，然后理足而无憾。物之有成必有坏，譬如人之有生必有死，而国之有兴必有亡也。虽知其然，而君子之养身也，凡可以久生而缓死者无不用；其治国也，凡可以存存而救亡者无不为，至于不可奈何而后已。此之谓知命。是亭之作否，无可争者，而其理则不可不辨。故具载其说，而列其名物于左云。

卷尾元明二代题咏二十余家，而以杨升庵诗跋为不妄语，唯典雅未易解。我今质朴言之，略有补齐所未及。升庵题此跋于江阳之江山平远楼，江阳近四川泸县，江山平远楼犹存。是年，嘉靖戊午，升庵年七十岁，以为庶几可免贬谪之罪矣。欲归老新都桂湖，中途至江阳，而云南巡抚者畏嘉靖之威，急遣四骑追摄升庵还贬所。翌年，嘉靖三十八年（1559 年）6 月，升庵卒于昆明，升庵此跋尤为难得。

海内数鉴定古文遗刻及收藏墨妙之家，以湖州为称首。今乃审文明孕育之所由来。顾墨妙亭何时变坏？亭中名物今犹存焉者乎？□因而问之。

款识：一九五九年十月西充白隆平书此于龙门浩上涂山之下半亩之居。

钤印：西充白氏（白文）

沁庭春色賦

酌橋中之樂不减商

山堂霜餘之不盡而四者

人者游戲於其閒悟此世

之泡幻藏千里於一班舉

第六章

洞庭春色

◎ 诗酒年华
◎ 酒中真意
◎ 二赋长春

一

诗酒年华

1983年1月26日，吉林省博物馆举办了一场特殊的书法展览会。说展览特殊，是因为这次展览只展出了一件书法作品，那么究竟是一件什么样的书法，竟然受到如此礼遇？

这件作品就是北宋文豪苏东坡的千古名篇《洞庭春色·中山松醪赋》书法长卷，简称"苏轼二赋"。苏轼二赋之所以珍贵，主要有以下三个方面的原因：

一是苏东坡不仅是文学家，还是著名的书法家，位居宋四家之首，是尚意书法的领袖级人物。但由于政治和历史的原因，苏东坡传世书法真迹稀少，可以说，能够保存到今天的作品件件都是国宝。

二是苏轼二赋，纵28.3厘米，横306.3厘米，全篇一共有684个字，是苏东坡传世墨迹中字数最多、篇幅也最长的书法精品。

三是1924年，苏轼二赋被溥仪偷盗出宫，已经消失了长达半个多世纪，文博界都认为这件作品早已经被损毁了，它的失而复得给大家带来了惊喜。

确实，听到苏轼二赋重新现身的消息后，故宫博物院的书画鉴定专家徐邦达和刘九庵专程来到吉林省博物馆，两位专家经过详细论证，均认为这卷书法就是《洞庭春色·中山松醪赋》真迹原件，是一件国宝级的文物。那么苏轼二赋到底书写的是什么内容？又是在什么情况下创作的？下面就来了解一下有关

三江槎一吸春奥龍之神
摧碎夢終始如毬壘
散色山之桂楫扣林屋之
瓊闕卧松風之瑟縮揭
春溜之深瀏追范蠡於
渺茫弔夫差之惸鰥屬
此觴於西子洗之國之慙
顏驚羅襪之塵飛失
舞袖之弓彎覺而賦之
以授公子曰与乎嘻嘻吾
言吾公子甚為我
删之

中山松醪賦

始予宵濟于衡漳軍
涉而夜號燃松明以記
淺散星宿扵尊俎
擬飄風中之香霧茀訴于
以石遺宣千歲之妙質而
死斤斧於鴻毛敕區、之
寸明曾行兴扵東萬爛

之倫与八仙之羣豪載
驕麟而醫鳳爭桂檠
而瓢擠頓倒白綸巾淋
漓宮錦袍追東坡而不
游而續魾驕驕也
可及歸儒毀甚醱糟漱
松風枉盡于猶至以賦畫
始安宣郡王以黄柑釀
酒名之曰洞庭春色其
為賦之以其夢同而文
類敢錄為一卷縱筆
山守以松節釀酒復
猶子請潯之以餉予
戲為作賦後予為中
元年閏四月廿一日將
適嶺春遇大雨留襄
邑書此東坡居士記

北宋　苏轼《洞庭春色·中山松醪赋》（吉林省博物院藏）

洞庭春色賦

吾聞橘中之樂不減商
山豈霜餘之不足而四老
人者游戲於其間悟此世
之泡幻藏千里於一班舉
棗葉之有餘納芥子其
何銀宜賢玉之達觀寧
逸想於人寰媚兮春風
泛天宇号清閑吹洞庭
之白浪漲北洛之舊灣攜
佳人而往游勤霧鬢與風
鬟命黃頭之千奴卷震
澤而與俱還糅以二米之
藉以三脊之菅忽雲飛而
冰解凝珠零而漸潜翠
勺銀罌紫絡青綸隨
屬車之鷗夷歃木門之
銅環銀艾帝鱸之餘
幸公子之破慳我洗盞而
起嘗故畫廷之賓須畫

文章之糾纆驚節解
而流膏嘖攜厭其之遠
尚藥石之可吏收治用
於羣榆製中山之松醪
故朱灰燼之中兔朱螢燔
之勞取通明扵盤錯出
防澤扵真鬷與春麥而
皆熟沸春聲之嘈之味
甘餘之小苦歡幽姿之鵯
高和甘破之易壞笑涤
州之蒲萄似玉池之鱸肥
之絞樽萬以石蟹之霜
螯蒶日飲之幾行覺天
刑之可逃投挂杖而起行
罷兒童之折揲望西山
之愁尺敧襄裳以游涮
之紋樽萬以石蟹之霜
起峰道從此而入海湖
兒孫道從此而入海湖
飄天之雲壽吏大此兮

二赋的创作背景。

　　"天若不爱酒，酒星不在天。地若不爱酒，地应无酒泉"，这是诗仙李白咏酒的名句。唐朝大诗人李白一生爱酒，酒后飘飘欲仙，往往佳作频出，所以后人就送他一个雅号叫"诗仙"。在中国文学史上，除了李白被称为"诗仙"以外，还有一位文学家被尊称为仙，那就是文豪苏东坡了。苏东坡被称为坡仙，他和李白共同组成了中国文学史上最耀眼的"双子星座"。苏东坡生活的宋朝离唐朝已有三百多年，坡仙对诗仙李白也充满了崇敬之情，比如他创作的书法名作《李白仙诗卷》今天就珍藏在日本大阪市立美术馆。苏东坡之所以被称为"坡仙"，一方面是因为他乐观旷达的胸怀和超凡脱俗的人生理想；另外一方面，也是因为他和李白都有一个共同的爱好，那就是喜欢喝酒，酒后往往妙笔生花，锦绣文章更是喷薄而出。据统计，东坡留下来的文章有四千多篇，诗歌有两千七百多首，词大概也有三百首，书信一千七百多封，其中很多内容都是在谈品酒、酿酒，以及和酒有关的趣闻轶事。说到喝酒，苏东坡常常给朋友们讲述祖父的逸闻趣事。李廌是"苏门六君子"之一，在他撰写的《师友谈记》中就记述了这样的一段趣闻：据苏东坡讲述，祖父苏序非常喜欢喝酒，经常邀请亲朋好友在草地上席地而坐，一边喝酒，一边摆龙门阵，喝到高兴的时候还载歌载舞。有一天，忽然从京城传来喜报，原来东坡的二伯父苏涣进京赶考，高中进士。

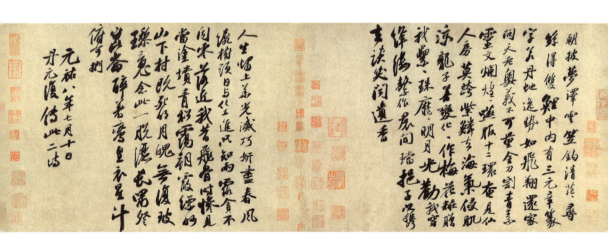

北宋　苏轼《李白仙诗卷》（日本大阪市立美术馆藏）

接到喜报的时候，苏序正拿着一块牛肉，在大碗地喝酒，当时已经喝得酩酊大醉，衣冠不整。他跌跌撞撞地接过喜报，向乡亲们大声地唱念。接着他把剩余的酒水、牛肉都一起扔进装有公文、官服的口袋中，歪歪斜斜地骑着毛驴回家了。当时大路两旁围满了看热闹的人群，大家看到苏家老汉在驴背上酣睡，样子非常滑稽，都忍不住哈哈大笑。苏东坡回忆，祖父大字不识一斗，一辈子嗜酒如命，他儿子考中进士这一天，应该是他人生中喝的最快乐的一场酒。

　　苏东坡祖父好喝酒，酒量很大，按常理推断，东坡也应该有相当的酒量，遗憾的是，他并没有遗传祖父的好酒量。东坡说"吾少年望见酒盏而醉"，看到酒杯就醉了，虽然说得有些夸张，但足可以说明苏东坡青少年时期根本不会喝酒，也不敢喝酒。长大成人，尤其做官以后，应酬多了，东坡尝试着喝酒，但酒量没有多少增长，他曾自嘲：

> 予饮酒终日，不过五合，天下之不能饮无在予下者。
>
> ——苏东坡《书东皋子传后》

　　这个"合"字，在这里读"格"，是古代的容量单位，"一合"大概相当于一升的十分之一。宋朝还没有出现今天的蒸馏白酒，当时酒的度数相当于今天的啤酒。东坡说他最多能喝五合，也就是一瓶啤酒的量，所以他自嘲，普天下怕再也找不到比自己酒量小的人了。接着话锋一转，又非常自信地说："天下之好饮，亦无在予上者。"东坡的意思是虽然没有酒量，但是天底下却找不出比自己更喜欢喝酒的人了。他又说：

> 予虽饮酒不多，然而日欲把盏为乐，殆不可一日无此君。
>
> ——苏东坡《饮酒说》

　　既然苏东坡没有什么酒量，而且一喝就醉，那他为什么还喜欢喝酒？而且后来竟然到了"不可一日无此君"的程度。欧阳修曾说"醉翁之意不在酒"，东坡大概也是得益于微醺后的那种迷离的状态，也就是说，酒是苏东坡艺术创作的催化剂，也因此催生了许多脍炙人口甚至流传千古的诗词名篇。

熙宁八年（1075年），苏东坡在密州当知州（今山东诸城）。这一年密州大旱，苏东坡在求雨的途中，填写了著名的《江城子·密州出猎》：

> 老夫聊发少年狂。左牵黄，右擎苍。锦帽貂裘，千骑卷平冈。为报倾城随太守，亲射虎，看孙郎。酒酣胸胆尚开张，鬓微霜，又何妨！持节云中，何日遣冯唐？会挽雕弓如满月，西北望，射天狼。

整首词表达了苏东坡强国抗敌的政治主张，也展现了他壮怀激烈、杀敌报国的豪情。《江城子》一词风格粗犷豪迈，音韵铿锵有力，气势逼人，被誉为豪放词的开山之作。词一填成，就不胫而走，大家争相传唱，获得极大的好评。苏东坡对这首词也非常满意，他在给朋友的一封信中，就详细记述了密州人人争唱《江城子》的盛况。东坡说：

> 近却颇作小词，虽无柳七郎风味，亦自是一家。呵呵！数日前，猎于郊外，所获颇多。作得一阕，令东州壮士抵掌顿足而歌之，吹笛击鼓以为节，颇壮观也。
>
> ——苏东坡《与鲜于子骏书》

柳七郎指的是北宋的词人柳永，是婉约派的代表性人物，东坡认为自己填的这首词气象豪迈，和柳永的风格绝不相同。需要说明的是，这段话中苏东坡用了"呵呵"这个词，"呵呵"是当今常用的网络用语，所以大家普遍认为苏东坡就是用语的原创作者，事实真的这样吗？其实"呵呵"这个词很早就在使用了，比如苏东坡的文化偶像林逋，比东坡大整整七十岁，去世九年后东坡才出生。林逋在传世的信札墨迹《三君帖》中，就使用了"呵呵"这两个字，看来这个"呵呵"的原始版权并不属于苏东坡。

熙宁九年（1076年）的中秋节，苏东坡在密州新建成的超然台上饮酒赏月。超然台是苏东坡到任密州后亲自督造的，建成后弟弟苏辙将其命名为超然台，东坡还专门写了名篇《超然台记》。当晚一轮明月高悬，苏东坡和朋友们兴致很高，喝酒一直喝到第二天早晨，中秋本来是万家团圆之夜，可是东坡与弟弟苏辙已经有七年没有相见了，他思念远在济南的苏辙，看着天上的一轮圆月，醉眼蒙眬的苏东坡端起酒杯，遥问苍天：

> 明月几时有，把酒问青天，不知天上宫阙，今夕是何年。
>
> ——苏轼《水调歌头》

这首词就是光照千古的咏月词《水调歌头》，明代文学家杨慎由衷地称赞："中秋词，古今绝唱！"纵观苏东坡的诗词创作，在密州是一个高峰期，也是他豪放词风格的初步形成时期。元丰三年，苏东坡因为乌台诗案被贬，在黄州谪居五年，他的诗词创作也达到了顶峰。比如，彪炳文学史的"一词二赋"，也就是《念奴娇·赤壁怀古》和前、后《赤壁赋》，都是在黄州完成的，当然，这些

北宋 苏轼《超然台记碑刻》

佳作都和酒有关。比如,《念奴娇》词尾东坡就举起酒杯,高呼"一樽还酹江月"。《前赤壁赋》写于元丰五年,文章开篇,东坡就"举酒属客,诵明月之诗,歌窈窕之章"。接着又写道"于是饮酒乐甚,扣舷而歌之",酒喝得非常尽兴,众人敲着船舷大声吟唱。同年的十月十五日夜,两位朋友到访雪堂,苏东坡带着他们从黄泥坂路回临皋亭,当时一轮明月高挂在天空,空气中都充满了诗意,苏东坡感叹:"有客无酒,有酒无肴,月白风清,如此良夜何!"东坡回到家中问妻子王闰之,妻子说:"我有斗酒,藏之久矣,以待子不时之需。"原来,善解人意的王闰之早就偷偷藏下了一坛酒,以备丈夫不时之需,苏东坡拿起酒带着客人来到赤壁夜游赏月,后来就写成了著名的《后赤壁赋》。

苏东坡现存二十五篇赋,除了前后《赤壁赋》提到酒以外,其中还有六篇赋是专门写酒的,这就是《酒子赋》《酒隐赋》《老饕赋》《浊醪有妙理赋》《洞庭春色赋》和《中山松醪赋》,其中以《洞庭春色赋》和《中山松醪赋》文采最为出众,知名度最高,也是苏东坡自己最满意的两篇酒赋。

酒中真意

要了解《洞庭春色赋》，就必须交代一个人物，就是北宋宗室赵令畤。赵令畤生于1061年，是一位文学青年，尤其仰慕苏东坡。巧合的是，元祐六年（1091年）八月，苏东坡到颍州任知州，当时赵令畤也刚好被任命为签书颍州公事，是东坡的属下。两个人一见如故，赵令畤精明能干，苏东坡非常欣赏他的才华，赵令畤很快成了东坡工作上的左膀右臂，私下里也成为挚友。赵令畤知道苏东坡喜欢喝酒，就把叔父安定郡王赵世准用黄柑酿造的一款果酒送给他品尝，因为酿酒的黄柑主要产自苏州太湖的洞庭东西山上，所以这款酒就被命名为"洞庭春色"。苏东坡品尝之后非常满意，认为此酒色香味稀世罕有，称赞洞庭春色为"大宋三绝"。1092年冬，苏东坡又回到汴京任职，一天喝完洞庭春色后兴致很高，就乘着酒意，写下了《洞庭春色赋》。在赋里首先赞颂安定郡王酿造的黄柑酒"宜贤王之达观，寄逸想于人寰"。接着又说，喝了这个酒，感觉"袅袅兮春风，泛天宇兮清闲。吹洞庭之白浪，涨北渚之苍湾"。这篇赋文，苏东坡用夸张的写作手法，极力赞美洞庭春色酒的神奇，认为这个酒能让人精神振奋，甚至可以穿越时空，和古今对话。

苏东坡酒量不大，但是他却无酒不欢，尤其喜欢攒局，喜欢把朋友们聚到一起饮酒。东坡曾在《书东皋子传后》说："见客举杯徐引，则予胸中为之浩浩焉，落落焉，酣适之味，乃过于客。"就是看着朋友痛饮，那种快乐远远胜过自己喝酒，内心的愉悦简直无法用语言表达。

东坡喜欢和朋友们一起喝酒，最高兴的事情就是"尤喜酿酒以饮客"，就是喜欢亲自动手酿酒来招待客人。苏东坡自己酒量不是很大，却"好饮""喜人饮""喜酿酒"。他被贬到黄州的时候，心情苦闷，甚至衣食无着。当时他偶然得到家乡道士杨世昌酿造蜜酒的方子，于是就亲自动手实验。据说这次酿酒并没有取得成功，酒又酸又涩，很难入口，东坡还自我宽慰：

> 取能醉人，则吾酒何以佳为？但客不喜尔，然客
> 之喜怒，亦何与吾事哉！
>
> ——苏东坡《饮酒说》

东坡自我调侃，说我酿的酒虽然不太好喝，但一样能醉人啊！朋友们虽然不喜欢，但是我已经享受了这个酿造的过程就够了。

苏东坡还撰有《东坡酒经》，系统地总结酿酒经验。据记载，他曾经酿过蜜酒、桂酒、松酒、真一酒和天门冬酒，等等，但其中名气最大的一款还是在定州酿造的松酒。元祐八年（1093年），苏东坡出任定州知州。定州是春秋时期古中山国的封地，所以又称中山。定州盛产松树，松树的松节是一味中药，对

传北宋　苏轼《中山松醪赋》（台北故宫博物院藏）

风寒伤痛等病症有治疗作用。苏东坡尝试用松节来酿酒，还写下了著名的《中山松醪赋》。下面来看第一段赋文：

> 始予宵济于衡漳，军涉而夜号。爇松明以记浅，散星宿于亭皋。郁风中之香雾，若诉予以不遭。岂千岁之妙质，而死斤斧于鸿毛。效区区之寸明，曾何异于束蒿？

苏东坡说，我曾在夜间乘船横渡漳水，乘车或徒步在夜间走路，只有点燃松树枝，才能够看清楚道路。火星散落在沿途的亭子和道路旁，微风中，松烟散发着浓郁的香气，好像在对我诉说不幸的遭遇。松树本来是千年造就的良材，却惨死在刀砍斧劈之下，轻如鸿毛。松树为人献出了短暂的光明，这和一捆没有价值的蒿草又有什么不同呢？苏东坡在这段话里强调，松树本来是栋梁之材，却被人用来点火照明，他为松树的不幸遭遇鸣不平，同时也是在为自己的怀才不遇感叹。东坡接着又写道：

> 收薄用于桑榆，制中山之松醪。救尔灰烬之中，免尔萤爝之劳。

在日落时候采松节，制成美酒中山松醪。这样就把松树从被人焚烧的灰烬之中拯救出来，免除了被做成火把的厄运。东坡对于自己酿造的这款美酒非常满意，他认为喝了中山松醪就可以羽化升仙，遨游古今。

苏东坡在定州待了半年多的时间，这一时期，朝廷中发生了极大的人事变故。高太后去世，宋哲宗亲政，很快就恢复了宋神宗的新法，苏辙、范纯仁等旧党大臣被罢免。章惇、曾布等新党人物被重新起用，苏东坡知道自己的厄运即将到来了。果然，绍圣元年（1094 年）四月，章惇等人制造罪证，诬陷苏东坡诋毁先帝宋神宗，接着苏东坡被取消了端明殿学士和翰林侍读学士称号，贬官岭南。苏东坡向岭南出发，闰四月廿一日，在河南的睢县遇到瓢泼大雨无法行走，被迫留宿当地。夜晚，窗外依然大雨滂沱。前途未卜，心情郁闷，苏东坡就挥笔写下了《洞庭春色·中山松醪赋》这件书法长卷，并在卷尾叙述了这两篇赋文的由来：

> 始安定郡王以黄柑酿酒，名之曰"洞庭春色"。其犹子德麟得之以饷予，戏为作赋。后予为中山守，以松节酿酒，复为赋之。以其事同而文类，故录为一卷。绍圣元年闰四月廿一日，将适岭表，遇大雨，留襄邑书此。东坡居士记。

"犹子"是侄子的意思，"德麟"是赵令畤的字，赵令畤本来字景贶，元祐六年十二月，苏东坡和赵令畤在颍州成为同事，特意为他改字"德麟"，还专门写了一篇《赵德麟字说》，赞扬他是一个德才兼备的人。这段跋语告诉后人，洞庭春色酒是安定郡王用黄柑酿成，他的侄子赵令畤把此酒送给东坡品尝，东坡就写成了《洞庭春色赋》。接着东坡又交代了到定州后用松节酿造中山松醪酒，并作赋以纪念。

写酒、颂酒是苏轼二赋的主题，文章豪放，书法沉雄，这篇书作达到了二者完美的统一，被后人誉为"双绝"。苏东坡书法历来备受重视，《洞庭春色·中山松醪赋》写成以后，在宋朝的流传情况不明。目前根据手卷上的题跋，可以追溯到金元时期。最早的一段题跋是至元二十二年（1285 年），担任元朝礼部

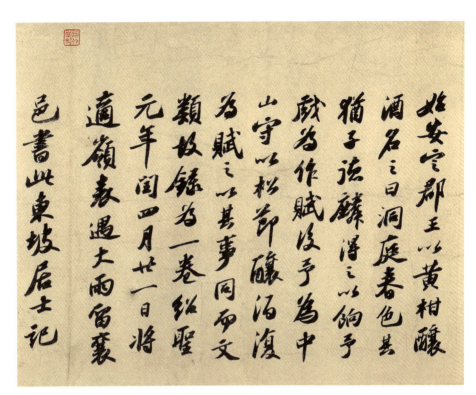

北宋　苏轼行书《洞庭春色·中山松醪赋》卷尾(吉林省博物院藏)

尚书的吉林农安人张孔孙鉴赏苏轼二赋，在手卷上留下了段题跋，部分如下：

今观郭仲实所藏坡仙出定州书二赋，笔意雄劲，
与密国公家《铁沟行》、元遗山收王晋卿画《烟江叠嶂图》
唱和深相类，好事者当珍秘之。

根据张孔孙的记述，苏轼二赋在元朝的时候曾被一位叫郭仲实的人收藏。张孔孙在郭家看到二赋，认为书法笔意雄劲，可与金朝密国公完颜寿孙收藏的苏东坡的《铁沟行赠乔太傅》，以及元好问收藏的苏东坡跋《烟江叠嶂图》相媲美。《铁沟行》这件书法早就遗失了，幸运的是，苏轼给王诜所题写的《烟江叠嶂图》和诗真迹依然保存完好，现在就收藏在上海博物馆。

元 张孔孙题跋

　　进入明朝，苏轼二赋传承有序，先后留下黄蒙、书法家李东阳、诗人王稚登、文学家王世贞和王世懋兄弟等人的题跋。明末清初，苏轼二赋归大收藏家梁清标所有，长卷上钤盖了"梁清标印""河北棠村""蕉林""蕉林秘玩""冶溪渔隐"等多枚收藏印章，梁氏还把这二赋和苏东坡的另外一件书法精品《归去来兮辞》一起选刻进《秋碧堂法帖》中。梁清标之后，苏轼二赋又归收藏家安岐所有。1746年，安岐去世后，他的绝大部分藏品都被乾隆皇帝收归内府。乾隆非常喜爱苏轼二赋，刚得到此帖，就迫不及待地题跋点赞：

　　　　　　内府收苏轼书，凡数十种，妍秀飘逸，各极其胜。
　　　　　此所书二赋，乃将过岭时笔，精气盘郁毫楮间，首尾

明　黄蒙題跋

明　王稚登題跋

丽密，信坡书中所不多觏。读赋中"悟此世之泡幻，
藏千里于一斑；与夫取通明于盘错，出肪泽于烹熬"
数语，殆其自道，于无意中自然流出，所谓气高天下
者尚可想见。

乾隆丙寅长至后一日御题

　　乾隆皇帝效仿他的祖父康熙，在位期间一共有六次南巡，乾隆十五年（1750
年），他第一次下江南就随身携带苏轼二赋，以方便随时欣赏。当时途经河北定
州，驻跸行宫众春园。众春园建于北宋，苏东坡在定州做知州的时候，曾在园
内发现了一块黑底白纹的奇石，就命名为雪浪石，还把自己的书房命名为雪浪
斋。苏东坡离开定州后，大家为了纪念他，就在园内修建了一座雪浪斋。乾隆
皇帝发思古之幽情，在雪浪斋展读苏轼二赋，就像与这位七百多年前的古人对话，
并在手卷上写下感想：

中山停跸忆松醪，开卷如亲书兴豪。

大令漫教夸裹铁，曹郎差可拟持螯。

文章烂岂惊徽缠，拄杖投仍起续骚。

雪浪斋前重俯仰，髯翁曾此一挥毫。

乾隆庚午小春，驻众春园题

　　公元1786年春，乾隆皇帝再次展读苏轼二赋，他回忆起三十六年前在定州
众春园鉴赏二赋的往事：

薄用收松制醪，髯翁想见意雄豪。

烹熬自可出肪泽，哺吸何须较蟹螯。

犹子赠兹同气味，大夫拟彼畔牢骚。

中山正此数典处，携卷重赓点咏毫。

丙午季春月叠庚午诗韵御题

中山松醪洞庭春色

中山松醪洞庭柏山
药衔松喜色的三复
好奇意好隔墨风
以赏晚耗、
山围及勃善游雄与
将词住记为艺子后
於手汸玉法贞放人
何号榴醒

　東陽

苏文忠公书余生平所藏四诗瀰漫飘逸在谓人间无
二至於长篇完牍率精墨妙有庭颂玉之意故当尖
推此卷少时偶见刻本不意於饫训而获见真迹三复
不能释手为追年月姓名於後
甲申九月朔後百二十日琅邪王世懋谨题

洞庭春色中山松醪二赋实比玉酒经三卯
翼既成而纸爱之性为客书石谓人间
合有名十本者余兴敬美所见石本一则
草而庭一则楷而放与此迹颇不同此迹
不惟以右雅胜雄姿态百出而结构楷照
顾举一笔失楸挺当是眉山最工乘观
者好以墨猪诋之可也赋语流丽坑浪
点自可见汴比公恒逊颈留襄城冷浮
五十九岁与余正同余不赴刑部侍即座
可免岭外游第野米汁乘催句日己
与二赋夤缘不知生公而在於首肯否
又後方世贞题

据《石渠宝笈续编》记载，六年后，也就是公元 1792 年春，乾隆已是一位八十二岁的耄耋老人，他又取出苏轼二赋欣赏，依然雅兴不减，叠前韵题跋：

> 洞庭春及定州醪，二赋同书一卷豪。
>
> 飞兴逸同子安雀，拍浮乐胜铜阳螯。
>
> 盆成无碍安磐石，城守还教莫驿骚。
>
> 行馆昼长值清暇。弗寻花柳试拈毫。

壬子清河上澣再叠庚午诗御题

乾隆非常喜欢苏轼二赋，他一生至少在这件作品上留下四段题跋，这些题跋的时间前后竟然跨越了近半个世纪。

乾隆时期，清朝的国力达到了鼎盛。乾隆皇帝爱好风雅，所以内府的艺术品收藏也达到了前所未有的高度。乾隆去世以后，世界局势大变，他的皇子皇孙们每天忙得晕头转向，再也没有闲情逸致去欣赏那些书画古玩了。就这样，乾隆皇帝海量的国宝珍玩绝大部分都遗留给了末代皇帝溥仪。溥仪确实也喜爱这些文物，但他却不是从艺术的角度出发，他更看重的是这些宝贝到底能值多少钱，好置换金银供他出宫以后挥霍。清朝自从 1644 年走进紫禁城这座巍峨的宫殿，每个帝王都在精心经营这个皇家院落，奇珍异宝几乎装满了整座宫殿，说俯拾皆是也毫不为过。1840 年，第一次鸦片战争以后，这些在皇宫大内沉睡的国宝就开始遭遇厄运。第二次鸦片战争，英法联军掠夺了数不清的财宝。1900 年，八国联军攻打北京，所到之处，杀人放火、抢夺财物！他们从紫禁城、中南海和颐和园中抢掠的珍宝不计其数！其中著名的万园之园圆明园再遭劫掠，终成废墟。历经以上外患以后，溥仪时期还有一场内忧，这场内忧摧毁了紫禁城内数不清的书画国宝。这一切，皆源于一场大火。

三

二赋长春

中国历史悠久，文物众多，但是能够穿越历史风雨，躲过一场又一场劫难保存下来的国宝却少之又少。这些国宝的背后，几乎都有一段曲折传奇的历史，它们的传承轨迹也往往是一个朝代命运兴衰的缩影。清朝末年，国运衰落，收藏在紫禁城里的书画文物遭遇了一次又一次的浩劫。尤其是清朝灭亡后，逊帝溥仪和宫里的王妃、太监们就开始偷盗故宫国宝，其实溥仪除了带头监守自盗以外，他还把大量的书画文物赏赐给大臣，以换取他们对"小朝廷"的忠心。

溥仪自己肆无忌惮地盗取文物。他认为这些国宝都是列祖列宗遗留下来的"祖产"，自己怎么处理都是天经地义，理所当然。可是面对太监、宫女们的偷盗行为，溥仪怒火冲天，他下令内务府要彻底清查。没想到，还没有等内务府开始工作，这皇宫内就引发了一场奇异的大火，这场大火一下子就烧毁了无数的奇珍异宝、古玩书画。这是怎么回事？这还要从紫禁城内的一座著名的花园宫殿建福宫说起。

乾隆七年（1742年），乾隆皇帝为了在公务之余能有一个修身养性的地方，就下令在御花园西侧建造建福宫花园。建福宫共有四进院落，豪华奢侈，乾隆皇帝非常喜欢这座宫殿，陆续把他钟爱的文物书画存放到这里，还经常在处理完政务以后来到建福宫赋诗赏画。乾隆去世后，嘉庆皇帝下令将建福宫内收藏的奇珍异宝全部封存。之后经过道光、咸丰、同治和光绪四朝，再没有人走进建福宫，至于这座宝库究竟藏了多少宝贝，谁也说不清，建福宫也就成了名副其实的大内宝库。

乾隆皇帝封存在建福宫的国宝一直沉睡了多年，直到1922年，十六岁的溥仪一天偶然路过建福宫，在好奇心的驱使下，打开了这座尘封了一百二十三年的库房，那些数不清的书画、古书、瓷器、玉器、青铜器让溥仪惊呆了。他当时在英语老师庄士敦的影响下，准备将来到英国留学，为了筹备资金，建福宫的国宝当然也成了他觊觎的对象。面对着这样一座宝库，一边是溥仪光明正大的抢掠，一边是太监、宫女和侍卫们联手偷盗宝物，运出宫换成银圆。太监们的偷盗行为让溥仪大为恼火，所以他决定清点建福宫收藏，要追查元凶。

内务府刚刚准备开始盘查，就在1923年6月26日傍晚，一场大火突然从紫禁城西北角冲天而起，很快整个建福宫就被包裹在一片火海之中。大火整整燃烧了一夜，眼看着富丽堂皇的宫殿和数不尽的书画古玩变成了一片灰烬，面对废墟，溥仪也是欲哭无泪。据溥仪在《我的前半生》一书中记载，后来内务府给他报上来一份糊涂账，说这场大火一共烧毁了金佛二千六百六十五尊，字画一千一百五十七件，古玩四百三十五件，古书几万册。

建福宫大火影响深远，当时溥仪无比愤怒，这分明是太监们故意纵火，同时他感到自己的人身安全也受到了威胁，就开始驱赶宫中的太监。建福宫大火也让广大民众对溥仪继续住在皇宫中的合法性产生了质疑，这也成了一年后溥仪被直接赶出紫禁城的导火索。

建福宫大火到底烧毁了多少宝物，因为没有原始档案资料，至今依然是一个谜。那些凝聚着历代艺术家心血的书画文物也就永远灰飞烟灭了。

民国时局变化多端，溥仪也加快了盗宝的节奏，从1922年9月6日开始，到1923年2月3日，溥仪以赏赐弟弟溥杰之名，从紫禁城盗出来一千二百多幅国宝级书画。从第一历史档案馆馆藏的溥仪赏赐溥杰书画清单来看，他至少带出来六件苏东坡书法，这六件作品分别是：《书和靖林处士诗后》《杜甫桤木诗卷》《阳羡帖》《御书颂》《春帖子词》《洞庭春色·中山松醪赋》。

以上这些苏轼书法作品，先是盗运到天津，然后又运到伪满洲国长春。1945年，伪满洲国灭亡，苏东坡的这六件书法被留守的士兵抢夺，流落到社会

北宋　苏轼《杜甫楛木诗卷》（台湾私人藏）

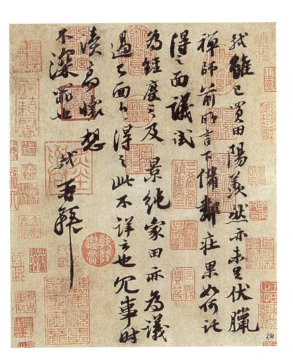

北宋　苏轼《阳羡帖》（旅顺博物馆藏）

上。1949年新中国成立后，《书和靖林处士诗后》辗转回到北京故宫博物院，《杜甫桤木诗卷》现存台湾，为私人收藏。《阳羡帖》收藏在旅顺博物馆。《御书颂》则在新中国成立初期，被北大教授季羡林从琉璃厂宝古斋掌柜邱震声手中以500元人民币买到，后来季羡林把这件作品捐给了北京大学。《春帖子词》在民国期间经琉璃厂伦池斋售出，现藏在私人手中。以上这五件苏东坡真迹在新中国成立初期均有了明确的归宿，可是唯独传世精品《洞庭春色·中山松醪赋》，从小白楼事件后就好像石沉大海，几十年来一点消息也没有，以至于大家都认为这件杰作早就不在人间了。

1982年12月7日下午，吉林省著名学者、文物鉴定专家刘迺中和金意庵在吉林市图书馆接待了本市第五中学一位叫刘刚的历史老师。刘刚带来一个破旧的手卷，手卷前面的包首、引首和前隔水全部被人为地撕掉了，打开手卷就看到残破的五个字"洞庭春色赋"，虽然卷首略有残损，但刘迺中一眼确定这就是消失多年的苏轼二赋真迹，是一件国宝级的书法珍品。

刘迺中，1921年生于北京的一个书香门第，后来考入辅仁大学，跟随著名学者、书画鉴定家启功学习书画鉴赏。在启功先生的指导下，他早在民国年间，就专门购买了由延光室印制的珂罗版苏轼二赋来学习研究书法，所以他对苏轼

北宋　苏轼　《春帖子词》

二赋非常熟悉。对照民国延光室旧印本，虽然"洞"和"吾"这两个字已经残破，但是刘迺中和金意庵一致认定这幅长达 3 米多的手卷就是苏东坡二赋真迹无疑。那么苏轼二赋究竟是如何流落到一位普通的中学老师之家，背后到底经历了什么样的传奇呢？随着刘刚老师的讲述，我们终于了解了这件苏东坡真迹消失半个多世纪的秘密。

原来，刘刚的父亲叫刘忠汉，吉林省吉林市人，小时候读过几年书，喜爱传统诗词，后来曾在伪满皇宫当差。1945 年 8 月，伪满洲国灭亡，溥仪仓皇出逃，遗留在伪皇宫的书画文物被留守的官兵疯狂盗抢。在混乱当中，刘忠汉得到了一件被撕毁了的手卷，这就是苏东坡的《洞庭春色·中山松醪赋》。不幸的是，刘忠汉后来死于战乱，苏轼二赋就在刘家秘密地保存起来。刘刚受父亲的影响，喜爱历史，后来对家藏的苏轼二赋也作过学习研究，认为如果是苏轼真迹，应当交给国家保存。其实，早在 1978 年，他就准备把这卷书法捐献给国家，可是当时负责鉴定的年轻专家却认为是赝品，一口给回绝了。看到自己的收藏品

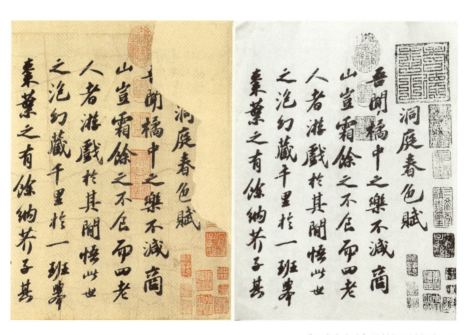

《洞庭春色赋》原版与珂罗版对比图

得到了刘迺中和金意庵两位专家的肯定，刘刚也非常兴奋，当即表态，愿意把苏轼二赋捐献给国家。就这样，吉林省博物馆就于1983年1月26日举办了一个捐赠仪式，苏轼二赋成了最后一件征集入馆的清宫散佚书画。

苏轼二赋是中国文学史上的杰作，东坡自己也非常喜爱，经常抄录赠送给亲朋好友。目前台北故宫博物院还收藏有一幅《中山松醪赋》手卷，手卷的前隔水上钤盖有"乾隆御览之宝"。当年，乾隆皇帝把这件作品赐给了盛京故宫。1949年又渡海来到台湾。台北故宫博物院除了《中山松醪赋》以外，目前还藏有苏轼的《京酒帖》《与廷平郭君帖》，这两件作品也都和酒有关。

"古来圣贤皆寂寞，惟有饮者留其名。"苏东坡虽然不胜酒力，酒量很小，但他一生爱喝酒，也爱写酒，正是一杯杯美酒点燃了他的诗情，激发了他的才思，更陪伴他度过漫长枯燥的贬谪岁月，美酒也最终成就了他的传奇。所以，苏东坡这一生对酒充满了感情，他曾自豪地说"使我有名全是酒"。这件国宝级文物《洞庭春色·中山松醪赋》手卷，就是苏东坡"诗酒趁年华"的美好见证。

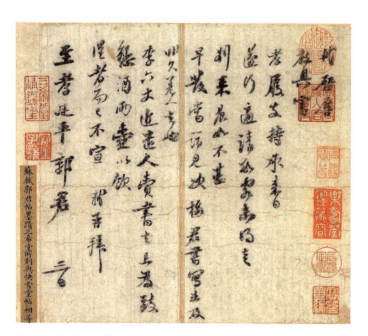

北宋　苏轼《与廷平郭君帖》（台北故宫博物院藏）

北宋　苏轼《京酒帖》（台北故宫博物院藏）

第七章

枯木怪石

◎ 自有丘壑
◎ 木石前盟
◎ 抱朴守真

一

自有丘壑

元丰五年（1082年），苏东坡贬居黄州已经两年多，身份的急剧变化让他尝尽了人间冷暖。就在这一年，一位从湖南来的年轻人，却完全不顾世俗眼光，不远千里，来到黄州，毕恭毕敬地拜见戴罪之身的苏东坡。两人在新落成的东坡雪堂相见甚欢，酒酣耳热之际，苏东坡突然来了雅兴，他对那位年轻人说："赶快给我铺纸研墨，我要画一幅画送给你。"这位年轻人喜出望外，急忙把一张观音纸挂到墙上，苏东坡拿起笔来，瞬间的工夫，一张《枯木竹石图》一挥而就。这位幸运的年轻人就是北宋著名的书画博士，后来又和苏东坡并列为"宋四家"的书法家米芾。多年以后，功成名就的米芾把这件事写进了他的《画史》中。米芾说：

> 吾自湖南从事过黄州，初见公，酒酣曰："君贴此纸壁上。"观音纸也，即起作两竹枝、一枯树、一怪石见与。后晋卿借去不还。

苏东坡送给米芾的这张《枯木怪石图》，后来被米芾的好友、当朝驸马王诜（王晋卿）借走了，因为王晋卿太喜欢这张画所以就一直没有归还。至于《枯木怪石图》的最终去向，米芾没有交代，所以我们也没有办法弄清楚它的下落，不过在现实中确实有这么一张画，而且还一直保存到今天。这还要从 2018 年的香港说起。

2018 年 8 月，流失日本已经半个多世纪的苏东坡画作《木石图》，又叫《枯木怪石图》，突然现身中国香港的一家拍卖公司，估价高达 4.5 亿港元。苏东坡无论在中国的文学史还是书画史上都是一个坐标式的人物。他不但是北宋尚意书法的代表性人物，而且还首先提出了文人画的概念，是文人画的奠基人和开拓者。目前根据国内外博物馆的记录，苏东坡书法存世六十四件，其中台北故宫博物院至少保存了三十二件，北京故宫博物院有九件，上海博物馆四件，吉林省博物院一件，旅顺博物馆一件，北京大学图书馆一件，南京大学一件，海外日本收藏有三件，其余的十二件均保存在私人手中。通过这个统计数字来看，苏东坡的书法真迹保存到今天的确实还有不少件，但是真正流传有序、风格可信的绘画作品却是凤毛麟角。所以《枯木怪石图》一现身，就引起了大家的关

北宋　苏轼《枯木怪石图》（私人藏）

注，在文博界也掀起了一场大辩论。辩论的核心内容就是苏东坡有没有画过这样一幅枯木怪石图？还有这幅画又是如何流传下来的呢？下面我们一起重返宋朝，看一看苏东坡的朋友圈对他的绘画是如何记录的。

苏东坡是文学家，也是北宋尚意书法的领袖级人物。他除了书法之外还擅长画画，尤其喜欢画竹子、枯木和怪石。东坡的弟弟苏辙不擅画事，但是却很喜欢在苏东坡的画上题跋，在其《栾城集》中，就收录了他为一幅《苍石古木图》的题诗，苏辙说"东坡自作苍苍石，留取长松待伯时"。意思是，苏东坡已经画好了一大块苍石，正等待李伯时来画松树呢。李伯时就是北宋著名画家李公麟。

黄庭坚是苏东坡的弟子，著名的"苏门四学士"之一。他是北宋时期的文学家、书法家，也是"江西诗派"的开创者，和老师苏轼并称为"苏黄"。黄庭坚经常给老师的画作题跋，在他的《豫章先生文集》卷五中，至今还保留着很多首吟诵东坡枯木竹石的诗句，称赞老师画的枯木图"胸中元自有丘壑，故作老木蟠风霜"，赞美他画的怪石是"龙盘虎踞苍藓石"。

苏东坡擅画枯木竹石，除了正史记载之外，在民间也流传着大量的传说，比如宋人何薳在《春渚纪闻》一书中，就记录了一件"东坡画扇"的故事。

元祐四年（1089年），苏东坡到杭州当知州，刚刚上任，就有一个丝绸商人告状，说有个人欠了他两万绫绢钱迟迟不肯还账。苏东坡就把那个欠账人招来询问，他说："我家以制扇子为业，不幸的是父亲突然病故了，再加上今年春天以来，连着下雨，天气非常凉爽，做好的扇子根本卖不出去，并非故意欠钱不还。"苏东坡了解了情况后，很是同情这个手艺人，他说："姑取汝所制扇来，吾当为汝发市也。"什么意思？翻译成白话文就是："快把你做的空白扇子拿过来，我来帮你开张。"这个年轻人就连忙取来了二十把空白扇面送到大堂。东坡审视了一下，就拿起公案上判案的毛笔，在扇面上写上行书、草书，有的画上枯木竹石，一会儿的工夫就完成了。苏东坡把画好的扇子还给那个商人，笑着说："出外速偿所负也。"意思就是赶快出去卖了扇子还钱。东坡为什么这么自信？万一他画的扇子卖不出去怎么办？这个实在不必担心，据宋人费衮《梁溪漫志》记载，说"东坡所作枯木竹石，万金争售"。看来，苏东坡的书画作品在当时确实已经非常值钱了。

果然，听说大文豪苏东坡在大堂上亲笔作画，等那个商人拿着扇子刚刚走出来，很多人都争相围观抢购，这些扇子一千钱一把，瞬间卖光。卖扇人还清了欠款，对苏东坡当然是感激不尽。上面这件故事，虽然只是来自一个笔记传说，不过也从侧面反映了苏东坡确实喜欢枯木、竹石这一类的绘画题材。

奸相蔡京执掌朝中大权后，制造了著名的元祐党事件，苏东坡作为元祐党的中坚，他的大量文集和书画作品都被朝廷明令焚毁。不过到了南宋的时候，还是有不少苏东坡墨迹被保存了下来。据南宋学者罗大经在《鹤林玉露》第九卷记载，苏东坡当年发配海南儋州，途经福建南安，这一天天色将晚，投宿到一家寺庙。晚上闲来无事，他突然来了画兴，就拿起笔来，在寺庙的墙壁上画了一幅丛竹怪石图。因为这座寺庙人迹罕至，所以这幅画也一直到南宋中叶还保存完好。宰相韩侂胄听说了这件事，他十分喜爱苏东坡的绘画，就专门写信给福建的地方官员，让他们务必要把这幅留在庙墙上的竹石图给揭下来，自己收藏。地方官哪敢怠慢，立刻赶到寺庙。可是画画在墙上，根本没法揭啊！最后，他们找来了一位能工巧匠，把那幅画从庙墙上完好无损地拆了下来，再装进一个石龛里献给了韩侂胄。韩侂胄极力主张抗金，南宋北伐失利后，投降派为了讨好金国，就杀了韩侂胄，把他的首级送给了金国，接着还抄了他的家，据说那件苏东坡竹石图也被充公进了大内，成了皇家的藏品。

苏轼的画在当时名气已经很大了。他画的枯木竹石还出现万金争售的景象。众所周知，北宋是中国绘画发展的高峰时期，当时山水、人物、花鸟等各种题材精彩纷呈，那么苏东坡为什么不画山水人物，却选择枯木怪石这种冷僻而又荒疏的表现题材呢？这大概与苏东坡的人生境遇有着重要的关系。

木石前盟

中国的赏石文化历史悠久，据说早在秦汉就已经形成了风气。唐宋时期，赏石文化达到了高峰，尤其是到了北宋，以苏东坡、米芾等为代表的大文豪们喜爱奇石，甚至爱石成癖，他们就成为中国赏石文化的主要推动者和奠基人。苏东坡喜爱石头，童年的时候就与奇石结缘。据苏东坡《天石砚铭序》记载，他十二岁的那一年，一天带领弟弟苏辙在纱縠行的一片空地上玩挖土的游戏，突然从地下刨出来一块浅绿色的石头，形状像一条鱼，浑身晶莹温润，布满了银星，敲打起来声音清脆悦耳。父亲苏洵一看，这就是一块天然的砚石，质地细腻，很容易发墨，是"文字之祥也"，也预示着苏轼、苏辙兄弟将来必定能够取得功名，是一个好兆头。所以，苏洵精心把这块石头磨制成一方砚台，苏东坡就用这方砚台研墨求学，一直到他们兄弟金榜题名。元丰三年，苏东坡因为乌台诗案被贬黄州，当时全家人流离失所，书籍也弄得散乱不堪。东坡在黄州，还专门寻找过那方砚台，可怎么找也找不到，以为丢失了，还遗憾了好一阵子。元丰七年（1084年）七月，苏东坡从黄州改任汝州，当船走到当涂的时候，他打开一个书箱找书，无意间在书箱底部发现了这方砚台，非常高兴，于是就把它郑重地转交给儿子苏迨和苏过，希望他们延续苏家文脉。早年的这段有些传奇的经历，让苏东坡这一生和石头结下不解之缘。他刚到黄州的时候，白天无所事事，就一个人跑到长江边闲逛，一天到晚看着江水发呆。有时候实在闲得无聊了，就捡起地上的石头打水漂玩。东坡发现，江滩上的这些石头五颜六色，形状奇怪独特，就专门挑拣这些奇特的石头，一共捡了二百七十枚"细石"，把它们摆放在一个古朴的铜盆里，还起了一个非常诗意的名字叫"怪石供"。

苏东坡在任扬州知州的时候，他的表弟程德孺送给他一白一绿两块奇石，东坡特别喜爱这两块石头，就把石头安放在高丽产的铜盆里，取名为仇池石，认定这两块石头是"希代之宝"。

听说苏东坡得到了一块美石，当朝的驸马王诜想借走欣赏。苏东坡了解王诜的性格，名义上是借，其实目的就是据为己有。东坡不好意思拒绝，所以他就提前写了一首诗告诉王诜"传观慎勿许，间道归应速"。就是说，借走看一看是可以的，但必须及时归还。说到王诜，其实他和苏东坡、米芾都是莫逆之交，东坡在黄州给米芾画的那一幅《枯木怪石图》就是被王诜借去不还。谈到王晋卿，在这里还有必要对他做一个介绍，因为今天保存下来的好几件苏东坡书法真迹都和这个人有关。

王诜，字晋卿，山西太原人，娶宋英宗的女儿蜀国大长公主为妻。王晋卿

北宋　王诜《烟江叠嶂图》（上海博物馆藏）

也是一位著名的画家，他画的《渔村小雪图》和《烟江叠嶂图》今天还分别保存在北京故宫博物院和上海博物馆。王诜和苏东坡是莫逆之交，他也是苏东坡的追随者。反过来，苏东坡对王诜的人品和艺品也是高度认同，他曾为王诜的《烟江叠嶂图》题诗，这件题跋还幸运地保存到了今天。北京故宫博物院也收藏了一件苏东坡的珍贵书法《题王晋卿诗后》，这件书法记录了两个人的患难之交：

> 晋卿为仆所累。仆既谪齐安，晋卿亦贬武当。饥寒穷困，本书生常分，仆处之不戚戚，固宜。独怪晋卿以贵公子雁此忧患而不失其正，诗词益工，超然有世外之乐。此孔子所谓"可与久处约，长处乐"者耶。元祐元年九月八日苏轼书。

这幅书法创作于元祐元年（1086 年）。叙述的是好友王诜因为乌台诗案受到牵连，苏东坡被贬齐安，也就是黄州，王诜则被贬武当山。王诜虽是贵公子出身，但他不以物喜，不以己悲，能随遇而安，所以苏东坡称赞他品德高尚，是可以

北宋　苏轼题王诜《烟江叠嶂图》（上海博物馆藏）

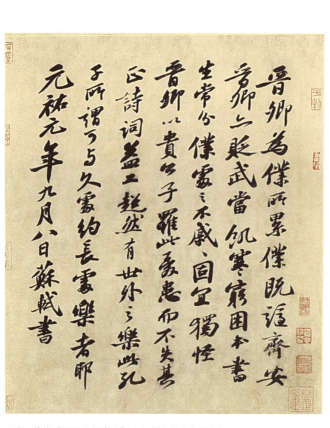

北宋　苏轼《题王晋卿诗后》（北京故宫博物院藏）

相托一生的莫逆之交。

　　除了《题王晋卿诗后》以外，南京大学图书馆还珍藏有一幅苏轼《跋王晋卿藏挑耳图帖》，也是传世书法精品。这些穿越千年保存至今的书法墨迹，是两人友谊的最好见证。由此看来，王诜和苏东坡都是曾经风雨的莫逆之交，他向苏东坡索要仇池石，其实就是好朋友之间的一种"巧取豪夺"。至于仇池石有没有借给王晋卿，或者是王晋卿借走后有没有归还，今天看来都不重要了，主要是通过这个故事可以了解，苏东坡对石头的喜爱确实已经到了一种痴绝的地步。苏东坡拒绝别人强行索要他的爱石，但是当他在好友米芾那儿看到了一块自己喜爱的石头，也一样要巧取豪夺。比如在他临去世前，就看上了米芾的一块好砚石，为此还促生了一件千年名帖。这是怎么回事呢？

北宋　苏轼《跋王晋卿藏挑耳图帖》（南京大学藏）

米芾为人放荡不羁，做事更是不拘俗理。他比苏东坡小十四岁，本来是两代人，但是米芾在苏东坡面前并不自认晚辈，更没有执弟子礼。在当时，苏东坡无论声望和官阶都远在米芾之上，不过他为人旷达，但开风气不为师，也把米芾当作兄弟辈的好友来看待。苏东坡和米芾都幽默诙谐，不拘小节。苏东坡在扬州的时候，一日举行雅集，米芾也在座。不一会儿的工夫，米芾酒喝多了，高举着酒杯，大声质问苏东坡："别人都说我是个疯子，请你给大家解释一下，我米芾不是这样的人。"东坡看了一眼米芾，笑着回答："吾从众。"东坡的意思，你就是疯疯癫癫，还用我说嘛？在座的朋友都哈哈大笑。

在宋朝喜爱石头到了癫狂程度的一共有两个人，一是苏轼，另外一位就是米芾了。这两个好友还为了一方砚台争得"死去活来"，而且还因为这方砚台促生了一件书法名帖《紫金研帖》。原来，苏东坡从米芾这里借走了一方珍贵的紫金砚台。东坡特别喜爱这块石头，在去世之前嘱咐他的儿子，要把这方紫金砚当作陪葬品一起入葬。可是米芾爱石心切，他说传世的宝贝，怎么能陪葬呢！就跑到苏家硬是要回了紫金砚。今天看来，米芾这种做法有些不合常理人情，但却鲜活地说明了他对奇石名砚的喜爱已到了一种疯魔癫狂的程度。下面我们一起来欣赏米芾的书法名作《紫金研帖》：

> 苏子瞻携吾紫金研去，嘱其子入棺。吾今得之，不以敛。传世之物，岂可与清净圆明本来妙觉真常之性同去住哉。

在宋朝，苏东坡的审石观影响巨大，一块石头如果能得到东坡的肯定和赞美，那么这块石头瞬间就价值百倍。据宋人朱彧笔记《萍州可谈》记载：

> 近年拳石之贵，其直不可数计。太平人郭祥正，旧蓄一石，广尺余，宛然生九峰，下有如岩谷者，东坡目为"壶中九华"，因此价重。闻今已在御前。

北宋 米芾《紫金研帖》（台北故宫博物院藏）

　　这段文字说，近些年来，奇石的价格涨了不知多少倍。比如太平州人郭祥正藏有一块石头，有一尺多高，外形就像九座山峰连在一起，下面沟壑纵横，苏东坡看了以后，就命名为"壶中九华"，此石价值瞬间大增，现在听说已经收进皇宫，归皇帝所有了。其实，当年是苏东坡最早在湖口李正臣家中发现了这块奇石，他看这块石头"玲珑宛转，若窗棂然"，就给它命名为"壶中九华"，他愿意花百金把石头买下来给自己的"仇池石"做伴，可是当时苏东坡正在南贬惠州的途中，携带不方便，只好作罢。八年后，苏东坡遇赦北归，在湖口又见到了李正臣，可惜的是，那块"壶中九华"石已经被人买走了。苏东坡非常惋惜，就写下了著名的《壶中九华诗》，以"尤物已随清梦断"来表达错失爱石的遗憾之情。那么是谁横刀夺爱，抢走了"壶中九华"呢？这个人就是北宋著名诗人郭祥正。郭祥正，字功甫，安徽当涂人，他是苏东坡的好友。元丰四年六月，苏东坡从黄州改任汝州，当时郭祥正在当涂家中闲居，苏东坡路过当涂，两位老友诗酒欢聚，东坡趁着酒兴，当场在郭祥正家的墙壁上画了一幅《竹石图》相赠，郭祥正则回赠了两柄古铜剑留念。为此，苏东坡还留下了一首著名的七言律诗《郭祥正家，醉画竹石壁上。郭作诗为谢，且遗古铜剑》：

空肠得酒芒角出，肝肺槎牙生竹石。

森然欲作不可回，吐向君家雪色壁。

平生好诗仍好画，书墙涴壁长遭骂。

不嗔不骂喜有余，世间谁复如君者。

一双铜剑秋水光，两首新诗争剑铓。

剑在床头诗在手，不知谁作蛟龙吼。

九百多年前，苏东坡还曾经给郭祥正写过一个仅有九个字的便条：

苏轼谨奉别功甫，奉议。

幸运的是，这张便条一直保留到今天，这就是著名的《功甫帖》。

苏东坡一生赏石、藏石，爱石如命，他把石头写进诗中，还把石头画进画里。东坡喜爱画竹子，他和文同创立著名的湖州画派，另外他还提倡文人画，强调作画不求形似，要把自己的情感和追求在笔墨中表达出来，这才是最高级的艺术。虽然苏东坡是跟文同学的画竹，不过他与文同不一样的是，在他的绘画里，把石头也画了进来，以竹的筋节挺拔和石头的坚不可摧来抒发自己不向困难低头的顽强意志。被贬黄州以后，苏东坡处在人生的最低谷。这个时期，他心中的积怨和苦闷没有地方宣泄，又不敢用文字表达，就开始把"枯木"这个形象引进画中，以画抒怨，用"枯木怪石"这种特殊的艺术形象来排遣心中的愤懑。所以黄州之后，苏东坡的绘画题材里就开始多了一个艺术形象，这就是他总结的"竹寒而秀，木瘠而寿，石丑而文，是为三益之友"。

我们了解了苏东坡到黄州以后，开始喜爱上枯木怪石这个题材。他在当时创作了很多《枯木怪石图》，但是由于各种原因，这些画作都没能流传下来。2018年出现在香港的这一件《枯木怪石图》，是目前唯一能够看到的相关作品。

北宋　苏轼《功甫帖》（上海龙博物馆藏）

那么这幅画如何传承到了今天？又是什么原因导致它流落到日本的呢？接下来就来解读它的千年流传史。

抱朴守真

我们先来欣赏《枯木怪石图》，了解它究竟是一件什么样的作品。《枯木怪石图》宽 26.3 厘米，长 50 厘米。画的右半部分用淡墨描绘了一棵弯曲的枯树，树身盘曲纠结，树枝画得像一丛耸立着的鹿角，树根旁边横卧着一块蜗牛一样的丑石，石后面长出来两三丛矮小的竹子，树下还用简笔勾画出几丛青草。画面简洁，不求形似，但是水墨韵味十足，是一张典型的文人画。遗憾的是，整幅画面并没有苏东坡的落款和印章。既然没有款印，那又是根据什么来判定这张画的作者就是苏东坡呢？这主要是因为画卷后面有一段北宋刘良佐的题跋，跋中明确指出该画就是苏东坡给道士冯尊师所画。以下为刘良佐的题跋：

> 润州栖云冯尊师弃官入道三十年矣，年七十余，
> 须发漆黑，且语貌雅适，使人意消见，示东坡木石图，
> 因题一诗赠之，仍约海岳翁同赋。上饶刘良佐。

刘良佐说，润州（今镇江）有一位姓冯的道士，这位冯尊师辞官修道三十年，已经七十多岁了。他不但驻颜有术、须发乌黑，而且举止高雅，谈吐风趣，让人一见忘俗。有一天，冯道士遇见了刘良佐，就向他展示了苏东坡的《枯木怪

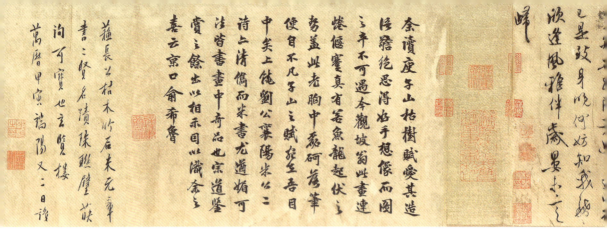

北宋　苏轼《枯木怪石图》（私人藏）

石图》，还请他品题。刘良佐欣然答应，就题写了上面这段跋文。现存有关刘良佐的史料很少，只了解他和苏东坡是生活在同一个时代的文人，旅居润州。另外辞官修道的道士冯尊师身世也不可考，北宋巨野籍的著名诗人王禹偁曾经作有《送冯尊师》一首，其中两句写道：

> 云是冯尊师，秋来留在兹。
> 今说东南行，问我坚乞诗。

　　王禹偁笔下这位仙风道骨的冯道士交游广泛，爱好收藏名家诗词翰墨，和当时的许多文人雅士都有交往，所以有的学者认为，这位喜欢向名家索要诗画的冯尊师就是此人。不过王禹偁去世于1001年，三十六年后，苏东坡才出生。按刘良佐题跋的记载，冯道士当时七十多岁，这和苏东坡、米芾的年龄衔接不上，由此推断，他们不可能生活在同一个时代，所以，王禹偁赠诗的冯尊师和《枯木怪石图》的主人冯尊师应当不是同一个人。

　　刘良佐题跋后，他还邀请"海岳翁"一起品评和诗。那么"海岳翁"是谁呢？这位"海岳翁"就是东坡的好友、大名鼎鼎的书法家米芾。我们先看刘良佐的赋诗：

> 旧梦云生石，浮荣木脱衣。

支离天寿永，磊落世缘微。

展卷似人喜，闭门知己稀。

家林有此景，愧我独忘归。

再来看米芾的和诗：

四十谁云是，三年不制衣；

贫知世路险，老觉道心微。

已是致身晚，何妨知我稀；

欣逢风雅伴，岁晏未言归。

这是米芾的题跋，米芾在宋哲宗元祐四年（1089 年），定居润州，建海岳庵，自号"海岳翁"，这首和诗应当是在这个时期写就。对于米芾的这段题跋，故宫博物院著名鉴定家徐邦达做过鉴定。他认为"尖笔作字，锋芒毕露"，是真迹无疑。众所周知，苏、米二人友谊深厚，米芾又是北宋时期慧眼独具的鉴赏家，他能够为这幅画题跋和诗，必然因为认定《枯木怪石图》的作者是苏东坡。

南宋时期，《枯木怪石图》被王厚之收藏。王厚之是江西临川人，他的曾高祖就是北宋名臣王安石的亲弟弟王安礼。王厚之是宋孝宗时期的进士，著名金石学家、鉴定家和藏书家，他著有《复斋金石录》《复斋印谱》等书。这幅画上，王厚之前后加盖了"王厚之印""临川王厚之顺伯父印"等九枚印章，可见他对

《枯木怪石图》十分喜爱。王厚之作为鉴定家，他的书画收藏都是精品，比如一直流传到今天的黄庭坚《砥柱铭》就曾是他的藏品。2010 年，《砥柱铭》以 4.368 亿元人民币的价格在北京拍卖成交。

　　1279 年，南宋灭亡，《枯木怪石图》也更换了主人，被元朝的杨遵收藏。杨遵，字宗道，元朝著名的收藏家、鉴赏家。除了在画上钤盖了"杨遵之印""文武师胄蒂章""海岳闇主"等九枚鉴赏印以外，他还邀请著名的学者俞希鲁鉴赏题跋：

　　　　余读庾子山《枯树赋》，爱其造语警绝，思得好手
　　想象而图之，卒不可遇。今观坡翁此画，连蜷偃蹇，
　　真有若鱼龙起伏之势，盖此老胸中磊砢，落笔便自不凡，
　　子山之赋，宛在吾目中矣。上饶刘公、襄阳米公，二

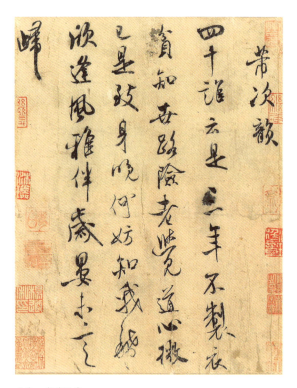

北宋　米芾题诗

诗亦清俊，而米书尤遒媚可法，皆书画中奇品也。宗道鉴赏之余，出以相示，因以识余之喜云。京口俞希鲁。

　　明朝后，杨遵的很多珍贵藏品都进入了黔宁王府，其中就包括元朝赵孟頫的《双松平远图》和苏东坡的《枯木怪石图》。后来，黔宁王沐璘又成为这张画新的主人。沐璘，字廷章，是明朝开国功臣沐英的五世孙。沐家世袭黔国公，世代镇守云南。沐璘雅好收藏历代书画，他对苏东坡的《枯木怪石图》非常珍爱，在画上一共钤盖了"沐璘廷章""黔宁王子子孙孙永保之"等九枚印章。

　　黔宁王沐璘虽然想让他的子子孙孙把《枯木怪石图》永远保存下去，但这仅仅只是一个美好的愿望。沐璘去世后不久，《枯木怪石图》就成了户部尚书兼翰林学士李廷相的藏品。李廷相是山东濮州人，明代著名的藏书家、书画收藏家，

清　叶衍兰　米芾像

元　杨遵收藏印

明　沐璘收藏印

他在弘治十五年（1502 年），考中探花。李廷相的父亲李瓒也曾官至户部尚书，父子一朝两尚书，在当时被传为美谈。受父亲的影响，李廷相喜爱书画古籍的收藏，家里建有著名的藏书楼"来鹤楼"，珍藏了一万多卷历代书画图书典籍。据说为了收藏宋元版本，他不惜成本，到处求购。得到苏东坡的《枯木怪石图》后，李廷相在前后隔水上分别钤盖了"双桧堂鉴定真迹"和"濮阳李廷相双桧堂书画私印"两枚印章。这两方印章还和苏东坡的一首著名的咏桧诗有着重要渊源。

　　苏东坡在杭州做知州的时候，认识钱塘县一位叫王复的秀才。王复通晓医术，品德高尚，常常在家乡悬壶济世，治病救人，深受当地百姓的尊敬。苏东坡也十分欣赏王复。有一次，他到王复家做客，看到王家庭院中栽了两棵桧柏树，树高耸挺拔，气势不凡，东坡有感而发，就以这两棵桧树为题写下了《咏双桧两首》赠送王复：

吴王池馆遍重城，奇草幽花不记名。

青盖一归无觅处，只留双桧待升平。

凛然相对敢相欺，直干凌空未要奇。

根到九泉无曲处，世间惟有蛰龙知。

这首诗以树喻人，由衷地赞美了王复光明磊落的性格和坦荡无私的君子风范。本来这两首诗在苏东坡的众多诗歌中并不算上乘之作，不过诗的最后两句"根到九泉无曲处，世间惟有蛰龙知"，却被沈括、王珪等人利用，上报宋神宗，说苏东坡有意讽刺皇帝是地下的蛰龙，是大逆不道。这两句诗间接引发了著名的乌台诗案，从此改变了苏东坡的人生走向和北宋一朝的文学风格，那么《咏双桧》一诗也成了苏东坡诗歌中的"名诗"了。

苏东坡做过吏部尚书兼翰林学士，巧合的是，李廷相也做到了同样的官阶，再加上他仰慕苏东坡的才学人品，所以就把自己的书斋命名为"双桧堂"。

中国有句古话"富不过三代"，收藏也是如此。李廷相的儿子李孝元对科考功名不感兴趣，就喜欢唱戏。他经常召集戏班在"来鹤楼"唱戏，戏班的人早就听说李家收藏有很多珍贵的书画，就经常在夜里撬开楼板，盗走书画古籍。据说李孝元没有子嗣，他家的书童经常偷偷地把书画图书拿到市面上变卖，李孝元一天到晚关心的只是梨园声色，对这些书画典籍不闻不问，最终来鹤楼藏品被盗卖一空。《枯木怪石图》又一次流落到社会上。

《枯木怪石图》从李廷相家散出以后，至少有几十年杳无音信，不知去向。嘉靖四十四年（1565年），奸相严嵩被抄家。据明代文嘉著录的《钤山堂书画记》记载，在严家抄出来至少六件苏东坡书画真迹，其中就包括两件《木石图》。因为文嘉的记载不详，不知其中是否包含今天的这件《枯木怪石图》。

明朝末年，翰林学士郭淐也在《枯木怪石图》上留下了一段珍贵的题跋：

> 苏长公枯木竹石，米元章书，二贤名迹，珠联璧映，
> 洵可宝也。玄览楼。万历甲寅端阳又二日识。

这段跋文题于万历四十二年（1614年），这是《枯木怪石图》上留下古人的最后一个记录，为什么这样说呢？因为进入清朝后，历经268年，整幅手卷竟然没有留下任何清代的信息，包括清朝浩如烟海的著录笔记，至今也没有发现对《枯木怪石图》片纸只字的记录。这究竟是什么原因呢？有的学者推测，因为乾隆皇帝喜爱古今书画成癖，社会上只要有任何名家墨迹出现，他必然想尽办法征入内府，据为己有。所以收藏家只有秘而不宣，才能让藏品在自己家

明　郭淐题跋

族内世代秘密传承。《枯木怪石图》在整个清朝近三百年间一直湮没无闻，直到民国期间，它却突然神秘地出现在日本，这让当时的中国文化界十分震惊，大家都在质疑，《枯木怪石图》到底是怎么发现的？又是谁把这张画倒卖到了日本？

要解开这个谜底，就必须介绍一位重要人物——著名的书画鉴定家张珩。张珩生于 1915 年，浙江南浔人，出身于一个声名显赫的书画收藏世家。受家庭影响，张珩也是鉴定古代书画的高手，他年仅 19 岁的时候就被聘为故宫博物院专门委员。约在抗战之前，张珩看到了苏东坡的《枯木怪石图》，他在《木雁斋书画鉴赏笔记》中留下了这样一段话：

> 此卷方雨楼从济宁购得后乃入白坚手，余曾许以
> 九千金，坚不允，寻携去日本，阿部氏以万余得去。[1]

从张珩的记述中可以了解，他认为《枯木怪石图》是苏东坡真迹无疑，当时曾出价九千大洋，可是画主白坚却没有答应，后来白坚以一万多大洋的价格卖给了日本收藏家阿部氏。以上这段简短的叙述不但交代了《枯木怪石图》重现于世的经过，而且还提到了方雨楼和白坚这两个重要的经手人。由于方雨楼的生平资料留存很少，目前对他的事迹了解不多，只知道方雨楼是民国时期的藏书家，居住在天津，以经营书画古玩为业。按张珩的记载，方雨楼从山东济宁买到了《枯木怪石图》，至于这张画究竟收藏在济宁何人之手，张珩并没有交代，所以对于此画清朝的流传状况还是一无所知。目前关于《枯木怪石图》的出处还有一种说法，说方雨楼是从天津的书画鉴定家韩慎先手中买到了这张画。韩慎先也是著名的书画鉴定家，是新中国早期书画鉴定权威之一，他和张珩、启功、谢稚柳等人是首批中国古代书画鉴定小组成员，曾任天津艺术博物馆副馆长。至于韩慎先当年又是如何得到《枯木怪石图》，具体情况今天已无法了解。方雨楼收到此画后，不久又转卖给了白坚。那么白坚是谁？其实白坚就是民国时期著名的书画掮客白坚甫。1949 年以后，他从北京移居重庆，并易名为白隆平。苏东坡的另外一件绘画作品《潇湘怪石图》就是经他的手卖给邓拓的。白坚甫曾经留学日本早稻田大学，后来成为书画掮客，把许多珍贵的书画文物倒卖到日本。他从方雨楼手中得到《枯木怪石图》后，为获取暴利，又一次把这件珍宝转卖给了日本收藏家阿部房次郎。后来阿部家族把这张画制成珂罗版，公开发行，国内艺术界才真正了解了《枯木怪石图》的真实面貌。[2]

2018 年，消失了半个多世纪的《枯木怪石图》突然现身香港的一家拍卖公司，对于这幅在中国美术史上具有重要地位的画作的出现，文化界一片惊呼，同时

---

[1] 张珩：《木雁斋书画鉴赏笔记》，北京：文物出版社，2014 年，第 70 页。
[2] 郭立志编，启功审定《雍睦堂法书》，1942 年，自刊本。

北宋　苏轼《枯木怪石图》日本珂罗版印刷本

也掀起了一场有关真伪的大辩论。对于苏东坡《枯木怪石图》的真伪,总结下来,目前学术界主要有三种声音,下面我们来了解一下各方的意见:

第一种观点:认为《枯木怪石图》是苏东坡传世真迹,是开启文人画的先锋之作。持这种观点的主要以鉴定家张珩、徐邦达和杨仁恺为代表。张珩认为:"此图乃现存文人画之祖,命为东坡真迹,当无间然。"徐邦达也持相同的观点,认为是"苏画传世真迹,仅见此一件"。杨仁恺在《中国古代书画鉴定笔记》中曾记录了两件苏氏竹石图:

> 苏氏松石之作,传世有数件,惟蜀人白隆平所经手两卷较为可靠:一卷早已流出中国,为日人购藏;一卷为邓拓所有,由其撰文发表在《人民画报》上,"文革"前捐赠给中国美术馆。[1]

---

[1] 杨仁恺:《中国古代书画鉴定笔记》,沈阳:辽宁人民出版社,2015年,第9页。

杨仁恺认为苏东坡传世绘画只有两件比较可靠，一件是邓拓收藏的《潇湘竹石图》，另一件就是《枯木怪石图》，他认定为苏轼真迹无疑。启功是国家鉴定委员会的主任委员，在他主编的重要典籍《中国古代书画精品录》一书中，也收入了这张《枯木怪石图》。[1]

第二种观点：认为《枯木怪石图》是赝品。持这种观点的学者认为，这件作品没有题款和印章，刘良佐这个人物身份来路不明，米芾的题跋也没有明确指出《枯木怪石图》作者就是苏东坡，再加上历代著述均未收录，所以推定为赝品。

第三种观点：认为《枯木怪石图》最能体现苏东坡绘画特征，至少也是最接近苏东坡绘画原貌的作品，如果找不到直接的证据，就暂时不要否定前人的结论。

东坡先生文章翰墨照耀千古，所以中国人对苏东坡都有着一份特殊的感情。晚清以来，历史的原因导致多件苏东坡书画真迹流失海外，大家都有一个朴素的愿望，就是希望这些流落在外的墨宝能够早日回家。尤其是《枯木怪石图》，曾经被屡次写进中国美术史，大家更是多了一份盼望和期待。2018年11月26日，在中国香港，《枯木怪石图》最终以4.6亿港元的价格拍卖成交，这件作品也就成为目前世界上价格最贵的中国古代绘画之一。在海外漂泊了八十多年，《枯木怪石图》终于叶落归根。

---

[1] 中国古代书画鉴定组鉴选《中国古代书画精品录一》，北京：文物出版社，1984年，第2页。

元祐六年

十月潁州父軍

御賴上看張龍公神極

雲奕乃齋戒遣進男

与州學教授陳顧常

往禱之逸迄頔任敬沐

第八章

烟雨西湖

◎ 颍水清流
◎ 西子烟云
◎ 满林烟月

颍水清流

"予在黄州，梦至西湖上，梦中亦知其为梦也"，这是苏东坡谪居黄州的时候，一天做了一个梦，梦见自己又回到了西子湖畔。常说，日有所思，夜有所梦。苏东坡经常想念西湖，所以才有西湖常常出现在梦中的景象。现在一说到西湖，大家马上想到杭州，马上想到东坡的名句"西湖天下景"，其实在苏东坡的一生中，至少和三个西湖结缘，这三个西湖也因为苏东坡而名满天下。那么都是哪三个西湖呢？它们分别是杭州西湖、颍州西湖和惠州西湖。下面就按地理位置，从北往南介绍，先来看第一个西湖：颍州西湖。

元祐六年（1091 年）八月，苏东坡以龙图阁大学士的身份出任颍州知州，颍州就是今天的安徽阜阳。颍州民风淳朴，政务并不繁忙。据《王直方诗话》记载，苏东坡刚到颍州的时候，本地的一个差官曾对他说："内翰只消游湖中，便可以了郡事。"内翰就是指翰林，特指苏东坡。这位颍州差官意思是说："苏大人，您在湖中游览的时候，就可以把公事处理完了。"这里所说的"湖中"，就是指的颍州西湖。

颍州西湖位于安徽省阜阳市，是古代汝水和颍水汇聚在一起形成的一个平原湖泊。颍州古西湖的开发历史悠久，史载早在春秋战国就已经形成规模。但真正名扬天下，还是在唐宋时期，尤其是苏东坡执掌颍州，整修西湖之后，颍州西湖才逐渐成为天下名胜。说起苏东坡和颍州西湖结缘，还必须提起一位重要人物，是谁呢？他就是苏东坡的恩师、北宋文坛领袖欧阳修。欧阳修，祖籍江西吉安，1007 年出生于四川绵州，是北宋著名的政治家和文坛领袖。他虽然不是书法大家，但是苏东坡却认为他的字写得也是"神采秀发，膏润无穷"，是字如其人的代表。比如，收藏在北京故宫博物院的《灼艾帖》，这是欧阳修一千年前的手札，依然神清骨冷，光彩照人。欧阳修比苏东坡年长整整三十岁，当苏东坡还在故乡眉州寒窗苦读的时候，他已经是北宋朝廷重臣和文坛领袖了。苏东坡自幼就把欧阳修当作偶像来崇拜。据东坡回忆，庆历三年，他八岁的时候，正式进入私塾学习。有一天，从京师汴京来了一位读书人，他拿着一本石介写的《庆历圣德颂》给私塾的老师看。这篇颂主要赞扬了庆历朝重用的十一位改革能臣。当时苏轼站在旁边悄悄地阅读书上的文字，然后就有些不解地问那位私塾先生："书里面的这些大臣都是谁呀？"先生不耐烦地看了他一眼说道："童子何用知之？"意思是，你一个小孩知道这些有什么用？少年东坡很认真地说："如果他们是神仙，我就不敢知道；如果他们也是普通的人，我为什么不可以知道他们？"私塾先生看东坡志向高远，认为这个少年将来必有成就，就仔细地

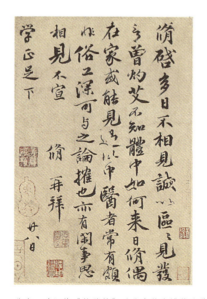

北宋　欧阳修《灼艾帖》（北京故宫博物院藏）

给他讲解这十一位大臣，最后还强调说：

> 韩、范、富、欧阳，此四人者，人杰也。
>
> ——苏东坡《苏轼私识范仲淹》

这段文字所说的"韩"是指韩琦，"范"是范仲淹，"富"指的是富弼，"欧阳"就是欧阳修。苏东坡自幼就把范仲淹、欧阳修等人牢牢地记在心中，把他们当作自己读书治学的标杆和偶像。不过遗憾的是，当苏东坡考中进士的时候，范仲淹已经病逝。东坡一生都在为没有得到拜谒范仲淹的机会而深深遗憾。不过，值得庆幸的是，他的另外一个偶像欧阳修当时正值壮年，苏东坡不但结识了欧阳修，而且还幸运地成为他的门生，并在欧阳修的培养下成长为北宋文坛盟主。

欧阳修和颍州结缘于皇祐元年（1049 年），欧阳修从扬州知州改任颍州知州，皇祐二年七月下旬，又被委任为应天府知州。欧阳修在颍州前后待了仅有一年零五个月的时间，但是颍州却给欧阳修留下非常好的印象，一是因为民淳政简；二是因为颍州有一个风景如画的西湖。欧阳修刚到颍州任上，就去游览西湖，他写下了"西湖烟水我如家"的诗句，感觉来到颍州就像是回到自己家乡一样，表示将来退休以后，一定要带着家人到颍州定居，安享晚年。1071 年，六十五岁的欧阳修致仕退休，终于回到魂牵梦绕的颍水之滨，隐居在西湖西畔。同年，苏东坡被任命为杭州通判，他在上任的途中专门带着弟弟苏辙来到颍州，看望恩师欧阳修。东坡在颍州一连逗留了二十多天，每天都和恩师泛舟西湖，开怀畅饮，诗词唱和，过得非常惬意。当然，美丽的颍州西湖也给他留下了深刻的印象，他也憧憬着有一天能来颍州做官，再与西湖相约。元祐六年九月，苏东坡终于以知州的身份又一次来到颍州，可是恩师欧阳修已经去世整整二十年。九月十五夜，皓月当空，东坡邀请好友在西湖雅集。当夜月光如水，琴声悠扬，苏东坡自然而然地想起恩师欧阳修，可是旧地重游，物是人非，恩师早已去世，自己也年过半百，须发皆白，不变的只有天上的明月和烟波浩渺的颍州西湖。苏东坡有感而发，在月光下挥笔写成著名的《颍州西湖月夜泛舟听琴诗》。

在苏东坡任职颍州的前一年，汴京开封连遭大雨，周围的雨水越积越多，差一点水淹汴京。为了保证京城的安全，朝廷决定挖掘沟渠把洪水分流到附近的州县。当时有官员建议开挖八丈沟工程，把水从陈州引进颍河，再导入淮河，以缓解首都汴京的水患。其实这只是一些官员拍脑袋、想当然做出的决定，根本不符合实际情况。苏东坡向来以民为本，注重调查研究，他来到颍州后就亲自到淮河沿岸实地勘察，还召集颍州本地官员商讨、了解真实情况。经过精心调研后，苏东坡接连写了两篇奏章上报朝廷，请求立即停止八丈沟工程，为什么呢？原因主要有以下两点：

一是劳民伤财。当时开挖八丈沟，光动用民工就将近十八万，所耗钱粮更是大得惊人。

二是得不偿失。因为开挖的新沟地势低于淮河，如果挖通八丈沟，不仅不能减轻水患，雨季反而会导致淮河水倒灌，最终颍州城也自身难保。

以上这两个结论都是苏东坡经过科学的调研和实地测量后得出的，所以他向朝廷据理力争。朝廷派大臣来颍州实地考察后，完全同意苏东坡的意见，八丈沟工程最终停工。八丈沟虽然停工了，但苏东坡却顺势向朝廷奏请留下民工一万多人，开始疏浚颍河，彻底治理颍州西湖。苏东坡带领属下赵令畤，制定规划，亲自在颍州西湖现场指挥。遗憾的是，没有等到工程完工，元祐七年（1092年）正月，苏东坡接到朝廷的调令，先是任命郓州知州，没有到任，又改派扬州任知州。他的部下赵令畤接手西湖工程，继续下面的工作。苏东坡虽

北宋　苏轼《颍州听琴帖》（上海图书馆藏）

然离开颍州，但他时刻牵挂着西湖。三月十六，西湖工程全面完工，当赵令畤向他写信报告这个消息的时候，苏东坡非常高兴，可谓漫卷诗书喜欲狂。他挥笔写下三首诗表达心中的喜悦之情。其中一首《次韵赵德麟西湖新成见怀绝句》写道：

> 壶中春色饮中仙，骑鹤东来独惘然。
>
> 犹有赵陈同李郭，不妨同泛过湖船。

这个"壶中春色"说的就是赵令畤送给苏东坡的一款果酒，东坡品尝后非常喜欢，认为喝这种酒可以让人飘飘欲仙，忘却人世间的一切烦恼，后来还创作了著名的《洞庭春色赋》。"犹有赵陈同李郭"，赵当然指的是赵令畤，陈指的是他的弟子、苏门六学士之一的陈师道，当时他也在颍州做官，是苏东坡的部下。李、郭是指东汉的李膺、郭林宗，两个人志同道合，非常友好，被后世称为朋友的典范。在这里是赞扬赵令畤和陈师道同心协力治理西湖的事迹。

颍州西湖历史悠久，但是在唐宋之前知名度并不高。自从欧阳修、苏东坡等人来到颍州之后，把西湖融进诗文之中，颍州西湖也随着他们的生花妙笔而声名远扬，成为中国历史上的文化之湖。苏东坡在颍州时间不长，只有短短的半年，但是他对颍州感情深厚，留下了《洞庭春色赋》等六十多篇诗词、墨迹，保留到今天的书法作品还有著名的《颍州祷雨帖》。这个帖说的是元祐六年颍州大旱，十一月初一，苏东坡带领属下赵令畤、陈师道等人为颍州百姓求雨。苏东坡关心民瘼，心系百姓疾苦。他的一片真心也许感动了上天，第二天天降瑞雪，瑞雪兆丰年，这幅《颍州祷雨帖》也仿佛沾上了仙气，被后人小心翼翼地珍藏了起来，一直到民国时期才流落日本。《醉翁亭记》《丰乐亭记》《菊说帖》也是写于颍州，只是真迹已经失传，现在只能通过拓片才能够追溯这三件作品的真实面貌。

苏东坡这一次离开颍州后，再也没有机会回来。不过他时刻想念颍州西湖，曾写下"未觉杭颍谁雌雄"的诗句。"颍"指的是颍州西湖，"杭"指的就是杭州西湖，当时苏东坡是由衷地赞美颍州西湖，在他的眼中，颍州西湖和杭州西湖是一样的美丽，甚至难分伯仲。

北宋　苏轼《颍州祷雨帖》（日本私人藏）

元祐六年十月潁州久旱
聞潁上有張龍公神祠
靈異乃齋戒遣男迨
与州學教授陳履常
往禱之迨二頤往敬沐
齋居而往明當以
龍骨至天色少變庶
幾得雨雪于廿六日
芒日与景貺履常同訪
二歐陽作詩 後夜龍
作雨天明雲垂垂四
開剝啄誰子趙陳子景
貺拊掌曰句法甚新前
人未有此法季默曰有之
某官青宮走清容曰曰

二

西子烟云

苏东坡在杭州曾经有过两次任职的经历，所以他和杭州西湖结下了不解之缘，西湖也从他的笔墨文章里名扬天下。苏东坡第一次来杭州是在熙宁四年（1071 年），他途中还专门到颍州看望恩师欧阳修。颍州西湖旖旎的风光给他留下了绝美的印象，没想到来到杭州后，钱塘西湖给他带来的是另外一种惊艳。其实苏东坡刚到杭州的时候，西湖还不叫西湖，那叫什么呢？西湖原先是钱塘江的一部分，在北宋之前，又叫武林水、钱塘湖，宋真宗天禧四年，郡守王钦若上报朝廷，把西湖当作放生池，禁止百姓捕捞鱼虾，所以这个时期的西湖就叫放生池。当时，苏东坡任杭州通判，在公务之余，就把满腔的热情投放到杭州的山水之中。熙宁六年的一个夏天，苏东坡乘船在西湖游览，刚才还是水光潋滟，艳阳高照，突然飘过来一片云彩，就开始下起雨来，瞬间山色空蒙，周围的景色变得如梦如幻。苏东坡被眼前的美景感动了，他当即写下一首千古绝唱：

水光潋滟晴方好，山色空蒙雨亦奇。

欲把西湖比西子，淡妆浓抹总相宜。

——苏轼《饮湖上初晴后雨》之一

在诗中，苏东坡把西湖比作春秋时期的绝色美女西施，认为无论春夏秋冬，还是阴晴雨雪，西湖都是美不胜收的。这首诗可以说写尽了湖光山色之美。有了这首《饮湖上初晴后雨》，西湖的美景从此鲜活起来，西湖也就有了"西子湖"的美名。这一次，苏东坡在杭州任通判足足有三年，杭州西湖不但给了他无穷无尽的才思，而且让苏东坡在一次偶遇中，在烟波浩渺的西湖上遇到了后来相伴一生的红颜知己王朝云。

熙宁七年（1074 年），苏东坡改任密州知州，短暂离开西湖。这期间，苏东坡想念杭州，杭州也想"长留学士住西湖"。元祐四年（1089 年），苏东坡第二次与西湖结缘。这一次因为洛蜀党争，苏东坡又一次被迫离开朝廷，来到杭州任知州。与西湖阔别了整整十五年，等苏东坡再次见到日思夜想的西湖的时候，眼前的景色却让他大失所望。西湖由于长时间疏于治理，到处杂草丛生，水道淤塞，湖床干涸，水光潋滟已无处可寻，山色空蒙也失去了以往的颜色。面对一片衰败的景象，苏东坡上报朝廷，请求治理疏浚西湖。朝廷虽然答应了苏东坡的请求，但是中央无款可拨，只给了一百张度牒，也就是僧人的出家证明作为工程经费。度牒卖了一万七千贯，再加上政府剩余的救灾款一万贯，东坡用以工代赈的方法，征集民工二十万人，开始了西湖治理工作。他首先下令撤除湖中央私围的土地，在全湖最深之处立起了三座石塔作标志，禁止在石塔范围内种植菱藕，这样就能够防止湖底淤塞，这个地方就是今天著名的三潭印月。当时湖底挖出来的大量淤泥没有办法处理，怎么办？苏东坡决定变废为宝。他设计了一条连通南北两岸的长堤，在堤上修建了六座石桥供湖水流通，还在堤上遍植杨柳杏桃各种花木。这条长堤就是今天的"苏堤"，六座桥就是著名的苏堤六桥，而"苏堤春晓"早在南宋时期就已经成为西湖的著名景观。

九百多年前的这一次西湖治理工程，基本上奠定了今天的西湖格局和景观。苏东坡凭着他的智慧和实干精神，给杭州留下了一座人间天堂一样的西湖，千百年来，杭州也一直没有忘记苏东坡。著名作家郁达夫的一首《咏西湖》，说出了百姓的心声：

楼外楼头雨如酥，淡妆西子比西湖。

江山亦要文人捧，堤柳而今尚姓苏。

——郁达夫《咏西湖》

　　美丽的西子湖又回来了，西湖又重新成为苏东坡寄情山水的书斋，成为他会客饮酒的厅堂，更成为他寻找创作灵感的源泉。这一时期，苏东坡在杭州不仅创作了大量的诗词，而且还留下了许多珍贵的书法墨迹。一直保存到现在的有《李白仙诗卷》《游虎跑泉诗帖》和《次辩才韵诗帖》。接下来就一起欣赏这幅《次辩才韵诗帖》，这件字帖本来是苏东坡次韵老友高僧辩才的一首和诗。辩才和尚是禅门临济宗的一位高僧，退居在龙井，当时因为慕名拜访的人太多，所以寺里就规定："殿上闲谈，最久不过三炷香；出门送客，最远不过虎溪。"虎溪是流经龙井下面的一条小溪，因为溪水中有一块石头外形特别像一只卧虎，所以得名虎溪。

　　一天，苏轼到龙井拜访辩才，两人相谈甚欢，送别的时候两个人依然谈笑

北宋　苏轼《游虎跑泉诗帖》（台湾私人藏）

风生，辩才竟不知不觉将苏东坡送过了虎溪。左右侍者连忙劝说："大师，已经过了虎溪了！"辩才笑着说："杜甫不是说过吗？'与子成二老，来往亦风流'。"为了纪念这段佳话，后人就在虎溪上建造了一座亭子，取名为"过溪亭"，又叫"二老亭"。辩才当时写诗记录下这件风流雅事，苏轼也次韵作了一首和诗并书写下来，这就是《次辩才韵诗帖》的由来。

这件作品共 20 行，一共有 188 个字。在序文部分，东坡记述了事情的经过：

> 辩才老师退居龙井，不复出入。轼往见之。常出至风篁岭。左右惊曰"远公复过虎溪矣"。辩才笑曰"杜子美不云乎，与子成二老，来往亦风流"。因作亭岭上，名之曰过溪，亦曰二老，谨次辩才韵赋诗一首。眉山苏轼上。

在接下来的和诗中，苏东坡对辩才和尚把人生的去留、得失看作就像日月轮转、过眼云烟一样的风范大加赞赏。结尾两句"聊使此山人，永记二老游。大千在掌握，宁有离别忧"，既寄托了苏东坡对这段友情的追忆和期望，同时表现出大千世界如在掌握，人间的离愁别苦不足忧虑的豁达胸怀。遗憾的是，就在写完这首诗的当年，辩才和尚就圆寂了。

元祐六年八月，苏东坡被调往颍州任知州。幸运的是，从杭州到颍州，这两地都有美丽的西湖相伴。在颍州西湖上，苏东坡望着浩渺的湖水，写下《颍州到任谢执政启》："出典二邦，辄为西湖之长。皆缘天幸，岂复人谋。"这两任知州生涯让苏东坡过得非常惬意和满足，他认为这都是天意的安排，并非自己刻意而为，不过接下来要介绍的苏东坡与惠州西湖，那真就是有人来"刻意"安排了。

辯才老師退居龍井不復
出入軾往見之常出至風篁
嶺左右驚曰遠以渡過虎
辯才笑曰杜子美不云乎與
子成二老來往亦風流因作
亭嶺上名之曰過溪亦曰二
老谿次
辯才韻賦詩一首
眉山蘇軾上
日月轉雙轂古今同一丘惟此
鶴骨老彌堅不知秋佳雨
無礙天人爭挽留去如龍出
雷雨卷潭湫來如珠還浦奥
籠爭駢頸此生蹔寄寓常
恐名實浮我比陶令愧
師為遠公優送我還過溪二
水當逆流聊使此人山永記
二老遊大千在掌握宇宙維
別矣
元祐五年十二月十九日

北宋　苏轼《次辩才韵诗帖》（台北故宫博物院藏）

三

满林烟月

　　那么到底是谁要刻意安排苏东坡来到遥远的惠州西湖呢？这个人就是当时的宰相章惇。章惇和苏东坡是同年进士，两个人曾经是好友，一度保持着密切的关系。今天收藏在台北故宫博物院的《归安丘园帖》就是苏东坡在元祐八年写给章惇的亲笔信函。在王安石变法中，两人分别属于新旧两党，因此二人关系渐行渐远。绍圣元年（1094 年），宋哲宗亲政，章惇登上宰相的宝座，他主张对旧党人物要除恶务尽，甚至斩尽杀绝，苏东坡就是在这样的时代背景下，被章惇特意"安排"贬谪到惠州。

　　在北宋时期，惠州属于岭南蛮荒之地，传说中此地瘴疠之气横行，没想到真正来到惠州后，苏东坡却发现这个地方物产丰富，气候宜人，尤其是民风淳朴。风尘仆仆的苏东坡受到当地百姓的热情欢迎，地方官也尽心接待，嘘寒问暖，这让东坡十分感动，所以他对惠州的第一印象就是"仿佛曾游岂梦中"，就是说自己的前世肯定来过惠州，在这里他如沐春风，就像回到久别的故乡一样。东坡对惠州的印象极好，他一开始就把这里当作自己的家乡。当时苏东坡已经六十岁，有家不能回，有朝不许上，所以他准备终老惠州，在这里度过余生。

　　北宋时期的惠州城不大，但景色优美，更让苏东坡高兴的是，惠州城西竟然也有一片湖水，名字叫丰湖。丰湖景色优美，甚至可以和杭州西湖媲美。有

北宋　苏轼 《归安丘园帖》（台北故宫博物院藏）

北宋　苏轼《归去来兮辞卷》（台北故宫博物院藏）

一天，苏东坡和朋友共游丰湖，喝得有些醉意，顺手写下了"梦想平生消未尽，满林烟月到西湖"的诗句，从此丰湖就改名为西湖了。

苏东坡时刻关心百姓的疾苦。他是在其位谋其政，不在其位也要为百姓鼓与呼。这次贬谪惠州和当年在黄州一样，朝廷明确规定他不得签书公事，也就是不能够干涉地方事务，可是苏东坡依然利用自身的影响，为惠州的民生建设献策献力。比如，惠州的西湖上原来有一座长桥，因为年久失修，已经破败不堪了，所以两岸的百姓来往非常不方便。东坡就积极倡议修堤造桥，而且还首先慷慨解囊。由于当时手头拮据，所以他就把官服上的"犀带"给捐了出来，就这样，在苏东坡的带领下，堤桥很快建成了。新桥横跨两岸，与湖光山色相映成趣。桥落成的当天，惠州百姓携老带幼出门庆祝，苏东坡也有诗记录当时的情况："三日饮不尽，杀尽两村鸡。"意思是老百姓高兴得连着喝了三天酒，甚至把两个村庄的鸡都杀光了。

苏东坡在惠州居住了三年，由于表兄程子才在广东任最高司法长官，在他的关照下，苏东坡与地方官员相处得非常融洽，和惠州的百姓更是亲如一家人，所以他在惠州买房置地，准备定居岭南。在这期间，他还留下了大量的诗词、书法，比较有名且流传至今的墨迹至少有三件作品，分别是《归去来兮辞卷》《致南圭使君帖》和《三马图赞》。在这三件传世作品中，《三马图赞》的身世最为

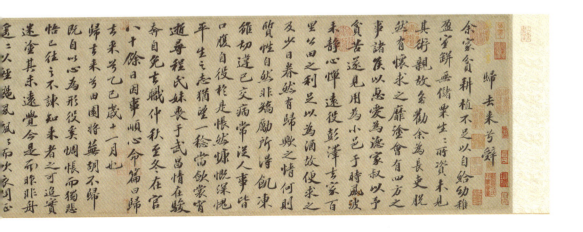

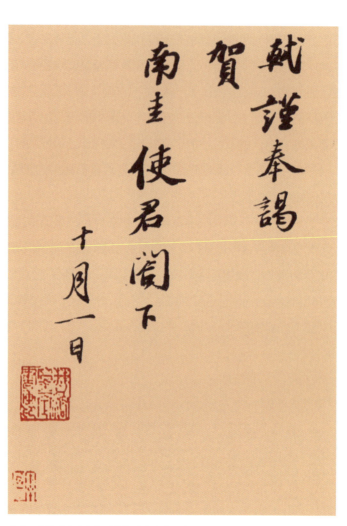

北宋　苏轼《致南圭使君帖》（台北故宫博物院藏）

传奇。这件书法的诞生和北宋时期的著名画家李公麟有着重要的关系。李公麟，字伯时，号龙眠居士，安徽人，著名画家、文物鉴定家，擅长用白描的手法画马，被称为"宋画第一"，传世作品《五马图》就是他的精品力作。

苏东坡和李公麟的关系很好。有一年，李公麟给他画了一幅《三马图》，东坡非常喜欢，就一直携带在身边，想念李公麟的时候，就取出来鉴赏一番。绍圣四年（1097 年）三月十四，苏东坡在惠州刚刚搬进新落成的白鹤峰新居，闲来无事，他就拿出《三马图》欣赏，想到自己可能再也见不到老朋友了，有感而发，提笔在画后写下了这段长跋，就是著名的《三马图赞》。李公麟的《三马图》在清朝乾隆时期进入内府，从此一直珍藏在皇宫，后来被清朝逊帝溥仪偷盗出宫，带到了长春。1945 年，日本战败投降，伪皇宫收藏的书画被抢劫一空，从此李公麟的《三马图》和画后面苏东坡的题词消失得无影无踪，文博界的人士都认为这件作品早已经不在人间了。

1963 年 4 月的一天，著名书画鉴定家杨仁恺从沈阳出差到北京，这一天他正在北京荣宝斋鉴赏书画，中午休息的时候，突然荣宝斋负责业务的经理叫醒了他，说有一个从哈尔滨来的青年，带来一大包袱"东北货"出售。那么什么是东北货呢？所谓的东北货就是民国时期北京琉璃厂的古玩商对流通在市场上的长春伪满皇宫书画的统称。杨仁恺一直从事故宫散佚书画的研究和追讨工作，

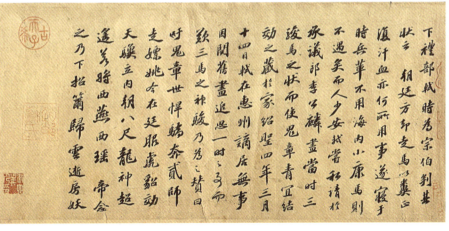

北宋　苏轼《三马图赞》残卷

北宋　李公麟《五马图》（东京国立博物馆藏）

所以他对东北货非常关注，也非常熟悉。当杨仁恺打开包袱一看，里面竟然是一堆被撕烂的书画作品的碎片，这些残片是当年伪皇宫士兵在抢夺的时候撕扯坏的，没想到竟然被有心人仔细地保存了下来。杨仁恺怀着激动的心情，把这些碎片非常细心地一一拼接起来，最后奇迹出现了，没想到这些残片竟然拼接成足足三十七件书画，其中最完整的作品就是米芾的行书《苕溪诗卷》，这件书法宽30.3厘米，长189.5厘米，是米芾中年书风的代表作。李公麟的《三马图》绘画部分已被撕毁，只剩下一人一马，还有苏东坡题跋的后半部分，这就是我们今天看到的收藏在北京故宫博物院的《三马图赞》残卷。

　　李公麟除了画马以外，还擅长人物。他曾经给苏东坡画过一幅画像，这张画像被认为最接近苏东坡的真实面貌，当时东坡的弟子黄庭坚看到画之后，激动地说：

> 庐州李伯时近作子瞻按藤杖，坐盘石，极似其醉
> 时意态。此纸妙天下，可乞伯时作一子瞻像，吾辈会
> 聚时，开置席上，如见其人，亦一佳事。
>
> ——黄庭坚《跋东坡书帖后》

　　黄庭坚认为，李公麟画的这张手握藤杖、醉眼蒙眬的苏东坡非常传神，超过了之前所有的画像。他还想求李公麟再画一幅，以后朋友们聚会的时候，只

要挂上画像，就像东坡本人在现场一样。

苏东坡在惠州过得非常惬意。绍圣四年初春的一天，他在惠州嘉佑寺美美地睡了一宿，第二天清晨，在一片鸟语花香中醒来。他非常知足，就写了一首诗记录当时的心情，其中一句写道："报道先生春睡美，道人轻打五更钟。"没想到这首诗传到了京城，被宰相章惇看到了。章惇很生气，后果也很严重。你苏东坡在惠州竟然过得如此快活，这还了得！既然杀不了你，那就让你生不如死。章惇立即下令，把苏东坡贬谪到更加荒凉的海南岛儋州，这在当时是仅次于死刑的一个惩罚。六十二岁的苏东坡被迫告别惠州，告别了他心爱的西湖，从此以后，他天涯零落，再也无缘重游故地西湖。

纵观苏东坡的一生，总和西湖有一种不解之缘，回望他在不同时期所接触的这三个西湖，可以说寄托了他不一样的情思。颍州西湖倾注了他对恩师欧阳修的崇敬和怀念，是友情之湖；杭州西湖激发了苏东坡的文学才思，写出了许多闻名天下的诗句，重要的是，他还在湖上结识了红颜知己王朝云，所以杭州西湖应该是他的爱情之湖；惠州西湖则接纳了政治上失败的苏东坡，慰藉了他的失意和悲伤，同时他的爱妾王朝云不幸病逝惠州，葬在湖边，惠州西湖从此就成了苏东坡暮年永远的牵挂，可以称得上是他的亲情之湖。关于苏东坡与颍州、杭州和惠州这三处西湖的缘分，早在南宋时期，著名诗人杨万里的一首诗就做了最好的总结：

北宋　米芾《苕溪诗卷》（北京故宫博物院藏）

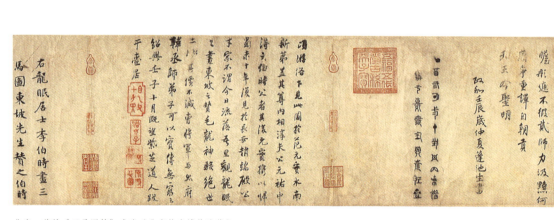

北宋　苏轼《三马图赞》残卷（北京故宫博物院藏）

将之苕溪戏作呈诸友　襄阳漫仕黻

松竹留因夏，溪山去为秋。久赍白雪咏，更度采菱讴。
缕玉鲙鲈堆案，团金橘满洲。水宫无限景，载与谢公游。

半岁依修竹，三时看好花。懒倾惠泉酒，点尽壑源茶。
主席多同好，群峰伴不哗。朝来还蠹简，便起故巢嗟。

余居半岁，诸公载酒不辍，而余以疾，每约置膳清话而已，复借书刘、李、周三姓。

好懒难辞友，知窄屡逢迎。通贫非理扫，觉富不厌心。
小圃能留客，青冥不厌鸿。秋帆寻贺老，载酒过江东。

仕倦成流落，游频惯转蓬。

下礼部试，时为宗伯判其状。予䝙延方印走马以此襄四
滇汗血亦行于两用事，遂寝于时。兵革不用，海内小康，马则
不过矢，而人少安。攷者私请作承议郎李公麟画当时三
骏马之状，而使兜章青宜结，勤之藏于家。绍圣四年三月
十四日，轼在惠州碛店无事，因阅旧画，追巡一时之奇，而
颂三马之神骏，乃为之赞曰：

好兜章，世悍骄，奔贰师，走婢姚。今在廷，䑰虎貂，动天骥，立内朝。八尺龙，神超逶迤，将西燕，西琚帝。今之乃，下松简，归云逝，房妖。

题龙眠画李忠孝出西征碟血
汉武爱名马，特军土西征碟血
之螯歌告神明，後来龙眠子
为侯者七十人，区区浮

三处西湖一色秋，钱塘汝颍及罗浮。

东坡原是西湖长，不到罗浮那得休。

——杨万里《惠州丰湖亦名西湖》

苏东坡曾说"人生如逆旅，我亦是行人"。他认为人其实都是天地间的过客，聚散无常，不必太过于在意。在海南岛儋州谪居期间，苏东坡已经参透了人生，他把人生看作是一场没有尽头、没有终点的修行，他认为自己也许要在这一片海天苍茫之地做一个了结。不过在元符三年（1100 年）正月，他的人生迎来了最后一次转机。

这年正月，宋哲宗病逝，其弟弟宋徽宗赵佶做了皇帝。新皇登基，按照惯例，大赦天下，苏东坡在儋州谪居三年后终于又回到中原大地。建中靖国元年（1101 年）六月，苏东坡来到真州，就是今天的江苏仪征，在金山寺里，他见到了李公麟多年前给自己画的那幅最像自己的画像。看着这张画像，无数感慨涌上心头，"世事一场大梦，人生几度秋凉"，回想自己这一生的人世沉浮，苏东坡挥笔在画像上写下了这样一首诗：

心似已灰之木，身如不系之舟。

问汝平生功业，黄州惠州儋州。

——苏轼《自题金山画像》

没想到这首诗竟成了他的绝命诗，两个月后，江苏常州，一代文豪苏东坡在亲人、好友的陪伴下走完了波澜壮阔的一生，享年六十六岁。

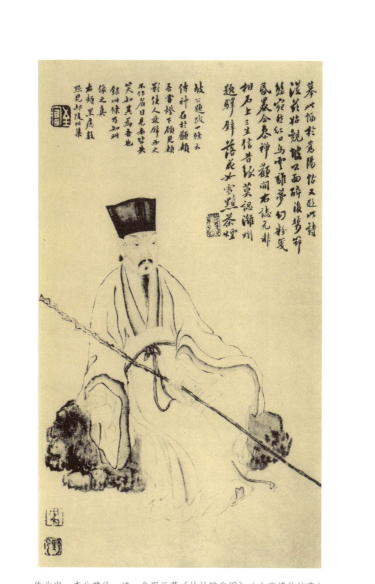

传北宋　李公麟绘　清　朱野云摹《扶杖醉坐图》（上海博物馆藏）

附：苏东坡传世法书绘画系年[1]

[1] 清《石渠宝笈》收录苏轼法书 64 件；水赍佑著《苏轼书法史料集》收录苏书 58 件；刘正成主编《中国书法全集·苏轼卷》收录苏书 46 件；徐邦达著《古书画过眼要录》收录苏书 34 件；廖学隆著《苏轼书法艺术研究》（博士论文）收录苏书 50 件；杨仁恺著《中国古代书画鉴定笔记》收录中国大陆博物馆所见苏轼书画 15 件。本文所收苏轼法书、绘画皆为传世墨迹，均为公私收藏并散见于各类著述，笔者以苏轼创作年代先后顺序排列，没有明确创作年代的作品则附录文后，有争议的作品皆注明"传""摹本"或者"存疑"。

法书

《宝月帖》

书于治平二年，公元 1065 年。又名《礼书帖》《与道源书》《致杜氏五札（其三）》，曾编入《苏氏一门十一帖》。行书，纸本，纵 23 厘米，横 17.7 厘米。这是苏轼存世最早的一件书作，现藏台北故宫博物院。

《治平帖》

书于熙宁三年八月十八日，公元 1070 年 9 月 14 日。又名《治平僧札》，行书，纸本，纵 29.2 厘米，横 45.2 厘米。《盛京故宫书画录》《古物陈列所书画目录》等著录。现藏北京故宫博物院。

《廷平郭君帖》

约书于熙宁四年，公元 1071 年。又名《与廷平郭君书》《与郭廷平二首（之一）》《郭君帖》《致至孝廷平郭君尺牍》。行书，纸本，纵 26.4 厘米，横 30.3 厘米。现藏台北故宫博物院。

《致运句太博帖》

约书于熙宁四年，公元 1071 年。又名《致运句太博尺牍》《辱教不果帖》。行书，纸本，纵 25.6 厘米，横 24.5 厘米。现藏台北故宫博物院。

《书方干诗卷》（传）[1]

书于熙宁七年，公元 1074 年。又名《苏文忠公手书唐方干诗卷》。

---

[1]《中国书法全集·苏轼卷》《古书画过眼要录》未收录，水赍佑认为此作真伪存争议，见水赍佑编《苏轼书法史料集》，上海书画出版社，2017 年。

行书，纸本，纵 20.2 厘米，横 187 厘米，193 行，3048 字，无款。现藏旅日的二石老人程琦处。

《天际乌云帖》[1]

书于熙宁十年（稍后），公元 1077 年。又名《重阳帖》《天际乌云诗帖》《书蔡诗天际乌云卷》。苏轼诗文一章，行书，纸本，尺寸不详。原迹曾由明代项元汴收藏，清归翁方纲所有，有翁氏题跋。共 36 行，计 307 个字。现为私人所珍。

关于《天际乌云帖》，大收藏家张伯驹也曾寓目，他在《海内书画名迹见闻录》中留下的一段文字，对于了解此帖的鉴赏和传承史均有重要的借鉴意义，特附文如下：

> 东坡墨迹，《天际乌云帖》，曾见影印，后藏者持赴余就谈，索万金。系审画舆元明人跋皆赝造者，所见东坡书，以《寒食帖》最称精绝。墨色明润，笔势入神，超乎象外。为谪官黄州时寒食日书。旧藏大内，为官监盗出，鬻于颜世清氏。后颜氏又售于日人阿部。东京地震，阿部所居倒塌，被压于下，经人救出，犹手持此帖未释。[2]

《北游帖》

书于元丰元年五月廿二日，公元 1078 年 7 月 4 日[3]。又名《寄久上人》《久上人札》《与坐主久上人书》《坐主帖》《致坐主久上人尺牍》。行书，纸本，纵 26.1 厘米，横 29.5 厘米。现藏台北故宫博物院。

---

[1]徐邦达《古书画过眼要录》未收。

[2]张伯驹：《海内书画名迹见闻录》，《正报》1945 年 4 月 10 日，第 4 版。

[3]《中国书法全集·苏轼卷》《古书画过眼要录》标注创作年代均为 1078 年，水赉佑的《苏轼书法史料集》则标注为元丰二年，即公元 1079 年。见水赉佑编的《苏轼书法史料集》，上海书画出版社，2017 年。

《昆阳城赋》（传）

书于元丰二年九月二十五日，公元1079年10月22日。行书，纸本，纵30.8厘米，横95厘米。水赉佑的《苏轼书法史料集》收录，孔凡礼的《苏轼年谱》未收，《中国书法全集·苏轼卷》未收，徐邦达《古书画过眼要录》未收。因乌台诗案，苏轼于元丰二年八月十八日入狱，元丰三年正月初一出狱，所以张伯英认为该卷书法为妄人伪造。民国有珂罗版影印本刊行，为二石老人程琦旧藏。

《次韵秦太虚见戏耳聋》诗帖

书于元丰二年，公元1079年。又名《见戏耳聋诗帖》。行书，纸本，纵30.7厘米，横45.3厘米。现藏台北故宫博物院。

《画记》卷（存疑）

书于元丰三年端阳月八日，公元1080年5月29日。又名《净因院画记》。现藏台北故宫博物院。[1]

《定惠院寓居月夜偶出诗稿》（摹本）

书于元丰三年，公元1080年。又名《幽人无事不出门诗稿二首》《定惠院月夜偶出二诗草》《定惠院寓居月夜偶出七古二首》。行书，纸本，纵29.8厘米，横23.8厘米。北京故宫博物院藏有明摹本。[2]《雍睦堂法书》收录有明人项元汴旧藏墨迹一卷[3]，现藏重庆市博物馆。

---

[1] 金梁：《盛京故宫书画录》，杭州：浙江人民美术出版社，2014年，第37—40页。

[2] 此件原为清翁方纲旧藏，后转入刘铭传之手。1978年，经徐邦达之手，刘氏后人以1000元之价将此帖让与北京故宫博物院。后经鉴定，确认为明人摹本。重庆市博物馆藏相同书稿一卷，亦被定为明人仿品。此二幅诗稿上项元汴等收藏印章也存疑。不过，北京故宫博物院所藏作品后有清翁方纲和陆费墀长跋，有相当大的史料价值，所谓买王得羊，亦有所得。

[3] 郭立志编、启功审定《雍睦堂法帖》，1942年出版，自刊本。

《京酒帖》

书于元丰三年，公元 1080 年。又名《致杜氏五札（其二）》《与道源书》。行书，纸本，纵 26.1 厘米，横 14.9 厘米。现藏台北故宫博物院。

《啜茶帖》

书于元丰三年，公元 1080 年。又名《致杜氏五札（其三）》《与道源书》。行书，纸本，纵 23 厘米，横 17.7 厘米。现藏台北故宫博物院。

《跋吏部陈公诗帖》

书于元丰四年十一月廿二日，公元 1081 年 12 月 24 日。又名《跋语》《陈吏部遗诗跋》《书陈公诗后》。行楷书，纸本，纵 27.8 厘米，横 60.6 厘米。现藏台北故宫博物院。

《杜甫桤木诗卷帖》

约书于元丰四年，公元 1081 年。又名《书杜诗帖》《书杜工部桤木诗卷》。行书，纸本，纵 27.2 厘米，横 85.5 厘米。现归台湾林柏寿"兰千山馆"收藏。

《新岁展庆帖》

书于元丰五年正月初二，公元 1082 年 2 月 2 日。《中国书法全集》标注创作于元丰四年 [1]。徐邦达著《古书画过眼要录》标注创作于元丰四年春 [2]。该帖又名《新岁展庆、人来得书帖合卷》《新岁未获展庆帖》《与季常先生文》。行书，纸本，纵 30.2 厘米，横

---

[1] 刘正成主编《中国书法全集·34》，北京：荣宝斋出版社，2017 年，第 459 页。
[2] 徐邦达：《古书画过眼要录》，长沙：湖南美术出版社，1987 年，第 232 页。

48.8 厘米。现藏北京故宫博物院。

《眉山远景楼记》（传）[1]

书于元丰五年四月二十八日，公元 1082 年 5 月 28 日。行书，纸本，尺寸未知。民国时期曾藏裴景福壮陶阁，现不知藏处。墨迹见 1933 年艺苑真赏社影印本。

《获见帖》

书于元丰五年六月二十八日，公元 1082 年 7 月 26 日。又名《与长官董候书》《与董长官帖》《长官董候帖》《致长官董候尺牍》，行书，纸本，纵 27.7 厘米，横 38.4 厘米。现藏台北故宫博物院。

《黄州寒食帖》

书于元丰五年寒食节，公元 1082 年。又名《寒食帖》《黄州诗帖》。行书，纸本，纵 33.5 厘米，横 118 厘米。现藏台北故宫博物院。

《职事帖》

书于元丰六年八月十九日，公元 1083 年 10 月 3 日。又名《致主簿曹君尺牍》。行书，纸本，纵 27.8 厘米，横 38.8 厘米。现藏台北故宫博物院。

《满庭芳词》

书于元丰六年十月二日，公元 1083 年 11 月 14 日。[2] 又名《三十三年词》。行书，纸本，尺寸失记，见民国《雍睦堂法书》影印。

---

[1]《中国书法全集》《古书画过眼要录》均未收录。

[2]《中国书法全集·苏轼卷》标注创作年代为元丰六年，即公元 1083 年。见刘正成主编《中国书法全集·苏轼卷》，荣宝斋出版社，2017 年，第 467 页。

现藏处不详。

《一夜帖》

书于元丰中，约公元 1080 年至 1083 年。又名《季常帖》《致季常尺牍》。行书，纸本，纵 27.6 厘米，横 45.2 厘米。现藏台北故宫博物院。

《覆盆子帖》

书于元丰中，公元 1080 年至 1083 年。又名《尺牍》《覆盆子札》。行书，纸本，纵 27.7 厘米，横 44.8 厘米。现藏于台北故宫博物院。

《人来得书帖》

约书于元丰四年至元丰六年间，公元 1081 年至 1083 年。又名《人来札》《与季常书》。行书，纸本，纵 29.5 厘米，横 45.1 厘米。现藏北京故宫博物院。

《前赤壁赋》

书于元丰六年，公元 1083 年。行楷书，纸本，纵 23.9 厘米，横 258 厘米。现藏台北故宫博物院。

《御书颂》

书于元丰七年九月十日，公元 1084 年 10 月 12 日。纸本，楷书，卷纵 25.66 厘米，横 256.64 厘米。《石渠宝笈汇编》收录是卷，定为上等；刘正成《中国书法全集·苏轼卷》未收录；水赉佑《苏轼书法史料集》未收录；杨仁恺《国宝沉浮录》有记述，认为是

廓填本 [1]。原墨迹为北京大学季羡林教授于 20 世纪 50 年代从琉璃厂宝古斋掌柜邱震生手中购得，后捐赠北京大学。现藏北京大学图书馆。

《功甫帖》

书于元丰七年，公元 1084 年。又名《与功甫奉议书》《送奉别功甫帖》。楷书，纸本，纵 27.9 厘米，横 9.5 厘米。《中国书法全集》苏轼卷未收录，《苏轼书法史料集》收录，标注真伪存争议 [2]。鉴定家张珩认为："《功甫帖》才九字，若与《太简》为匹，则真属双璧矣！" [3] 徐邦达《古书画过眼要录》收录，认为"虽只九字，极为神采"。[4] 现藏上海龙美术馆。

《次韵前篇帖》[5]

书于元丰八年四月十二，公元 1085 年 5 月 8 日。又名《花落七古》《定惠院寓居月夜偶出诗稿》（第二首）。行楷书，纸本，尺寸失考。现藏处不详。清末书家张伯英认为是赝迹。[6]

《阳羡帖》[7]

书于元丰八年，公元 1085 年。行书，纸本，纵 27.6 厘米，横 22.7 厘米。现藏辽宁省旅顺博物馆。杨仁恺认为是廓填本。[8]

---

［1］杨仁恺：《国宝沉浮录》，沈阳：辽宁人民出版社，2020 年，第 227—228 页。

［2］水赉佑编《苏轼书法史料集》，第 1472 页。

［3］张珩：《张葱玉日记·诗稿》，上海：上海书画出版社，2011 年，第 130 页。

［4］徐邦达：《古书画过眼要录》，第 228 页。

［5］《中国书法全集·苏轼卷》《古书画过眼要录》《石渠宝笈三编》均未收录。

［6］水赉佑编《苏轼书法史料集》，第 1474 页。

［7］《古书画过眼要录》未收录。

［8］杨仁恺：《中国古代书画鉴定笔记》，沈阳：辽宁人民出版社，2015 年，第 2884 页。

《久留帖》

书于元丰八年，公元1085年。原件与《屏事帖》合装，行书，金花粉笺本，纵25.1厘米，横23.1厘米，曾入《苏轼一门十二帖册》。现藏台北故宫博物院。

《屏事帖》

书于元丰八年，公元1085年。又名《与宣猷丈书》（原件与《久留帖》合装）。粉花纸本，纵25.1厘米，横23.1厘米。现藏台北故宫博物院。

《记子由梦中诗帖》[1]

书于元祐元年闰二月六日，公元1086年3月23日。又名《遗过子帖》《遗过子尺牍》《书子由梦中诗帖》。行书，纸本，纵24.2厘米，横26.7厘米。现藏台北故宫博物院。

《苏东坡书刘锡敕》[2]

书于元祐元年四月十八日，公元1086年6月2日。又名《刘锡制草》《刘锡敕》。行书，纸本，纵29.6厘米，横45厘米。现藏于上海博物馆。

《题王晋卿诗后》

书于元祐元年九月八日，公元1086年10月18日。又名《题王诜诗跋》《跋王诜书蝶恋花词卷》。行书，纸本，纵29.8厘米，横25.7厘米。现藏北京故宫博物院。

---

[1]《古书画过眼要录》未收录，《苏轼书法史料集》未标注创作日期。
[2]《石渠宝笈三编》未收，《中国书法全集·苏轼卷》未收录，《古书画过眼要录》未收录。徐邦达认为该书为明人伪笔。见水赉佑编《苏轼书法史料集》，第1475页。

《归安丘园帖》

书于元祐元年十二月廿七日，公元 1087 年 2 月 3 日。又名《与子厚帖》《与子厚宫使书》《宫使帖》《致子厚宫使正议尺牍》。行书，纸本，纵 25.6 厘米，横 31.1 厘米。收入《石渠宝笈初编》卷二十一，《中国书法全集》和《苏轼书法史料集》标注创作年代均为 1086 年。现藏台北故宫博物院。

《次韵三舍人省上诗帖》

书于元祐二年三月二十九日，公元 1087 年 5 月 4 日。又名《次韵三舍人省上七古》。行书，纸本，纵 29.8 厘米，横 46.5 厘米。现藏台北故宫博物院。

《祭黄几道文》

书于元祐二年，公元 1087 年。楷书，纸本，纵 31.6 厘米，横 121.7 厘米。现藏于上海博物馆。

《岂弟帖》

书于元祐二年，公元 1087 年。又名《近人帖》《与质翁朝散书》。行书，纸本，纵 29 厘米，横 31.6 厘米。现为私人所藏。

《春帖子词》

书于元祐二年十二月九日，公元 1088 年 1 月 5 日。行书，纸本，卷纵 28 厘米，横 185.3 厘米。杨仁恺认为是明朝伪作[1]。民国时期经北京琉璃厂伦池斋售出，后流落台湾，被著名学者李敖收藏。

---

[1] 杨仁恺：《国宝沉浮录》，第 586 页。

《书王诜〈烟江叠嶂图〉》[1]

诗共二首，一段书于元祐三年闰十二月二十九日，即公元 1089 年 2 月 12 日。一段书于元祐三年十二月十五日。又名《苏长公寄王文父子辨兄弟二诗帖（其一）》。行书，绢本。画作曾为章汝奭之父、收藏家章佩乙旧藏，1957 年，章氏委托北京伦池斋掌柜靳伯声出售。鉴定家张珩认为是赝品，故京、沪博物馆拒收。谢稚柳经过认证考订，认为真迹无疑，遂购藏。1997 年，谢稚柳将此作捐献给上海博物馆[2]。徐邦达、傅熹年认为"苏王诗题为临本"。现藏上海博物馆。

《归院帖》[3]

书于元祐元年至元祐四年，约公元 1086 年至 1089 年。又名《尺牍》，行书，纸本，纵 35.1 厘米，横 12.4 厘米。现藏北京故宫博物院。

《东武帖》

书于元祐四年，公元 1089 年。行书，纸本，纵 28.7 厘米，横 66.1 厘米。现藏台北故宫博物院。

《游虎跑泉诗帖》

约书于元祐五年，公元 1090 年，一说书于熙宁六年六月。行书，纸本，纵 26.5 厘米，横 34 厘米。现藏台北王世杰家族。

---

[1]《中国书法全集·苏轼卷》《古书画过眼要录》均未收录。宋人张邦基《墨庄漫录》曾对该画的流转有如下记载："都尉王诜为王定国画《烟江叠嶂图》，东坡作诗所谓'江上愁心千叠山'者。定国死，其子由以画货与高邮富人茅生，以献章献，或云禁中。"见张邦基撰《墨庄漫录》，上海古籍出版社，2012 年，第 79 页。

[2]张伯驹著《丛碧书画录》，曾收录《宋王诜烟江叠嶂卷》，绢本，清绿设色。笔意高古，犹有唐法。是卷载《宣和画谱》，为晋卿《烟江叠嶂》真本。当时因禁苏文，东坡诗题被截去。安岐《墨缘汇观》著录之《烟江叠嶂》卷当系晋卿画而配入苏题诗者。故王凤洲跋谓歌辞与画境抵牾也。后有元姚枢、明宋濂、黎民表题，清宋荦藏。此作现收藏于上海博物馆，入藏经过不详。见张伯驹著《张伯驹集》，上海古籍出版社，2013 年，第 601 页。

[3]《中国书法全集·苏轼卷》未收录。

《次辩才韵诗帖》

书于元祐五年十二月十九日，公元1091年1月11日。又名《过溪亭诗》《次韵辩才诗》《和辩才五古并序》《辩才五古并跋》。行书，纸本，纵29厘米，横47.9厘米。现藏台北故宫博物院。

《书和靖林处士诗后帖》

书于元祐四年到六年间，公元1089年—1091年。又名《宋林和靖诗卷》。行书，纸本，纵32厘米，横38.5厘米。现藏北京故宫博物院。

《跋挑耳图帖》

书于元祐六年，公元1091年。又名《王晋卿挑耳图跋》《王齐翰勘书图跋》《跋王齐翰勘书图帖》。行书，绢本，纵28.4厘米，横65.7厘米，现藏南京大学图书馆。

《祷雨帖》

元祐六年，公元1091年，书于颍州。又名《颍州祷雨纪事》《龙公神帖》。行书，纸本，纵29厘米，横120厘米。后流落日本，现为私人收藏。

《春中帖》

书于元祐七年七月廿六日，公元1092年8月31日。又名《与德孺运使书》。行书，纸本，纵28.2厘米，横43.1厘米。徐邦达认为该帖是元丰七八年间（1084—1085），写给范纯粹（字德孺）的书信[1]；水赉佑认为约书于元祐七年（1092）[2]；孔凡礼在《苏

[1] 徐邦达：《古书画过眼要录》，第235—236页。
[2] 水赉佑编《苏轼书法史料集》，第1476页。

轼年谱》中则记为该函写于绍圣二年（1095），收信人为苏轼表弟程之元（字德孺）[1]。现藏北京故宫博物院。

《李白仙诗卷》

书于元祐八年七月十日，公元 1093 年 8 月 4 日。又名《丹元诗》《太白仙诗》《李太白诗卷帖》。行书，纸本，纵 34.4 厘米，横 106 厘米。现藏日本大阪市立美术馆。

《南轩梦语帖》

书于元祐八年八月十一日，公元 1093 年 9 月 4 日。行书，纸本，纵 28.7 厘米，横 28.9 厘米。现藏台北故宫博物院。

《尊丈帖》

书于元祐八年，公元1093年。又名《作书帖》《致杜氏五札（其五）》。行书，纸本，纵 26.1 厘米，横 18.9 厘米。现藏台北故宫博物院。

《洞庭春色赋·中山松醪赋合卷》

书于绍圣元年闰四月廿一日，公元 1094 年 6 月 6 日。又名《洞庭·中山二赋卷帖》《苏轼二赋》。行书，纸本，纵 28.3 厘米，横 306.3 厘米。现藏吉林省博物院。

《令子帖》

书于绍圣元年，公元 1094 年。又名《令子所示帖》《致杜氏五札（其四）》。行书，纸本，纵 30.3 厘米，横 25.6 厘米。现藏台北故宫博物院。

---

[1] 孔凡礼：《苏轼年谱》，北京：中华书局，2005 年，第 1206 页。

《游白水山佛迹寺卷》

书于绍圣二年三月四日，公元 1095 年 4 月 10 日。传元朝时期流入朝鲜。行书，纵 50 厘米，横 360 厘米，真伪待考。原为书法家柳熙刚收藏，现藏韩国成均馆大学博物馆。[1]

《东坡居士养生论》（存疑）

书于绍圣二年四月八日，公元 1095 年 5 月 14 日。行书，纸本，尺寸不详，藏处未知。

《归去来兮辞》

书于绍圣三年，公元 1096 年。又名《归去来兮辞卷》。楷书，纸本，纵 32 厘米，横 181.8 厘米。现藏台北故宫博物院。

《致南圭使君帖》

书于绍圣三年十月一日，公元 1096 年 10 月 19 日。又名《贺南圭帖》。行楷书，纸本，纵 26.1 厘米，横 20.9 厘米。现藏于台北故宫博物院。

《行书题李公麟三马图残卷》[2]

书于绍圣四年三月十四日，公元 1097 年 4 月 28 日。行楷书，纸本，尺寸未知。1945 年，伪满洲国长春"小白楼事件"中，该卷被士兵撕毁。香港陈光甫得到残画一马及苏轼题跋的前半部分，后半部分现藏北京故宫博物院。[3]

---

[1] 高江涛供稿。
[2]《中国书法全集·苏轼卷》《苏轼书法史料集》，以及孔凡礼著《苏轼年谱》均未收录。
[3] 杨仁恺：《中国古代书画过眼录》，第 153 页。

《渡海帖》

书于元符三年六月十三日，公元 1100 年 7 月 21 日。又名《梦得帖》《与梦得秘校书》《致梦得秘校尺牍》。行书，纸本，纵 40.2 厘米，横 28.6 厘米。现藏台北故宫博物院。

《答谢民师论文帖》

书于元符三年十一月五日，公元 1100 年 12 月 7 日。又名《与民师句怅推官书》《民师帖》。行书，纸本，纵 27 厘米，横 96.5 厘米。现藏上海博物馆。

《西湖诗卷》[1]（存疑）

约书于元符三年，公元 1100 年。纵 30.3 厘米，横 328 厘米。现藏台北故宫博物院。[2]

《江上帖》

书于建中靖国元年四月二十八日，公元 1101 年 5 月 27 日。又名《致知县朝奉尺牍》《知县朝奉礼》《世契帖》。行书，纸本，纵 30.3 厘米，横 30.5 厘米。现藏台北故宫博物院。

《致若虚总管帖》

创作年代不详。又名《与若虚帖》《与若虚总管书》。行书，纸本，纵 34.1 厘米，横 48.9 厘米。现藏台北故宫博物院。

---

[1]《中国书法全集·苏轼卷》《古书画过眼要录》均未收录。
[2] 金梁：《盛京故宫书画录》，第 43—45 页。

《书怀素自叙帖》（传）

创作年代不详。楷书，纸本，尺寸未知。晚清学者张伯英认为是赝品。[1]现藏于日本东京国立博物馆。

《中山松醪赋》（传）[2]

创作年代不详。纸本，纵27.33厘米，横200厘米。现藏台北故宫博物院。[3]

《乞居常州奏状》（存疑）

创作年代不详，尺寸不详。明朝文徵明在《御书颂》后有跋："《乞居常州奏状》虽小楷淳古，而剥蚀处多，如《赤壁赋》，则前缺数行。"[4]鉴定家杨仁恺曾于1957年得见于上海博物馆，并记："楷书元祐后状。后有南宋人、李东阳、沈、文、董诸题。"[5]苏州过云楼主人顾文彬旧藏，民国有正书局印行。

---

［1］水赍佑编《苏轼书法史料集》，第1475页。

［2］《石渠宝笈三编》均未收录。

［3］金梁：《盛京故宫书画录》，第36—37页。

［4］薛永年、王连起总主编《石渠宝笈：故宫博物院藏清内府抄本合编（全40册）》，2014年，第808页。

［5］杨仁恺：《中国古代书画过眼录》，第172页。

绘画

《雨竹》（传）

作于元丰三年，公元1080年。纵28.8厘米，横42.8厘米。现藏台北故宫博物院。

《墨竹图轴》（传）

作于绍圣元年，公元1094年。纸本，水墨，纵54.3厘米，横33厘米。现藏纽约大都会博物馆。

《潇湘竹石图》

创作年代不详。绢本，墨笔，纵28厘米，横105.6厘米，现藏中国美术馆。杨仁恺认为："此卷为白隆平旧藏，徐邦达认为不真，谢稚柳和我则认为真品。白隆平曾携往上海文管会，未成交。又前往北京找张珩，张因公外出未归，未能见面。转送故宫博物院，众人未看好，于是由邓拓收藏。后来我与张珩谈及此画，张表示不当看假。"[1]

《枯木怪石图》

创作年代不详。又名《木石图》。纸本，墨笔，纵26.5厘米，横50.5厘米。鉴定家张珩认为是真迹，他在鉴定笔记中说：

纸本墨画，无款，前作枯木一株，树干扭屈（曲），上出二枝……树根小草，作随风披拂状，中间较大者，上偃如巨然法，树后巨石……此图纯以笔墨趣味胜，若以法度揆之，则失矣。此卷方雨楼从济宁购得后乃入白坚手，余曾许以九千金，坚不允，寻

---

[1] 杨仁恺：《中国古代书画鉴定笔记》，沈阳：辽宁人民出版社，2015年，第79页。

携去日本，阿部氏以万余得去。[1]

徐邦达认为《枯木怪石图》为苏轼唯一传世绘画真迹。他在《古书画过眼要录》中有如下记述：

东坡以书法余事作画，此图树石以枯笔为勾皴，不拘泥于形似。小竹出石旁，萧疏几笔，亦不甚作意。图赠冯道士，其人无考。冯示刘良佐，良佐为题诗后接纸上。更后米芾书和韵诗，以尖笔作字，锋芒毕露，均为真迹无疑。书画纸接缝处，有南宋王厚之顺伯钤印。苏画传世真迹，仅见此一件。[2]

《枯木怪石图》曾为白隆平旧藏，在民国时期流入日本，为阿部房次郎家族收藏。2018年，《枯木怪石图》在香港佳士得公开拍卖，现归杭州私人收藏。

《偃松图》（传）

创作年代不详。纸本，墨笔，纵31.66厘米，横93.66厘米。徐邦达在《苏轼〈偃松图〉卷与〈古柏图〉卷》一文中认为："按此图笔法劲力，是南宋行家之作。"[3] 杨仁恺认为：此卷中，元人与明清题跋皆真，以为南宋人所作。可以于比较中发现，运笔构图多少存在差异。经一再研究，似不应属于苏氏原作，乃元、明人临本。[4]《偃松图》曾收录《石渠宝笈初编》。据徐邦达介绍，该作品曾为北京赵氏旧藏，现为杭州私人收藏。

《枯木竹石图》（传）

创作年代不详。纸本，纵23.4厘米，横50.9厘米。与文同《墨竹图》

［1］张珩：《木雁斋书画鉴赏笔记》，北京：文物出版社，2014年，第70页。
［2］徐邦达：《古书画过眼要录》，北京：故宫出版社，2014年，第94页。
［3］徐邦达：《苏轼〈偃松图〉卷与〈古柏图〉卷》，《故宫博物院院刊》1992年第3期。
［4］杨仁恺：《中国古代书画鉴定笔记》，第9页。

合装一卷，现藏上海市博物馆。[1]

《墨竹图》团扇（传）

创作年代不详。绢本，水墨，20.3 厘米 × 21.3 厘米，现藏美国纽约大都会博物馆。

《古柏图》（传）

创作年代不详。素绢本，纵 53.33 厘米，横 89 厘米。《古柏图》曾收入《石渠宝笈汇编》，现藏北京故宫博物院。

---

[1] 夏玉琛：《记苏轼枯木竹石文同墨竹合卷》，《文物》1965 年第 8 期，第 24—28 页。

参考书目

一　专著类

1. 〔宋〕苏轼：《东坡志林》，万卷出版公司，2016年版。

2. 〔宋〕苏轼撰、孔凡礼点校《苏轼文集》，中华书局，2019年版。

3. 〔宋〕黄庭坚著、郑永晓整理《黄庭坚全集》，江西人民出版社，2011年版。

4. 〔宋〕陆游：《放翁题跋》，商务印书馆，1936年版。

5. 〔宋〕叶梦得撰、侯忠义点校《石林燕语》，中华书局，1984年版。

6. 〔清〕顾复撰、林虞生点校《平生壮观》，上海古籍出版社，2011年版。

7. 〔清〕刘藻编《曹州府志》，齐鲁书社，1988年版。

8. 中华书局编辑部编《二十四史·宋史》，中华书局，2000年版。

9. 〔清〕爱新觉罗·溥仪：《我的前半生（灰皮本）》，群众出版社，2011年版。

10. 徐继孺撰著、马存轩标点、曹县政协文史资料委员会编：《曹南文献录》，1997年版（自印本）。

11. 金梁撰、祁晨越点校《盛京故宫书画录》，浙江人民美术出版社，2014年版。

12. 吴湖帆：《吴湖帆文稿·醜簃日记》，中国美术学院出版社，2006年版。

13. 张珩：《木雁斋书画鉴赏笔记》，文物出版社，2014年版。

14. 张珩：《张葱玉日记·诗稿》，上海书画出版社，2011年版。

15. 郭立志编、启功审定《雍睦堂法书》，1942年版(自刊本)。

16. 徐邦达编著《古书画过眼要录（晋、隋唐、五代、宋书法）》，湖南美术出版社，1987年版。

17. 朱家溍：《故宫退食录》，北京出版社，1999年版。

18. 杨仁恺主编《中国书画》，上海古籍出版社，1990年版。

19. 杨仁恺：《国宝沉浮录》，辽宁人民出版社，2020年版。

20. 杨仁恺：《中国古代书画过眼录》，辽宁人民出版社，2019年版。

21. 杨仁恺：《中国古代书画鉴定笔记》，辽宁人民出版社，2014年版。

22. 单国强主编《中国美术史（明清至近代）》，中国人民大学出版社，2014年版。

23. 孔凡礼：《苏轼年谱》，中华书局，2005年版。

24. 王水照：《王水照说苏东坡》，中华书局，2015年版。

25. 王水照、崔铭：《欧阳修传》，人民文学出版社，2019年版。

26. 王水照、崔铭：《苏轼传》，人民文学出版社，2019年版。

27. 王水照、朱刚：《苏轼评传》，长江文艺出版社，2019年版。

28. 莫砺锋：《漫画东坡》，凤凰出版社，2008年版。

29. 薛永年、赵力、尚刚：《中国美术史（五代至宋元）》，中国人民大学出版社，2013年版。

30. 郑欣淼：《故宫与故宫学》，紫禁城出版社，2009年版。

31. 周笃文：《宋词》，上海古籍出版社，1980年版。

32. 林语堂：《苏东坡传》，湖南文艺出版社，2012年版。

33. 水赉佑：《苏轼书法史料集》，上海书画出版社，2017年版。

34. 曾枣庄：《苏轼论集》，巴蜀书社，2007年版。

35. 薛仲三、欧阳颐合编《两千年中西历对照表》，生活·读书·新知三联书店，1956年版。

36. 张志烈等主编《苏轼全集校注》，河北人民出版社，2010年版。

37. 郭茜：《苏东坡故事流变研究》，人民出版社，2018年版。

38. 颜中其编注《苏东坡轶事汇编》，岳麓书社，1984年版。

39. 卜寿珊著、皮佳佳译《心画：中国文人画五百年》，北京大学出版社，2017年版。

40. 朱良志：《南画十六观》，北京大学出版社，2013年版。

41. 朱良志：《顽石的风流》，中华书局，2016年版。

42. 祝勇：《在故宫寻找苏东坡》，湖南美术出版社，2017年版。

43. 刘正成：《中国书法全集第33卷·苏轼》，荣宝斋出版社，1991年版。

44. 台北故宫博物院编《品味故宫·书法之美》，香港商雅凯电脑语音有限公司台湾分公司，2013年版。

45. 故宫博物院编、王连起主编《宋苏轼新岁展庆人来得书二帖》，紫禁城出版社，2008年版。

46. 国立故宫博物院编辑委员会编辑《千禧年宋代文物大展》，国立故宫博物院，2014年版。

47. 范斌、马青云、薛帅杰：《湖州竹派与中国人文精神》，浙江大学出版社，2012年版。

48. 王文锋：《末代皇帝溥仪与国宝》，群众出版社，2015年版。

49. 阜阳市地方志编纂委员会编《阜阳市志》，黄山书社，1993年版。

50. 亓龙、王秋生、胡天生：《颍州西湖：历史与文化的研究》，中国文联出版社，2009年版。

51. 衣若芬：《书艺东坡》，上海古籍出版社，2019年版。

52. 李福顺编著《苏轼与书画文献集》，荣宝斋出版社，2008年版。

53. 李兴武：《欧阳修与颍州》，黄山书社，2003年版。

54. 徐娟主编《中国历代书画艺术论著·丛编墨缘汇观》，中国大百科全书出版社，1997年版。

55. 徐娟主编《中国历代书画艺术论著·丛编大观录》，中国大百科全书出版社，1997年版。

56. 冯超：《湖州竹派》，吉林美术出版社，2003年版。

57. 陶文鹏编著《一蓑烟雨任平生》，河南文艺出版社，2015年版。

58. 青云轩书画馆主编《苏轼黄州寒食帖》，浙江人民美术出版社，2016年版。

59. 青云轩书画馆主编《苏轼洞庭中山二赋》，浙江人民美术出版社，2016年版。

60. 罗威尔主编《知中·幸会！苏东坡》，中信出版社，2017年版。

61. 孔顼主编《苏轼 新岁展庆帖·人来得书帖》，吉林文史出版社，2016年版。

62. 周腊生：《宋代状元奇谈·宋代状元谱》，紫禁城出版社，1999年版。

63. 许礼平：《旧日风云》，牛津大学出版社，2013年版。

二　　期刊杂志

1. 王立翔主编《书法杂志》，2019年第11期（总362期）。

2. 朱培尔主编《中国书法》，2020年第01期（总369期）。

3. 刘楠楠：《易培基与故宫盗宝案》，《中国档案》，2014年06期。

4. 《1933年故宫盗宝案为冤案》，《中国拍卖》，2014年09期。

5. 赵振华、史家珍：《洛阳北宋富弼夫妇墓志研究》，《中原文物》，2009年01期。

6. 邓拓：《苏东坡潇湘竹石图卷题跋》，《人民画报》，1962年06期。

7. 徐邦达：《苏轼〈竹石图〉卷》，《故宫博物院院刊》，1992年04期。

8. 刘刚：《苏轼手书两赋卷收藏始末》，《吉林师范学院学报》，1984年02期。

9. 赵新：《苏轼"二赋"的鉴藏传奇浅谈——吉林省博物院藏〈洞庭春色赋〉和〈中山松醪赋〉流传始末》，《文物鉴定与鉴赏》，2016年08期。

10. 刘乃中：《关于苏东坡两赋手卷研究》，《图书馆学研究》，1984年01期。

11. 张斌：《眉山与栾城两个"苏味道墓"释疑》，《第23届中国苏轼学术研讨会论文集》，2019年版(自印本)。

12. 赵聆实：《清宫散佚书画问题再论—兼谈吉林省博物院藏清宫散佚书画的来源、特点》，《博物馆研究》，2013年第3期（总第123期）。

13. 张显辉：《从〈治平贴〉到〈寒食帖〉看苏轼书风的转变》，《书法赏评》，2018年04期。

14. 丘依依：《苏东坡书画理论及其影响探究》，《美与时代》（中旬刊）·美术学刊，2018年03期。

15. 杨曦：《苏轼〈题西湖诗卷〉辨伪》，《新国学》，2017年01期。

16. 曾枣庄：《东坡与酒》，《中国典籍与文化》，2009年03期。

17. 王英：《堤以姓传 人间天堂在苏堤 地因人杰 西湖风月属东坡——苏东坡与杭州、颍州、惠州西湖》，《机电兵船档案》，2006年04期。

18. 韩少玄：《苏轼〈偃松图〉卷赏析》，《名作欣赏》，2019年第21期。

19. 牛山僧：《北宋苏轼〈枯木怪石图〉流传佚闻》，《收藏家》，2018年第11期。

20. 段成桂：《苏轼〈洞庭春色赋〉〈中山松醪赋〉墨迹手卷》，《文物》，1983年06期。

三　报纸

1. 杨仁恺：《人间遗墨若南金——记邓拓原藏苏轼〈潇湘竹石图〉》，《光明日报》，1982
年1月3日第4版。

后　记

　　苏东坡是卓越的文学家、书画家和政治家。他的一生波澜壮阔，故事丰富多彩，无论在政治、文学、艺术上，还是在对待生活的态度上，都给后人留下了深入骨髓的影响。

　　在政途上，苏东坡的经历可谓跌宕起伏，他曾因犯颜直谏反对权贵而被一贬再贬，从黄州到惠州乃至荒凉偏僻的儋州，人生之路虽然充满艰辛坎坷，但苏东坡却始终以乐观豁达的态度坦然面对，展现出他超越个人悲哀和勇敢面对现实困境的精神风貌。在文学艺术方面，苏东坡的诗、文、书、画皆有卓越造诣，被誉为文艺全才。千百年来，其诗词文章广为传诵，其书画作品也广受赞誉，早已成为历代收藏家所追逐珍藏的对象。除了书画创作之外，他在书画理论和美学思想上也有重大贡献，是中国文人画的开拓者，也是北宋尚意书法的领军人物。总之，苏东坡以其深邃的思想、丰富的情感和独特的艺术风格，在中国艺术史上留下了浓墨重彩的一笔。他的书画作品不仅展示了一个时代的文化风貌，更跨越时空，给后人以深远的影响和启迪。

　　关于苏东坡研究，古已有之。尤其近代以来，更多的学人、作家深入挖掘历代史料，力争全方位来解读这位传奇人物，比如林语堂、李一冰、王水照、曾枣庄等人，均有内容翔实、考据严谨的传记或评传问世，这些作品均以东坡的人生轨迹为线索，从立德、立功、立言三不朽方面来描述他人生的波澜起伏和壮丽多彩。我由于从事艺术史研究，多年以来就设想要从艺术的角度出发，以东坡遗留下来的珍贵书画为线索，来叙述研读他的水墨人生。庚子三月，我曾在央视《百家讲坛》讲读《翰墨风雅苏东坡》，期间因疫情防控，很多考察设想都未能实现，比如当时设定的河南郏县拜谒三苏坟之行就因疫情防控而被迫取消。后来，历经种种艰辛，节目最终播出，图书也得以顺利出版，但爽约三苏坟的遗憾却久久不能释怀。

2023 年 7 月，在河南文艺出版社许华伟社长和刘晨芳副总编的精心安排下，我终于实现了到郏县拜谒东坡的夙愿。苏东坡生于四川眉州，身后却瘗骨两千里之外的河南郏县，中原大地也以宽博的胸怀来接纳这位终生漂泊的游子，郏县百姓也像对待自己的骨肉血亲一样精心守护着"三苏"父子。千百年来，虽历经朝代更迭，战火侵扰，陵园依然保存完好。当下传统文化复苏，东坡影像在郏县更是无处不在，时河南文艺出版社编辑崔晓旭先生和丁晓花女士一路陪同，话题自然离不开三苏。当游览到三苏园的东坡碑林时，面对着琳琅满墙的书法史料，丁晓花女士受到启发，建议我何不重新整理新发现的东坡书画史料，修订出版《翰墨风雅苏东坡》。就这样，受河南文艺出版社之邀，我校雠旧作，匡正谬误。检索历代典籍、公私收藏，把东坡传世作品按编年顺序整理、辑录而成《苏东坡传世法书绘画系年》，呈现其创作从生拙到炉火纯青的演变过程；悉心整理《石渠宝笈》中所收录的六十余件东坡书画史料为《苏东坡传世书画汇编》一册，以期全方位解读苏东坡的书画艺术和文人风骨。期间与丁晓花女士多次商酌推敲，最终将新书命名为《水墨东坡》。

《水墨东坡》得以顺利出版，首先感谢河南文艺出版社的青睐；感谢郏县的文史学者肖根胜先生和刘继增先生提供史料；感谢本书的出版人许华伟先生、策划刘晨芳女士、责编丁晓花女士和穆安庆先生的辛勤付出。尤其丁晓花女士，为本书的史料校订和版面设计不厌其烦，再三斟酌，才使拙作得以较完美的形象呈现给大家。

文扬四海名驰六合长恨此身非我有；
历经五帝宦游九州一蓑烟雨任平生。

　　这是我多年研读苏东坡后所拟的一副长联，在此谨以拙联，祝福东坡文化，源远流长；东坡精神，光耀千古！

甲辰初伏于京华小苔花馆竹窗谨记

图书在版编目(CIP)数据

水墨东坡 / 荣宏君著. --郑州:河南文艺出版社,
2024.10. -- ISBN 978-7-5559-1668-0

Ⅰ.K825.6

中国国家版本馆 CIP 数据核字第 20245K6L60 号

水墨东坡
SHUIMO DONGPO

出 版 人	许华伟
策划编辑	刘晨芳　丁晓花
责任编辑	穆安庆　丁晓花
书籍设计	Ⅲ 书籍/设计/工坊　刘运来工作室　徐胜男
责任校对	樊亚星
责任印制	陈少强

出版发行	河南文艺出版社
社　　址	郑州市郑东新区祥盛街 27 号 C 座 5 楼
承印单位	郑州印之星印务有限公司
经销单位	新华书店
开　　本	787 毫米 × 1092 毫米　1/16
印　　张	24.25
字　　数	370 000
版　　次	2024 年 10 月第 1 版
印　　次	2024 年 10 月第 1 次印刷
定　　价	98.00 元

印厂地址　郑州市高新区冬青西街 101 号

邮政编码　450000　　电话　0371-63330696

水墨东坡·苏东坡传世书画汇编

荣宏君　编

苏东坡传世书画汇编[1]

[1] 本编所收录苏轼书画作品全部引自清张照等编《石渠宝笈》（四十四卷）。见薛永年、王连起总主编《石渠宝笈：故宫博物院清内府抄本合编（全40册）》，故宫出版社、江西美术出版社联合出版，2014年版。

宋名贤宝翰一册 〔上等〕 天一 贮乾清宫[1]

宋笺本,凡十九幅。[2]

第一幅,苏轼尺牍,行书,前有"长安"印一,又"州印""镇字""开国""李氏""图书"诸半印。后有"杭州通判之印""嘉兴府印""华阳山房""成纪李氏""南阳侯孙""李君实鉴定""三桂图书"诸印。中幅有"留侯之裔""三不惑斋之印""张子季镇"诸印。幅高八寸六分,广一尺二寸四分。

第二幅,苏轼诗帖,行楷书,自署"次韵王晋卿送梅花一首"十字,款识云:

> 仆去黄州五周岁矣,饮食梦寐,未尝忘之。方请江湖一郡,书
>
> 此一诗,寄王文父、子辩兄弟,亦请一示李乐道也。

前有"严泽之印""长安"二印,又"鼎元"半印一,后有"道普",有"明王氏图书之印",有"明文靖世家图书"三印。中幅有"潘氏"印一,又二印不可识。幅高八寸二分,广一尺八寸一分。

---

[1] 薛永年、王连起总主编《石渠宝笈:故宫博物院藏清内府抄本合编(全40册)》,南昌:江西美术出版社;北京:故宫出版社,2014年,第71页。

[2] 第三幅黄庭坚尺牍,行楷;第四幅黄庭坚诗帖,行楷书;第五幅黄庭坚尺牍,行书;第六幅黄庭坚诗话,行楷书;第七幅黄庭坚跋语,行楷;第八幅黄庭坚尺牍,行书;第九幅黄庭坚尺牍,行书;第十幅黄庭坚尺牍,行楷;第十一幅米芾跋语,行楷书;第十二幅米芾尺牍,行书;第十三幅米芾跋语,行书;第十四幅米芾尺牍,行书;第十五幅蔡襄尺牍,行草;第十六幅蔡襄尺牍,行书;第十七幅李建中尺牍,行书;第十八幅李建中尺牍,楷书;第十九幅李建中尺牍,行书。

宋苏轼《春帖子词》一卷 〔上等〕 元一 贮乾清宫[1]

素笺本，楷书。卷首自识云：

> 元祐三年春帖子词，翰林学士臣苏轼进（有贡泰父氏、似道二
> 印，又政和连玺，缺其半）。

卷后又识云：

> 二年十二月五日进，后四日书，以示裴维甫，轼。

下有"子瞻"一印，后有"宣文阁鉴书画博士印""圭斋汲古""揭奚斯印""秋
壑"诸印；又"虞雍"半印，拖尾林存端跋云：

> 公以元祐元年九月丁卯为翰林学士，二年秋兼侍读，此帖乃
> 十二月五日进也，时中外之局面方更，诸贤之根脚未固，公忧
> 治危明，惕焉不能一朝安，故虽文艺间，亦不忘规饬之意，如
> 忧民受降克己读书等语，真有得于主文谲谏之义，或谓公之文
> 俳优纵横，可乎？汉儒靡丽之词，劝百而讽一，君子犹少之。
> 唐燕许以大手笔日侍清燕，徒能铺张封禅朝觐之盛，规戒何有
> 哉，使其闻公之诗，当愧死矣。淳祐三年夏五合沙林存端拜书
> 于东淮制幕。

又李曾伯跋云：

> 玉堂中著此老，当此时为此诗，而犹有忧民未解颜之语。猗欤

---

[1]薛永年、王连起总主编《石渠宝笈：故宫博物院藏清内府抄本合编（全40册）》，第129页。

盛哉，淳祐改元二月既望，御亭李曾伯。

又邓文原跋云：

> 右苏文忠公拟进春帖子副本，为真迹无疑，至于忧爱恳切，词
> 寓规儆，读者犹可想见其风节。按公以元祐元年十一月擢居词
> 林，距今才一载，已为群邪攻诋，明年上疏乞外补，又明年出
> 守杭州，自古君子小人消长之际，可以观世变矣。元祐之为绍
> 圣，良有以夫，延祐改元七月十又一日，蜀后学邓文元谨题。

又龚璛跋云：

> 好学神孙类祖宗，又安知他日绍圣之误乎？今观春帖，却思宣
> 仁社饭语，至今使人悲。此卷乃税巽父家物。巽父学于鹤山先
> 生魏文靖公，有师友雅言行于世，并记诸此云。延祐丁巳季春
> 廿三日高邮龚璛书。

又仇远跋云：

> 殿阁位次，春帖自欧公、涑水之后，惟有坡老因颂寓规，不但
> 求工乐府而已。坡老欲以秦郎供帖子，岂非以其才调宜用于此
> 耶。少游不历此官，莫知工拙，周美成亦有才思者，代内制春
> 帖子三十首，率平平无奇。及读杨廷秀诗云："玉堂着句转春
> 风，诸老从前亦寓忠。谁为君王供帖子，丁宁绮语不须工。"
> 刘潜夫尝充爆直，恨不得当笔措词以续古人，使果杨刘为之，
> 又不知能如坡否，若徒缉绮丽谀说之词，则在太白清平乐王建
> 和凝官词下风矣。予曩年在道官见一本，文虽完而字颇肥，不
> 及此轴远甚，噫，元祐往矣，咸淳而后，不见春帖者四五十年矣，
> 黄金台下，白玉堂中，今挥翰手代不乏人，太平典故，行当拭
> 目，钱塘淳祐遗民仇远谨书。时与四明臧仁长、僧本畅同观。

诸跋前押缝，有"长字"一印。卷高八寸四分，广五尺五寸六分，引首
御题"玉局风华"四大字。款云：

> 乾隆御笔。

上有"勤学好问""乾隆宸翰"二玺，前有"观书为乐"一玺，御笔题签，
签上有"几暇怡情""天府珍藏""乾隆宸翰"三玺。

宋苏轼书《满庭芳》词一轴 〔次等〕
天一　贮乾清宫[1]

素绢本，大楷书。款识云：

　　调中吕，满庭芳，元祐六年十月二日，眉山苏轼书。

边幅有匪懈堂[2]跋一。

又张英、励杜讷、胡会恩、史夔、顾藻、孙岳颁、张廷瓒、陆肯堂、强国忠、叶长芷诸跋。

---

[1]薛永年、王连起总主编《石渠宝笈：故宫博物院藏清内府抄本合编（全40册）》，第205页。
[2]匪懈堂原为朝鲜王族安平大君书斋号。安平大君，原名李瑢（1418—1453），朝鲜王族，书法家，收藏鉴赏家，号琅玕居士，有《匪懈堂集古帖》传世。

宋人笺牍一册　　〔上等〕　　黄一　　贮养心殿[1]

素笺本，行楷书，凡十二幅。[2]

第二幅苏轼书，前有"曹溶秘玩""季振宜字诜兮号沧苇"二印，后有"曹溶鉴定书画印"一印。幅高八寸二分，广七寸六分。

第三幅苏轼书，后有"曹溶鉴定书画印""宋荦审定"二印，幅高八寸一分，广六寸五分。

第四幅苏轼书，前有"囷山真赏""希之"二印，后有二字未识。"太原兴祖""冲和之裔"二印。幅高一尺六分，广一尺五寸一分。

御笔题签，签上有"天府珍藏""乾隆御赏之宝"二玺。

---

[1]薛永年、王连起总主编《石渠宝笈：故宫博物院藏清内府抄本合编（全40册）》，第265页。
[2]第一幅徐铉书，第五幅米芾书，第六幅、第七幅俱沈辽书，第八幅孙觌书，第九幅吕公绰书，第十幅、第十一幅张孝伯书，第十二幅霍端友书。

宋诸名家墨宝一册　〔上等〕　宇一　贮养心殿[1]

素笺本，凡十九幅。[2]

第六幅，苏轼尺牍，行书。前有"清容斋"一印，又"鼎元"半印；后有"有明王氏图书之印""樊阁"二印，又半印不可识，后押缝有"大观"一印。幅高八寸一分，广九寸二分。

第七幅苏轼尺牍，行书，前有"仇远""神品""毛九畴氏""南阳家藏""项叔子""墨林""项季子章"诸印，后有"子孙永保""宫保世家""陈定书印""陈定平生真赏"诸印，前押缝有"大观"一印。

御笔题签，签上有"乾隆御赏之宝"一玺。

---

[1]薛永年、王连起总主编《石渠宝笈：故宫博物院藏清内府抄本合编（全40册）》，第267页。
[2]第一幅，杜衍尺牍，行草书；第二幅，范仲淹尺牍，行楷书；第三幅，欧阳修付书局帖，行楷书；第四幅，欧阳修付书局帖，十八字，行书；第五幅，蔡襄尺牍，行草书；第八幅，邵鱼尺牍，行草书；第九幅，王巩尺牍，行书；第十幅，黄庭坚尺牍，行楷书；第十一幅，黄庭坚尺牍，行书；第十二幅，米芾尺牍，行书；第十三幅，米友仁尺牍，行书；第十四幅，薛绍彭尺牍，行书；第十五幅，蔡京尺牍，行书；第十六幅，吴说尺牍，行书；第十七幅，虞允文尺牍，行书；第十八幅，范成大尺牍，草书；第十九幅，陆游尺牍，行草书。

宋苏轼书《楚辞》一册 〔上等〕
宙一 贮养心殿[1]

素笺本,行书,款署"轼"字,下有"眉阳苏轼"一印。首幅前有"梅雪轩""伯生"二印,又"品"字半印。后副页刘沔跋云:

> 东坡先生书《楚辞》,乃黄州时书,人多购晚年书,先生晚年字画老劲雄放。元丰中作字华丽工妙,后生不见前作,往往便谓赝本。先生昔与犹子书论作文,教其师法应制时文章,且曰:"至于书字亦然也!"
>
> 松年自早岁尊慕先生,家藏先生之文甚富。近年购先生之书尤多,独此,乃先生旧所书耳,信可宝也!宣和四年二月八日刘沔书。

又张琏跋云:

> 先生每论《楚辞》下《风雅》一等,至鲜于子骏所作,且叹称之况《九歌》《九辩》乎!笔墨之咏歌之,尚何疑?

晋国张琏又跋云:

> 渊于书不识真赝,独识此书,为先生真迹,三叹!三叹!

后有"澄心馆"一印,又记语云:

> 倪尝借观于永康得助堂,上月中澣日倪书(二跋姓氏俱未详)。

册计二十幅,幅高八寸,广四寸五分。
御笔题签,签上有"乾隆宸翰"一玺。

---

[1]薛永年、王连起总主编《石渠宝笈:故宫博物院藏清内府抄本合编(全40册)》,第269页。

宋蔡苏黄米四家书一册　　〔次等〕　　地一　　贮养心殿[1]

宋笺本，第三幅、第四幅、第五幅俱苏轼尺牍。[2]

---

［1］薛永年、王连起总主编《石渠宝笈：故宫博物院藏清内府抄本合编（全40册）》，第291页。

［2］第一幅、第二幅俱蔡襄尺牍；第六幅，黄庭坚诗帖，无款；第七幅，米芾尺牍；第八幅，米芾诗帖。俱行草书。

历代名绘一册 〔次等〕 天一 贮养心殿[1]

0 1 1

凡三十一幅，第九幅，素笺本，墨竹，款署"轼"字。[2]

---

[1] 薛永年、王连起总主编《石渠宝笈：故宫博物院藏清内府抄本合编（全40册）》，第307—308页。

[2] 第一幅，素绢本，着色画《溪桥暮雪》，款署"太原王维"。第二幅，素笺本，着色画《秋江渔棹》，未署款，有"郑虔秋江渔棹"六字，上钤"御书"一玺，盖宋徽宗笔也。第三幅，素绢本，着色画《牧牛图》，款署"韩滉"。第四幅，素笺本，墨画《层峦茂树》，款署"僧巨然"。第五幅，素笺本，墨画《秋林苑屋》，款署"咸熙李成"。第六幅，素笺本，着色画《丹岩翠岫》，款署"杨升"。第七幅，素笺本，白描《画马》，未署款，有"龙眠居士"一印。第八幅，素笺本，墨画《乔松叠嶂》，款署"贯道"。第十幅，素笺本，墨画《松下观泉》，款署"燕文贵"。第十一幅，素绢本，着色画《渔家乐事》，款署"陈居中"。第十二幅，素笺本，着色画《翠岭丹枫》，款署"赵伯骕"。第十三幅，素绢本，着色画《池亭秋色》，款署"马远"。第十四幅，素绢本，墨画《花鸟》，款署"李迪"。第十五幅，素绢本，着色画，款云"水村图，大年作"。第十六幅，素绢本，着色画《江山行旅》，款识"延祐五年九月既望画于大都寓舍，子昂"。第十七幅，素笺本，白描画《观马图》，款署"子昂"。第十八幅，素绢本，着色画《秋林读书》，款署"仲穆"。第十九幅，素笺本，墨画《枯木竹石》，款字残缺，存"十四年为常征君云林子赟"十一字。第二十幅，素绢本，着色画《雪山归雁》，款云"高克明制"。第二十一幅，素笺本，墨画《乔柯亭子》，款识云"懒窝道人为彬之作，至正甲午"，下有"云西"一印。第二十二幅，素笺本，墨画《溪山雨意》，款云"梅道人戏墨"。第二十三幅，素笺本，墨画《古木寒鸦》，款署"丹邱柯九思"。第二十四幅，素绢本，墨画《花鸟》，款署"若水王渊"。第二十五幅，素笺本，墨画篆书，款识云"至正九年十月，为晋斋，画溪山馆图，黄鹤山人王蒙"。第二十六幅，素笺本，墨画《松崖楼阁》，款云"黄鹤山中人王蒙为仲方县尹尊亲作"。第二十七幅，素笺本，墨画《溪山深远》，款识云"至正庚（缺）正月二日，大痴老人作"。第二十八幅，素笺本，着色画，款云"雷溪捕鱼图，朱泽民"。第二十九幅，素笺本，墨画《疏林茅屋》，款识云："至正二年夏五月作，唐棣子华"。第三十幅，素笺本，墨画《山溪渔艇》，款识云"至正辛丑为溥泉写，郑禧"。第三十一幅，素笺本，墨画《松壑流泉》，未署款，有"刘静修"一印。

宋苏轼自书诗帖一卷 　〔上等〕　日一　贮养心殿[1]

素笺本，行书七言古诗一首。款识云：

> 元祐元年二月廿三日醉书。

下有"赵郡苏氏"一印，又"卞永誉印""式古堂书画"二印，又一印不可识。

卷末李瀺跋云：

> 用笔之妙，如出镌刻。富家大族，非贫窭所致，徒羞缩耳，舒
> 城李瀺观，元祐二年十二月晦。

卷前有"式古堂书画""卞令之鉴定"二印，后有"罗字""凤寿""河中张氏懒云窝珍藏"三印，前隔水有"颛庵真赏印"一印，后隔水押缝有"令之清玩"一印，"式古堂"印二。

拖尾万金跋云：

> 右军兰亭，醉时书也。东坡答钱穆父诗，其后亦题曰醉书，较
> 之常所见帖，大相远矣，岂醉者神全？故挥洒纵横，不用意于
> 布置，而得天成之妙欤。不然则兰亭之传，何其独盛也如此。
> 至正二十年，岁在庚子五月望日，吴郡万金题。

---

[1] 薛永年、王连起总主编《石渠宝笈：故宫博物院藏清内府抄本合编（全40册）》，第347—349页。

前有"直指堂"一印。

又郑采跋云：

余尝读苏公诗至数十篇，怪其语率，遂不读而止。今观公自书答钱穆父诗，其韵度颇类太白，故知公之作，如天地之生物。妍丑精粗，洪纤高下，随物赋形耳。是以深愧往者之谬，将复取公全帙而尽读之。苟有所得，其是诗之功耶。若谓其书为何如，余素不善书，非所敢论也。昆阳郑采。

又僧清欲跋云：

东坡先生，道德揭日月，忠义贯天地，文章翰墨，虽高出千古，特其绪余耳。昔苏颖滨与真净、文圣、寿聪三公，会于高安。夜二鼓同梦接五祖戒禅师，诘朝而公适至，从而感悟。故南华诗曰：我本修行人，三世积精炼。中间一念失，受此百年谴。抠衣礼真相，感动泪雨霰。借师卓锡泉，洗我绮语砚。予观古今贤士夫，鲜有不自僧中来者。但隔阴都忘却，翻转面皮，未始不与吾教作仇敌。吁兹何图耶，求如公之悔过自责者，能复几人。今观答钱穆父长句，酒酣落笔，愈觉端谨，以是知公平生造次颠沛，确乎大节不可拔也。天台碧剑泉，宝袭久之。俾予着语，因撮其梗概云。至正廿年夏六，南堂遗老清欲。

后有"仙客""卞令之鉴定"二印。

又刘堪跋云：

堪年十五六时，手抄坡翁文若诗，因得诵是诗，已知富丽精妙，为可爱也。今剑泉师持翁书是诗墨迹以示堪，则书体雄健放逸，又为可爱，堪追念诵诗时，已三十年。三十年间，诗翰皆不能学乎古人而少进焉。观翁诗翰之兼美，独无所愧乎哉。彭城刘堪谨书。

又，僧梵琦跋云：

此诗见东坡集中，纸尾题"元祐元年二月廿三日醉书"十一字。

以年谱较之，元丰九年，丙寅改元祐元年，公以七品服侍延和改赐银绯，二月迁中书舍人，寻除翰林学士。送陈睦知潭州起句曰："华清缥渺浮高栋，上有缬林藏石瓷。"凡十韵末句曰："湖南万古一长嗟，代与骚人发嘲弄。"集曰：用前韵答西掖诸公见和，今题为钱穆父借韵见和，盖未编次时书也。细观字画，真醉时所作。黄太史跋坡字甚多，云东坡道人少日学兰亭，故其书姿媚似徐季海。至酒酣放浪，意忘工拙。字特瘦劲，乃似柳诚悬。中岁学颜鲁公、杨风子，合处不减李北海。又云，高述、潘岐皆能赝作东坡书。其论坡字如此，真赝岂可掩耶？固当与识真者详辨耳。至正廿六年新春日，楚石道人梵琦。

又，张弼跋云：

此卷兵部武选郎中新昌俞振恭先生之所藏也。前辈尝评东坡书云："温润丰腴，如纯绵裹铁。"观此信然。学之者宁失其绵，要得其铁，乃可耳。成化三年丁亥七月四日，雨霁新凉，展阅数过，遂书。寅末，华亭张弼识。

后有"真率斋赏鉴""令之""卞永誉印""式古堂书画之印"诸印。

又王显祚跋云：

顺治己丑元日，西安藩司署中观。是日微雪初晴，显祚。

最后有"万历五年春日吴郡汤少林重装"记语十三字。
押缝有"式古堂印"凡四。卷高七寸四分，广三尺六寸四分。引首御题"玉局风流"四大字，后有"几暇鉴赏之玺""乾隆宸翰"二玺。御笔题签，签上有"乾隆宸翰"一玺。

宋苏轼书《天庆观乳泉赋》一卷　〔上等〕
天二　贮养心殿[1]

素笺本，楷书。卷后自识云：

　　庚辰岁七月十三日书。

未署名，后有"张子留侯之裔""三不惑斋之印""季镇""广川开国""成纪李氏""华阳""檇李李氏鹤梦轩珍藏记""苍岩子""蕉林居士""提举淮南东路常平（二字漫漶）之印""淮南东路转运副使印""日华""李君实鉴定""泰安州印"诸印。

后李心传跋云：

　　赵京兆所藏此轴，奇伟特甚。以岁月验之，盖苏公元符北归所书也。时方厄于章、蔡之余，而人之贵重如此，岂待百年而后定耶？若夫笔老墨秀，挟海上风涛之气。以平生所见论之，当为海内苏书第一。绍定癸巳岁九月七日，陵阳李心传谨书。

后有"成纪李氏"一印。

又王遂题云：

　　天一生兮上浮，羽人俟兮丹邱，溯儋耳兮东注，夹昆仑兮倒流。
　　嘉熙三年四月旦，王遂题。

---

[1] 薛永年、王连起总主编《石渠宝笈：故宫博物院藏清内府抄本合编（全40册）》，第349—352页。

后有"李肇亨印""醉鸥"二印。

又记语云：

> 尤焴、刘厚南、蔡抗、林希逸、王璞、赵时焕、高斯得、徐霖，
> 同观于道山堂，淳祐丙午季夏望日。

后有"梁清标印""蕉林玉立氏图书"二印。又"李肇亨印""檇李李氏鹤梦轩珍藏记""季镇""广川开国""成纪李氏"诸印。前隔水有"蕉林书屋""苍岩子""棠村审定"诸印。

拖尾尤焴跋云：

> 此卷旧藏雪川向泽民家，泽民以遗施武子，甲戌岁同醉白记归三桂。晦夫姓欧阳，梅圣俞尝有诗赠之，作八分体，东坡跋数语于后。今亦藏向氏云。端平丙申暮春朔，锡麓尤焴。

又王亚夫题云：

> 苏公早闻道，文章乃其戏。乳泉出重海，作赋聊纪异。玉池咽中夜，挈瓶非小智。气者水之生，此语可深味。淳祐甲辰孟夏朔，岘山王亚夫书于西湖孤山之阳。

又陈仁玉题云：

> 坡翁谪海上，人传已仙去。道逢章子厚，遄复返尘路。至言恐世惊，犹闭乳泉赋。遥怜嵩山邱，千古不可驻。是日仙居陈仁玉同书后。

尤焴又题云：

> 万籁既寂，一气孔神。吸彼沆瀣，沃此肺膺。至阳之精，天一所生。钦哉此词，展也大成，焴。

又谢奕修跋云：

> 乳泉赋不待多赞，特恨此轴尚有余纸。安得起坡翁书满卷后耶，天台谢奕修书于西湖，淳祐甲辰首夏望后二日。

又孙子秀题云：

> 腥波暗天，浊浪翻日。蛟鼍元鼋，之所出没。有屹其岛，清泉
> 中发。静涵太虚，寒浸孤月。汲之无穷，元气所泄。古今正理，
> 不可泯灭。抑斯泉也，为斯人设，会稽孙子秀书。

后有"季镇""广川开国""成纪李氏""华阳"诸印。

又宋濂跋云：

> 苏长公以绍圣四年丁丑二月责授琼州别驾，安置儋州。六月渡
> 海，七月十三日至儋。侨寄城南，邻于天庆观，观有乳泉，故
> 公为援笔赋此。元符三年庚辰，公居儋已四年。会正月祐陵登
> 极，大赦天下。五月移公廉州，六月还琼，复渡海至廉。七月
> 又以皇长子生，国有大庆，迁舒州团练副使，量移永州。八月终，
> 方自廉启行，赋后题云，庚辰七月十三日书，则正在廉时也。
> 十一月行至英州，又复朝奉郎提举成都府玉局观，任便而居。
> 公遂度岭南还，明年为建中靖国元年辛巳。五月至毗陵。六月
> 因疾告老，以本官致仕。七月廿八日遂薨。公之书是赋时，年
> 已六十有五，距其薨，仅隔一岁，实为晚年之笔。李侍郎微之
> 谓其"笔老墨秀，挟海上风涛之气，当为海内苏书第一"，诚
> 知言也哉。
> 濂尝见漳水郎元奥跋公眉子石砚歌四十五字断简，谓曰：百阅
> 而弗之厌，使其见此，吾知其必日百拜而不止也。然公之薨未
> 几，辞翰皆为世大禁，而狗鼠之徒，如霍谨英辈，犹鸣吠不已。
> 磨划焚炳，无所不用其极。而斯卷无纤毫不完，岂公妙墨所在，
> 或有鬼物呵护之耶？金华宋濂谨书。

后有"蕉林秘玩""观其大略"二印。

又杨一清跋云：

> 是卷为苏书第一，前辈已有定论。其所著述，亦第一等议论也。
> 予渡清淮望第一山，盱眙陈质之出所藏相示。不图今日得数奇
> 观，非平生第一快事耶。弘治丙辰仲冬望后三日，陕西按察司

提学副使石淙杨一清。

最后李肇亨记云：

> 宋苏文忠公匹纸正书乳泉赋，与欧阳晦夫手书真迹，宋人题观
> 凡九段，明人题二段，崇祯己巳腊月得于甬里包氏，鹤梦轩宝
> 藏记。

下有"李肇亨""檇李李氏鹤梦轩珍藏记"二印。
诸跋中押缝"泰安州印"凡四，"杭州通判之印"一印，"成纪李氏"印二，
"华阳"一印。卷高九寸，广一丈一尺八寸。

宋苏轼书近作三篇一卷 〔上等〕
日三　贮养心殿[1]

素笺本，行楷书。

第一篇，黄庭内景经像赞。

第二篇，陆探微画狮子赞。

第三篇，韩干画马跋。款识云：

> 元丰二年端阳月书近作三篇，轼。

上钤"赵郡苏氏"一印，卷前有"天籁阁""西秦张瑛""项元汴印""姚豸""王英时彦""张觱审定"诸印。又"吴钟公""孙后人""图书""刘偁印""俊华"诸半印。卷后有"槜李项氏世家宝玩""退密""若水轩""墨林子""项笃寿印""柯敬仲氏""应龙私印""张觱审定""林彦章氏""黄宗豫氏"诸印。又"吴兴""少溪""项子乔氏""秋壑"诸半印。

卷中幅有"项子京氏""颜乐斋""项墨林鉴赏法书名画""六艺之圃""田畴耕耨"诸印。

拖尾有"天籁阁""项元汴印""项子京氏"三印。

卷高八寸五分，广四尺五寸五分。御笔题签，签上有"内府珍秘""乾隆宸翰"二玺。

---

[1]薛永年、王连起总主编《石渠宝笈：故宫博物院藏清内府抄本合编（全40册）》，第352页。

宋苏轼尺牍一卷 〔上等〕 日四 贮养心殿[1]

素笺本，行书，卷后有"子瞻"一印。拖尾董其昌跋云：

> 东坡先生此卷，乃海外书。不复作徐季海圆秀态，将以颜清臣
> 之劲、王僧虔之淡，收因结果。山谷所谓"挟以文章忠义之气，
> 当为宋朝第一者"不虚也，董其昌观因题。

卷高九寸一分，广二尺六寸九分。御笔题签，签上有"御赏""乾隆宸翰"
二玺。

---

[1]薛永年、王连起总主编《石渠宝笈：故宫博物院藏清内府抄本合编（全40册）》，第352页。

宋苏轼书陶诗一卷 〔次等〕 黄一 贮养心殿[1]

素笺本，大楷书。自识云：

> 绍圣乙亥中元日书陶渊明《饮酒》一首。

拖尾有俞君猷跋一。

———————

[1]薛永年、王连起总主编《石渠宝笈：故宫博物院藏清内府抄本合编（全40册）》，第364页。

宋苏轼书《颍州西湖月夜泛舟（听琴）》诗一卷

〔次等〕　黄二　贮养心殿[1]

素笺本，大楷书。款识云：

《颍州西湖月夜泛舟听琴》一首，东坡居士。

拖尾有王俊华、沈周、陈昌言诸跋。

---

[1]薛永年、王连起总主编《石渠宝笈：故宫博物院藏清内府抄本合编（全40册）》，第364页。

宋四家集册一册 〔上等〕 天一 贮重华宫[1]

素笺本，凡十幅。

第一幅、第二幅苏轼书。[2]

第一幅，行楷书，跋语一则，款识云：

元丰四年十一月廿一日，眉阳苏轼书。

幅前有"苏氏之印"一印，又"项元汴印"一印，后有"九如清玩""也园珍赏""天籁阁""项子京家珍藏""项墨林鉴赏章""彭城陈氏子子孙孙永宝"诸印。

幅高八寸六分，广一尺八寸九分。

第二幅，行书尺牍，后署：

轼，顿首再拜。

幅前有"天籁阁""青岩鉴藏""惟心净土""西畴耕耦""项元汴印""项墨林鉴赏章""润州笪重光鉴定印""笪在辛""笪重光印"诸印。后有"兆睿""青岩""江上外史""子孙世昌""山甫图籍""江上笪氏图书印""直指绣衣御史章""重光""陈定书印""陈定平生真赏"诸印。幅高八寸，

---

[1] 薛永年、王连起总主编《石渠宝笈：故宫博物院藏清内府抄本合编（全40册）》，第571—573页。

[2] 第三幅、第四幅黄庭坚书，第五幅至第七幅米芾书，第八幅至第十幅蔡襄书。

广九寸五分。^[1]

第二幅、第三幅、第六幅俱有"体元"一玺，第七幅又"体元"半玺、"圣祖仁皇帝"玺也。

[1] 其余作品为：第三幅，《山预帖》，无款，幅高九寸五分，广八寸三分；第四幅，行草书尺牍，后署"庭坚顿首"；第五幅，《值雨帖》，后署"芾皇（惶）恐顿首"；第六幅，《清和帖》，后署"芾顿首"，幅高八寸九分，广一尺二寸；第七幅，行草书尺牍，前署"芾顿首"，幅高一尺，广七寸九分；第八幅，行书尺牍，后署"襄上"，幅高八寸九分，广八寸八分；第九幅，行书尺牍，后署"襄顿首"，幅高九寸七分，广一尺三寸；第十幅，行书尺牍，后署"襄再拜"，幅高八寸二分，广一尺一寸。

宋苏轼自书二颂一卷 〔上等〕 天一 贮重华宫[1]

素笺本，行楷书。《石恪画维摩赞》《鱼枕冠颂》二篇。款识云：

　　仆在黄冈时，戏作此等语十数篇，渐复忘之。元祐三年八月廿
　　九日同僚早出，独坐玉堂，忽忆此二首，聊复录之。翰林学士
　　眉山苏轼记。

卷前有"张氏澹岩珍秘之印"半印，卷后有"柯九思"墨印一。又"柯
氏秘笈""袁通父氏""赵果正初""默庵""方虞杼基本初""越来
子图书记""虞集"诸印。又"张氏澹岩""三吴"半印二。前后隔水
俱有"徐氏珍玩""乾学"二印拖尾。

杜本跋云：

　　东坡先生之文之书，所谓如我按指，海印发光者也。《维摩
　　赞》[2]，其室中八万四千师子座，一一演说妙法，未能答此半偈。
　　《鱼枕颂》[3]，非镜灯光中所见世界耶。在近世唯邵庵道人与
　　之同，参杜本。

又，张雨跋云：

　　大慧与富公书曰，如是得与究竟相应，岂独于生死路上得，力

---

[1] 薛永年、王连起总主编《石渠宝笈：故宫博物院藏清内府抄本合编（全40册）》，第
646—647页。
[2]《石恪画维摩赞》。
[3]《鱼枕冠颂》。

异日再秉钧轴。致君于尧舜之上，如指诸掌耳。伏观苏公真书二颂，益信其为究竟，此所以为苏公欤。方外张雨。

又杨维祯跋云：

余读苏玉局在玉堂所写《维摩赞》《枕冠颂》[1]二首，而知是老游戏人间。世其所见卓然独立乎造是物者之表，虽东方曼倩号为滑稽之雄，岂能及哉。玉堂瘴海，一升一沉，世间以为利害祸福者，又岂足以入其舍哉，世以是老之学溺般若，而不知般若之学，不能出其文字之妙也。吁，维摩欲以无语现不二门，而是老欲以横说竖说现妙，謦语默虽殊，三昧一也。故会是法者，所至为玉堂净土。不然者，虽玉堂净土，恶海而已耳。至正三年冬十月朔，铁心道人识于钱塘湖上。

又王庆跋云：

盛宋称文章，苏翰林当一代之雄。然观其书奏，皆忠言谠议，深谋远虑，为国家世道计，岂居文章之下耶，及其鬼蜮之谤，横逆之加，朝玉堂，夕岭海，而公处之泰然，未尝以死生得失累于其心。是皆顺受之乎天也，岂真所谓有无幻化，深得于禅学者哉。所书《维摩赞》《枕冠颂》，自以为录其戏言，此又嬉笑怒骂之绪余耳。遗墨粲然，诚为世宝。后之观者，当与公书所撰《昌黎伯庙碑》[2]并参，庶无惑焉。巨鹿王庆百拜书。

卷高七寸七分，广六尺四寸九分。

---

[1]《石恪画维摩赞》《鱼枕冠颂》。
[2]《潮州昌黎伯韩文公庙碑》。

宋苏轼书《御书颂》一卷 〔上等〕
张一 贮御书房[1]

素笺本，楷书。款识云：

> 元丰七年九月十日，汝州团练副使本州安置，不得签书公事骑
> 都尉，臣苏轼谨书。

后有"赵郡苏氏"一印，卷前有"政和""宣和"二玺。又"绍兴"一玺（微缺）。
又半印，存"之印"二字。卷后有"政和""宣和""绍兴""内府图
书之印"四玺。又"困学斋""太行史氏""李琪家藏子子孙孙永为宝用"
诸印。又一印不可识。又一印缺其半，存"都书"二字。卷中幅有"酸斋""得
闲堂""子敬之章""思敬龙江邓文原印""王用臣家宝印"诸印拖尾。

何蓮跋云：

> 东坡先生翰墨精妙，自经崇宁大观焚毁之余，人间所藏盖一二
> 数也。至宣和间，内府复加搜访，一纸定直（值）万钱。而梁
> 师成以三百千取族人《英州石桥铭》，谭稹以五万钱辍沈元弼"月
> 林堂"榜名三字。至于幽人释子所藏，寸纸皆为利诱，尽归诸
> 贵近，及大卷轴输积天上。丙午年金人犯阙，轮运而往，疑海
> 南无一字之留也。建炎初，余于中贵任源家，见其所藏几二百
> 轴。佳者有径寸字书《宸奎阁记》，行书《南迁乞乘舟表》与《酒
> 子赋》而已。今见此卷《御书颂》，其合处不减颜平原。可谓

---

[1]薛永年、王连起总主编《石渠宝笈：故宫博物院藏清内府抄本合编（全40册）》，第
806—808页。

无上神妙。故山谷有云："本朝善书，自当推为第一。"数百年后，必有知余此论者，诚哉此言也。蓬学公书，迄今二十载，不能有毫末省似，更为惭惶久之。绍兴四年岁在甲寅相月八日，何蓬谨识。

前半印不可识，后有"春晖堂图书记""困学斋世藏真赏"诸印，又"陇西"半印。

又邓文原跋云：

坡翁《御书颂》，观其字画，乃规模颜平原者，真为墨宝。余虽鄙野所见无多，亦尝有数十帖，皆去款识，以遭元祐党祸，当时收藏家皆削去之。独此书庄重有余，款识俱全，可称完璧。善夫其宝诸，巴西邓文原。

又倪瓒跋云：

东坡与子由论书云："吾虽不善书，晓书莫如我。苟能通其意，常谓不学可。"故其子叔党跋公书云：吾先君子岂以书自名哉，特以其至大至刚之气发于胸中而应之以手，故不见有刻画妩媚。而端冕章甫，若有不可犯之色。少年喜"二王"书，中年喜颜鲁公，故时时有二家风度也。至正十三年冬十月，东海倪瓒。

又文徵明跋云：

长公书，余所见凡十余卷，而满意者寡。《养生论》，粉泽纸书；大草《千文》，乃黄蜡笺所写；《乞居常州奏状》，虽小楷淳古，而剥蚀处多。如《赤壁赋》则前缺数行，《宜春帖子》又中失一纸。其《寒食篇》《芙蓉城》诗与《九辩帖》，皆削去题名，都非长公完璧。惟伯时《三马图赞》《宸奎阁记》《烟江叠嶂歌》与此《御书颂》。可谓拔乎萃者矣。时正德庚辰修禊日，漫识于玉磬山房，长洲文徵明。

卷高七寸七分，广七尺七寸一分。

宋苏轼书《前赤壁赋》一卷　〔上等〕
张二　贮御书房[1]

素笺本，楷书。款识云：

> 轼，去岁作此赋，未尝轻出以示人。见者盖一二人而已，钦之有使至，求近文，遂亲书以寄。多难畏事，钦之爱我，必深藏之不出也。又有《后赤壁赋》，笔倦未能写，当俟后信。轼白。

卷前有"天籁阁""子孙永保""项元汴印""神品"诸印，又"山人""真赏""轩字全卿"半印四。卷后有"墨林子""寄傲""子孙永保""平生真赏""项墨林父秘笈之印""项子京印""项墨林鉴赏章"诸印。又"秋壑珍玩""秋壑""虚朗斋""墨林""从吾所好""项子京家珍藏""考古正今""墨林主人""神游心赏""项叔子""樵李""子孙世昌""项墨林印""樵李项氏世家宝玩""项元汴印""宫保世家""子孙保之""全卿珍赏""神品""苍岩子""长字"诸印。又"子京父印"二，又"全卿""墨林""寄傲"半印三。前押缝有："退密""桃里""墨林秘玩""项子京家珍藏"诸印。卷中幅押缝有"墨林"印二、"神品"印四、"项元汴印"二、"贾似道印"四、"子京"印二、"元汴"印三。又"若水轩""子京所藏""墨林山人"诸印。原卷缺三十六字，文徵明补书于前。另行小楷注云：

> 右系文待诏补三十六字。

前有"停云""文徵明印""衡山"诸印。前隔水有"苍岩子""蕉林居士"

---

[1] 薛永年、王连起总主编《石渠宝笈：故宫博物院藏清内府抄本合编（全40册）》，第808—809页。

二印，后隔水押缝有"河北棠邨""冶溪渔隐"二印。引首有"天籁阁"

一印，又"墨林山人""项叔子"二印，拖尾文徵明跋云：

> 右东坡先生亲书《赤壁赋》，前缺三行。谨按苏沧浪补自叙之
> 例，辄亦完之。夫沧浪之书，不下素师，而有极愧糠秕之谦。
> 徵明于东坡无能为役，而亦点污其前，愧罪又当何如哉。嘉靖
> 戊午至日后学文徵明题，时年八十有九。

又董其昌跋云：

> 东坡先生此赋，"楚骚"之一变，此书"兰亭"之一变也。宋
> 人文字俱以此为极则。与参参知所藏名迹虽多，知无能逾是矣。
> 万历辛丑携至灵岩村观，因题，董其昌。

后有"梁清标印""蕉林观其大略"诸印。又"文彭之印""寿承氏""停云""晤

言室印""文氏图书之印"诸印。卷高七寸五分，广七尺二寸五分。

宋苏轼书《归去来兮辞》一卷 〔上等〕
张三 贮御书房[1]

素笺本，行楷书，无款。有"东坡居士"一印。卷前有金书"苏文忠公书"五字。前有"西蜀""郭衢阶赏鉴"二印，下有"雨拜手往""郭亨父氏珍赏图书"二印。又"衢阶""亨父""珍秘""长公"半印四，卷后有"雨拜手往""郭衢阶印""蕉林梁氏书画之印"诸印。又"顾渚""顾氏""合同"半印三。又半印不可识。卷中幅押缝有"武林开国""珍玩"各二印，又二印不可识。前隔水有"古香书屋"一印，拖尾解缙跋云：

> 书之为艺，非他艺比也。历世圣贤重之，盖宣人文、施治化、述六经、应万事，经天纬地，不能外此。至百千万年日用而不可阙（缺）者，而岂他技艺之能比哉。是故自庖牺作书契，三皇五帝无不通于书者。世远不能得见其迹，古文尚书，与世传石刻，亦仿佛其万一，皆非谬恶者矣。周人善篆书，孔子为人作题扁大字，观阙里床前砚，延陵季子墓石可见已。汉晋唐宋帝王皆学书，汉光武、章帝、晋武帝、元帝、唐太宗、宋太宗、高宗，其尤也。当时臣庶多能书者，杜度、张芝、钟元常、王逸少、欧虞褚薛、颜柳苏黄米蔡其尤也。其悉工于书者，岂图为人观美哉。盖天之文，与地之文、人之文，一也。景星卿云，人皆仰之。精金羡玉，人皆宝之。谬恶之书，见者乱吐，覆瓿且不暇，何以垂世传远哉。余尝患世之不能书者，不自咎其拙恶，而以书为末技藉（借）口也。苏文忠公大节表著，文章妙

---

[1] 薛永年、王连起总主编《石渠宝笈：故宫博物院藏清内府抄本合编（全40册）》，第809—810页。

天下，其书师颜鲁公，规模淳厚，筋骨隐映，古意浑成，中藏
至巧，如周鼎秦钟，使人可爱，固可以破愚起懦于千百载之下。
今赵君景辉，既眈学古人书，于文忠公此纸。玩之不啻共璧，
书之所进，他日安知不与古人并传哉。余姑识此为之兆云。永
乐元年癸未九月十一日，翰林学士庐陵解缙书。

后有郭衢阶记语"此文锓在格古要论"八字。

下有"亨父"一印，又"玉堂学士印章""臣量""士雅"诸印。前有"子
孙世昌""郭亨父氏""永存珍秘"诸印。又一印不可识。又"严字""之
印""生亨父""木字""道人"诸半印。又半印不可识。又苏雨记云：

甲申长至，前侍御龚一清，宪佥苏雨，同观于内台署中。

又跋云：

此卷笔法遒劲飘逸，非长公不能作。予初观已殊奇之，及得江
州碑刻，细忆往阅，则布置结构，宛无二迹，益信此卷之真，
非后世临摹赝玉，希重值而货者比。然则江碑郭民部家藏卷，
其古今一符节欤。万历丙戌八月廿七日，予以楚兵宪入贺万寿，
得再一纵观，不胜欢赏。因书此以纪岁时，川东苏雨以时甫，
笔于郭亨父长安侨寓。

跋中押缝有"治书之印""心赏"二印。卷高一尺零三分，广五尺六寸九分。

宋苏轼《偃松图》一卷　〔上等〕　寒一　贮御书房[1]

033

素笺本，墨画，卷前款署"眉山苏轼"。下有"赵郡苏氏"一印。又"神奇""幻浮""项元汴印""墨林堂""香岩居士""沮溺之俦""项子京氏""檇李李氏鹤梦轩珍藏记"诸印。又"退密""元汴""放言"半印三。

卷后有"晴云书屋珍藏""神奇""李君实鉴定""世外法宝""田畴耕耨""项墨林监赏章""会心处""南华仙史""墨林项季子章""元汴之印""子京珍秘""鸳鸯湖长"诸印。

前隔水张照题云：

> 儋州翁去八百载，岁寒风味曾无改。写松自写松其心，与不传者展卷在。蛰龙不知真龙知，无声乐奏无言诗。重瞳回处和天倪，珠帘玉案松风吹。奉敕恭题苏轼《偃松图》，臣张照。

后隔水有"寄傲""项墨林父秘笈之印""檇李项氏世家宝玩"诸印。

押缝有"墨林懒叟""棱严精舍""平生真赏""桃花源里人家""有何不可""子京""墨林外史""项叔子""神游心赏"诸印。

引首有"天籁阁""宫保世家""墨林秘玩""子孙世昌"诸印。又"寄傲""项墨林父"半印二。拖尾张谦跋云：

> 苏文忠公当宋之盛，以文章重天下。然亦以才太高名太盛，竟不容于当时。惟其文之传于世，与韩、欧驰骋上下。百世之下，读之者莫不想见其人，而起敬起慕。岂特其文为然，虽信手寓

---

[1] 薛永年、王连起总主编《石渠宝笈：故宫博物院藏清内府抄本合编（全40册）》，第888—891页。

笔于咫尺纸间，人得之者，必宝重爱惜，袭而藏之，不以其物
以其人也。此公所作《偃松图》，观者当于笔墨之外求之，自
可见其精神劲爽、气韵清越，意趣与人迥殊，要非具眼，莫能
得其妙也。世之画者，屑屑于形似，而莫得其天真。是但见衣
冠似孙叔敖，而遽以为孙叔敖耳，岂足以知此哉。故余谓凡公
之画，皆当以画外之画观之。盖公之文如其人，而其诗如其文；
其画又如其诗，不以画外之画观之，不足以得其妙也。永嘉张
谦题。

前有"项元汴氏审定真迹"一印，后有"野处""墨林砚癖""虚朗斋""李
肇亨""携李李氏鹤梦轩珍藏记"诸印。

又朱惟嘉题云：

玉堂学士人中仙，笔墨所至皆清妍。戏作百尺长松树，画作苍
龙涧底眠。左盘右纽节角露，涎消鳞磔之鬣全。神物须为人爱
护，可能独供折腰具。高堂素壁生烟雾，只恐他年擘崖去。缙
云朱惟嘉。

前有"项子京氏""平生真赏""璧雍清趣"三印。

又郑伯固隶书题云：

苏公写松如写真，丹青之外兼得神。忽向醉时挥古墨，飞烟屈
铁润生春。虬龙宛转若无骨，雷雨酣眠太阴窟。扫石时闻魑魅
风，开林夜放藤萝月。上有兔丝几经霜，下有茯苓闭辉光。斯
图原是玉堂笔，自非具眼谁能藏。三山郑伯固。

前有"煮茶亭长""博雅堂宝玩印"二印，后有"项元汴印""项墨林
监赏章"二印。

又锺璜题云：

东坡妙笔古来少，画得苍松势敧倒。文章已擅千载名，挥洒尤
能夺天造。长身夭矫鳞鬣成，老龙出海难飞升。凌空岂无正直

气，偃地暂作支离形。黄侯好画人不识，得此何殊百金直。众
中示我索我题，令我回头重叹息。临江锺璃。

前有"墨林子""田畴耕耨"二印，后有"墨林秘玩""蘧庐""项子
京家珍藏""李珂雪珍藏"诸印。

又黄廷玉题云：
夫容之城南斗旁，峨眉画出青黛光。间生哲人抱奇秀，胸涵七宿分天章。
文思原泉万斛涌，笔势霄汉群鸢翔。神闲意足发清兴，偃松落纸惊腾骧。
根节盘错崖石古，枝柯夭矫金铁强。左拏（拿）右攫若无骨，菉蓁皮老
莓苔苍。祇（只）疑霹雳破空洞，蛰龙唤醒眠高冈。鬐鬣森立半身雨，
鳞浮运（动）甲春云香。形模似欲噪虎豹，萌蘖不许侵牛羊。一团元气
包浑（混）沌，崭然头角磨冰霜。幸尔清芬侣孤竹，余阴长覆瑶坛凉。
采花作饼花未妍，焉得松子留偓佺。小槽松醪压秋露，青城饮取乘骡仙。
洞箫吹老临皋月，和诗吟绝罗浮烟。魂招不来歌一曲，修修林壑松风弦。
苏州黄（名缺，按印文为黄廷玉）。

前有"子京珍秘""练溪明月"二印，后有"墨林子""子孙世昌"二
印。诸跋后押缝有"寄傲"印二，又"神游心赏""墨林项季子章""南
华仙史""官保世家""墨林秘玩""平生真赏""项叔子"诸印。最后，
有项元汴记语"宋苏子瞻《偃松图》，名贤题咏项子京真赏"十六字。
卷高九寸五分，广二尺八寸一分。
卷后上方御题诗云：
东坡先生倔强人，画禅笔阵皆相似。秃毫特写老松枝，老松枝偃性不死。
辟如壮士头可断，古心劲节焉肯毁。磕敲应作青铜声，虚堂谡谡寒涛起。
乾隆庚申长至日御题。

下有"会心不远""乾隆宸翰"二玺引首。
御题"松石间意"四大字，款云"乾隆御笔"，上有"乾隆宸翰"一玺。
御笔题签，签上有"乾隆宸翰"一玺。

宋苏轼画《古柏图》、张即之书《画松诗》合卷

〔上等〕 地一 贮御书房[1]

素绢本，前幅墨画，款署"东坡作古柏图"六字。

后幅，大行楷，书唐杜甫画松歌，款识云：

> 张即之七十二岁写，时积雨连霉，槐龙舞翠，与客小饮，醉中
> 戏书。

下有"张字""张氏""即之"三印。前有"张字"一印。拖尾陈新跋云：

> 坡翁为宋朝名臣，樗寮乃盖世名士。人间得其片纸只字，若获
> 至宝。今东俞庭器先生购藏此卷，柏图松翰，诚为合璧，实希
> 世之玩也。庭器以予言而惜之，必有能辨之者。时洪武壬戌花
> 朝前二日，后学陈新识。

又夏彦良跋云，

> 坡仙文章功绩，流传后世，不待僭言而熟闻之矣。复能留心墨
> 戏。今观此图，枝干虬曲无端，石皴老硬，奇奇怪怪，如胸中
> 之盘郁也。张即之，号樗寮，官至直秘阁，以能书闻天下。其
> 字愈大愈佳，后与金人书"大金国"三字，故及上怒。即之对，
> 以此国必有火。不出一月，果验，遂得释。庭器爱护此弓（卷）。
> 虽结驷以先，拱璧不易也，幸珍藏之。癸未夏四月六日，东明
> 夏彦良题于绿野亭中。

画幅高一尺六分，广二尺六寸七分。书幅高一尺六分，广三丈七尺三寸
八分。

---

[1] 薛永年、王连起总主编《石渠宝笈：故宫博物院藏清内府抄本合编（全 40 册）》，第
1032—1033 页。

苏轼《阳羡帖》　一卷[1]

本幅：素笺本，纵八寸七分，横七寸二分，行书。

轼虽已买田阳羡，然亦未足伏腊。禅师前所言下备邻庄，果如何，托得之，面议试为经度之。及景纯家田亦为议过，已面自得之，此不详云也。冗事时渎高怀，想不深罪也。轼，再拜。

引首：御笔章草书，用东坡韵，题王诜《烟江叠嶂图》诗。

智者乐水仁乐山，何殊过眼观云烟。千年艺苑留佳话，要因论世然乎然。驸马都尉戚里贵，乃厌声色耽林泉。兴来宝绘破醉墨，苍厓秀入秋云川。将军金碌宝陁状，眼空当代心追前。胸中丘壑具粉本，不期其法全其天。玉堂学士眉山老，横排硬语出瑰妍。骊珠落落倾栲栳，暖玉蔼蔼生蓝田。触忤当道禁作所，愈使膻芗绵后五百年。诗如阳羡入卷秀以丽，图如玉局落笔便而娟。此诗此图真恰当，抚掌三绝顿令忘食眠。尤物更喜得奇遇，琅邪元美人中仙。品评离合豁法眼，使我遐想定国元本求无缘。中丞三叹烟江幻，即今我复赓其篇。

此予用东坡韵题王诜《烟江叠嶂图》作也，坡诗本有“往置二顷田”之句，而和诗中亦有“阳羡”入卷语。适得东坡《买田阳羡帖》，妍丽绝伦，与烟江诗画相辉映，可称天然巧合，因录是诗于帖前。

[1] 薛永年、王连起总主编《石渠宝笈：故宫博物院藏清内府抄本合编（全40册）》，第1537—1539页。

御笔，钤宝二：得象外意、乾隆宸翰。

后幅：前人题跋。

> 东坡公文章节义高一世，在宋熙宁元丰间已为天下学者所师表。故其遗篇断简流传至今，观者无不兴起。此帖乃答钱济明所书，才五十余言，刚毅之气，犹可想见。宝是帖者，当知公之所存，有不待笔画之精而后传也。洪武四年，岁次辛亥子月晦日，灵隐毗丘来复谨题。

钤印三：豫章山房、沙门、来复见心。

> 此东坡先生真迹，已自可藏，又是阳羡故事，徐文靖公得之，刻石洑溪书堂，诧为风流胜赏。顾文靖平生际遇，如饱风帆，于东坡流离坎坷，可骇可叹之事无有也。余同年吴澈如光禄，虽名满天下，而拜官未及三百日。又曾谪官湖州，计其出处，大都与坡公相类。此真迹今为澈如所藏，真可传之子孙，知忠孝大节，远师古人，即吴氏之天球大训，不是过矣。董其昌题于云起楼中，壬子二月。

钤印二：元赏斋、董其昌印。

> 宋苏文忠《买田阳羡帖》，明隆庆壬申岁春王正月，博雅堂墨林山人项元汴真赏，原价八十金。

钤印二：项元汴印、子京所藏。有抽字编号。

鉴藏宝玺（八玺全）：五福五代堂古稀天子宝、八徵耄念之宝、几暇鉴赏之玺、御赏、内府图书、游六艺囿。

收传印记：朱芳、郭升、陆友之印、崔深之印、王止仲氏、沈周宝玩、江菊篱藏、元揆赏鉴、梅田江氏、菊篱收藏印、江树圃家珍藏、绅印、元揆、元揆所藏、树圃绅印、江氏珍玩、菊篱秘玩、曾豸江树圃鉴藏、元揆一字树圃别号菊篱、清赏、宫保世家、鉴定真迹、子京所藏、子孙世昌、神品、项元汴印、子京父印、项墨林鉴赏章、樆李、项氏世家珍玩、天籁阁、墨林山人、虚朗斋、寄傲、墨林秘玩、子京、项墨林父秘笈之印、项叔子志口堂印（半印）、桃花源（半印）、静学斋墨誉。

谨按：是札本集不载，不知僧来复何以定为与钱济明书，然已买田阳羡，知为晚年笔也，其昌跋中，徐文靖公乃弘治中大学士徐溥，吴澈如乃华亭吴炯字。

李公麟《三马图》苏轼赞　一卷[1]

本幅：澄心堂纸本，纵九寸一分，横八尺九寸二分。白描效马者三人，各鞯一，无名款。后苏轼行书。

元祐初，上方闭玉门关，谢遣诸将。太师文彦博、宰相吕大防、范纯仁，起诸生游师雄行边，饬武备。师雄至熙河，蕃观包顺请以所部熟户除边患，师雄许之，遂擒猎羌大首领鬼章青宜结以献。百官皆贺，且遣使告永裕陵。时西域贡马，首高八尺，龙头而凤膺，虎脊而豹章。出东华门，入天驷监，振鬣长鸣，万马皆瘖（喑）。父老纵观，以为未始见也。然上方恭默思道，八骏在庭，未尝一顾。其后圉人起居不以时，马有毙者，上亦不问。来年，羌温溪心，有良马，不敢进。请于边吏，愿以馈太师潞国公，诏许之。蒋之奇为熙河帅，西蕃有贡骏马汗血者，有司以为非入贡岁月，留其使与马于边，之奇为请。乞不以时入，事下礼部。轼时为宗伯，判其状云：朝廷方却，走马以粪，正复汗血，亦何所用事遂寝。于时兵草不用，海内小康，马则不遇矣，而人少安。轼尝私请于承议郎李公麟，画当时三骏马之状，而使鬼章青宜结效之，藏于家。

绍圣四年三月十四日，轼在惠州，谪居无事。因阅旧画，追思一时之事，而叹三马之神骏，乃为之赞曰：吁鬼章，世悍骄。奔二师，走嫖姚。今在廷，服虎貂。效天骥，立内朝。八尺龙，

［1］薛永年、王连起总主编《石渠宝笈：故宫博物院藏清内府抄本合编（全40册）》，第1540—1543页。

神超遥。若将西，燕西瑶。帝念之，乃下招。笳归云，逝房妖。

钤印一：赵郡苏氏。

御题行书：

> 公麟神笔画三马，赞书苏轼意颇雅。效以鬼章青宜结，是二羌人昔擒者。其一奚官无姓名，同牵骏入天闉厦。画之得神不待言，赞之深意诚非假。闭关汗血却之奇，意在安民兵革舍。然而元祐朝廷间，邪正相参门户把。卒之正终不胜邪，内实不修外自葸。轼也曾亦虑之乎，洛蜀何为自分社。今之服远殊二师，良骥天闲切汗赭。奇形既命世宁传，神韵更教廷标写。欲问苏家玉局翁，斯举尔谓何如也。庚戌清和。

御题，钤宝二：八徵耄念、自强不息。

后幅：前人题跋。

> 题龙眠画鬼章牵锦膊骢。汉武爱名马，将军出西征。蹀血□□万，侯者七十人。区区仅得之，登歌告神明。后来龙眠子，心通大宛城。落笔动九州，俊气横四溟。迢迢历万里，矫首瞻彤廷。不假二（贰）师力，汲黯何庸争。重译自朝贡，天王今圣明。政和壬辰岁仲夏，蓬池生书。丁酉三月二十七日丙子，借观于真斋，任英彦纪之（篆书）。

> 顷游洛下，见此图于范元实水南新第。盖其尊内相淳夫公，元祐中得之伯时父者，其后元实携以归蜀。未十年复见于长安赵端殿公才家，不谓今日流落吾里。观龙眠之画、东坡之赞，毛龙神骏，绝世二妙，其价不减曹将军与太府韩丞师弟子，可以宝传无穷云。绍兴壬子十月既望，紫芝道人跋于壶居。

钤印四：祖乙父甲子孙、洞真子、□□敫（扬）汇、□□□龟。

> 右龙眠居士李伯时画《三马图》，东坡先生赞之，伯时画妙绝一时。画马尤工，与唐江都王争优劣。三马固神骏，非伯时意匠之巧，未易能写真传远也。东坡之赞，雄杰伟丽，翰墨精奇，真可宝藏。后世观伯时之画，读东坡之文，想望元祐君臣之忠厚。于数千载之下，当抚卷而三叹也。绍兴甲寅冬十二月七日，开封王震书。

苏李二公，百夫之特。图赞三马，四方为则。梦得拜题。

李伯时所画青宜结《三马图》，笔画简远，初疑其真。若致诸韩间，谁复疑者？苏内史谪惠州时，书特佳，词语又警拔，似居徐季海羊昙之右。甲寅岁十二月五日，王纬借看于荆南官舍。

钤印一：王氏私印。

古人画马形与骨，今人画马色与肉。唐有韩幹笔意高，宋有龙眠可相续。今朝偶见西马图，眼如悬铃膝团曲。短鬃两耳双竹批，风入四蹄如铁踏。宗伯老苏亦闲雅，赞以诗文过金玉。呜呼安得九方皋，见此应须少回瞩。齐东野老兀颜子敬题于南徐听雨斋。

钤印二：思敬、子敬之章。

神龙来自大宛西，腾踏清秋十二蹄。今日天闲多骏骨，玉门沙远草萋萋。

钤印三：子寿、裕斋、鹤林小隐。

渥洼汗血真龙种，千里霜蹄贾余勇。闾阖牵来三疋（四）练，雾鬣风鬃欲飞动。龙眠居士笔有神，独怜神骏为写真。雪堂老翁亲洒翰，妙墨着楮光如新。三百年间一萧瑟，此书此画俱难得。市骨犹拼五百金，此卷应当万金直（值）。方今四海同一家，玉关咫尺无尘沙。十二闲中尽骁骏，不须更画青宜结。京口俞希鲁。

钤印二：希鲁、用中。

东坡先生《三马图》赞，文似班孟坚，书如徐季海。杜工部诗之画手看前辈，吴生远擅场，为是耶。董其昌藏于宝鼎斋。

钤印一：元赏斋。

李伯时画三马，居然曹霸风格。不知画成时，此三马者，曾为画家取神骏归帝闲否。董其昌题。

钤印二：太史氏、董其昌。

龙眠《三马图》，笔简意自足。冥契玉局翁，题品光南服。吾
今购得之，爱护同荆玉。宝气看上腾，压倒千横轴。后学张丑
恭题。

钤印二：张丑之印、山斋。

鉴藏宝玺（八玺全）：古希天子、五福五代堂古稀天子宝、八徵耄念之宝。
收传印记：绍兴（半印）、梅华居士、祖印（半印）、真赏、琴书堂、
耿定侯鉴定书画之章、湛思记、珍秘、宜尔子孙、耿湛思章、耿嘉祚会
侯氏号漱六主人书画之赏章、丹诚、汉水耿会侯书画之章、会侯之章、
漱六主人印、墨园、耿嘉祚印，余印不可辨。
谨按：《苏轼赞》见本集，"赞"中"起诸生"作"建遣诸生"，"来年"
作"明年"，"旧画作""旧书画"，"西瑶"作"昆瑶"，是迹见《清
何书画舫》，题跋正同。且考云，《李伯时〈三马图〉苏轼赞》，宋元
跋者九人，紫芝道人，姓周氏，字少隐，所著有《竹坡诗话》。王震乃
巩之侄，东坡有《用王巩韵送其侄震知蔡州》诗。震，大观间人，尝叙
郭氏《山水训》纂。梦得张姓，即东坡为撰郭忠恕画赞者，非石林也。
子寿乃杨椿之字，本蜀人，流寓吴中，又见《书画汇考》。题跋亦俱吻合，
又见《南阳名画表》，张丑《秘箧书画表》。

宋人法书 四册[1]

本幅：纸本，四册。[2]

第二册，第三，纵七寸一分，横八寸三分，苏轼行书。

> 元丰八年正月旦日，子由梦李士宁草草为具。梦中赠一绝句云："先生惠然肯见客，旋买鸡豚旋烹炙。人间饮酒未须嫌，归去蓬莱却无吃。"明年闰二月六日，为予道之，书以遗过子，坡翁。

---

[1] 薛永年、王连起总主编《石渠宝笈：故宫博物院藏清内府抄本合编（全40册）》，第1694页。

[2] 第一册，二十四页，首冠宋徽宗书，以下李宗谔起，至张商英止，二十有三人书。第二册，二十五页，蔡襄起至张阁止，二十有四人书。第三册，二十五页，李彭起至沈与求止，二十有五人书。第四册，二十四页，翟汝文起至陆秀夫止，二十有三人书，共九十五人。

宋十二名家法书　一册[1]

本幅：素笺本，十四页。

第三，签标宋苏文忠公轼书，纵八寸九分，横一尺三寸八分，行书。

一夜寻黄居寀《龙》不获，方悟半月前是曹光州借去摹拓。更
须一两月方取得，恐王君疑是翻悔。且告子细说与，才取得即
纳去也。却寄团茶一饼与之，旌其好事也。轼白季常，廿三日。

谨按：是迹，见《书画汇考》，刻入《三希堂法帖》。

题签：御笔"宋十二名家法书"，古香斋鉴定，钤宝一：乾隆宸翰。

鉴藏宝玺：八玺全。

收传印记：缉熙殿宝、御书□□、殿印（半印）、悦生之记（半印）、
天历之宝、天禄永昌、清白传家、缙云叶氏、大雅、吴兴开国、浦江旌
表孝义郑氏、至宝宝是、□明（半印）、宝俭斋、清森阁书画印、何元
朗氏、王网、李宗孔、复徽玉乳、张羽珍、审定真迹、李君实鉴定、图
书府鉴定印、图书府、天籁阁、桃花源里人家、项元汴印、墨林秘玩、
项墨林父秘笈之印、从吾所好、神游心赏、翰墨林鉴赏章、退密、项子
京家珍藏、虚朗斋、净因庵、子京所藏、项叔子、寄傲、子京、子孙世昌、
项墨林鉴赏章、檇李项氏士家宝玩、平生真赏、子孙永保、子京所藏、
虚朗斋、鱼鸟无恙、翰墨林、松子阁、黄琳、美之、休伯、陈定印、陈
氏家藏、陈氏世宝、陈定平生真赏、陈曰（以）御、曰（以）御鉴定珍秘、
陈定书印王氏豫嘉珍赏圉玉记、重光、笪在辛、句曲山庄、守真抱一、
江上外史润州笪重光鉴定印。

———————

[1] 薛永年、王连起总主编《石渠宝笈：故宫博物院藏清内府抄本合编（全40册）》，第
1716—1720页。

苏氏一门法书　一册[1]

本幅：素笺本，十一页。苏轼五帖，苏辙四帖，苏迈一帖，苏过一帖。

第一，苏轼尺牍，纵八寸一分，横五寸八分，行书。

　　尊文不及作书，近以中妇丧亡。公私纷冗，殊无聊也。且为达
　　此恳，轼又白。

第二，苏轼尺牍，纵八寸一分，横四寸六分，行书。

　　京酒一壶送上，孟坚近晚，必更佳。轼上道源兄，十四日。

谨按：杜沂，字道源，轼在黄州时，为作菩萨泉诗。

第三，苏轼尺牍，纵七寸二分，横五寸五分，行书。

　　大人令致恳，为催了礼书。事冗，未及上问。昨日得宝月书，
　　书背承批问也。令子监簿必安胜，未及修染，轼顿首。

谨按：宝月，乃僧惟简，轼族兄出家，有塔铭。见轼本集。

第四，苏轼尺牍，纵七寸一分，横五寸五分，行书。

　　道源无事，只今可能枉顾啜茶否。有少事须至面白，孟坚必已
　　好安也。轼上，恕草草。

---

[1] 薛永年、王连起总主编《石渠宝笈：故宫博物院藏清内府抄本合编（全40册）》，第
1720—1722页。

第五，苏轼尺牍。纵九寸五分，横七寸九分，行书。[1]

令子所示，专在意。来日相见，即达之。但未必有益也，辄送
十缗，省为一奠之用，患难流落中。深愧不能展毫末也，不罪
不罪。轼，手启。

前人题跋：

唐彟杜氏，自其曾大父四世，与眉山三苏游，书帖具存。绍兴
癸丑中秋，安中过惠州，登白鹤峰，拜东坡像。观壁间所刻诗
文，则皆后人追书。求公翰墨，已不可得。后十二日，邂逅唐
彟于潮阳，出此卷相示。二翁两儒，千载不没之气，凛凛在目，
犹恨独无叔党字画。方求类于旧门，顾小坡之不在。龙驹已逝，
骏骨万金，亦可为叹息也。中山王安中题。

杜唐彟：出眉山苏公父子，与其先书十一帖以示予。君懿于唐
彟，曾大父也。明允友君懿而兄事之，道源以父任薄其官。有
子孟坚，践世科，道源优游侍旁。时过子舍，孟坚官于黄，子
瞻适谪居。道源过之游，相好也。孟坚金陵丁外艰。子瞻赴英
州。阻风石头，唐彟方少往见。从容累日，所为求哀挽者。子
瞻接杜氏四世，观其书可以识其年。晚与孟坚江上帖，笔势欹
倾，而神气横溢。盖似其莫（暮）岁之文。然不数月而病且死矣。
唐彟材而贤，是能世其家者。建炎巳酉闰月庚辰，魏郡吴开跋。

题签：御笔"苏氏一门法书（内府珍藏）"。钤宝二：御赏、乾隆宸翰。
鉴藏宝玺：八玺全。
收传印宝：廷、吴廷、季振宜印、一字诜兮、曹溶秘玩、曹溶鉴定书画印、
两河使者、白学先生、通白、古林。
谨按：是迹见书画汇考，十一帖并题跋俱同。惟前有苏洵临头帖，后有
何行中赵子嵩题名。僧上振跋，盖前后俱失去一页也。王安中，字履道，
曲阳人，官尚书左丞，有《樗寮集》。吴开，字正仲，即靖康时为金人
传立张邦昌者。卷中苏轼第二、三、四、五札。苏过试后四诗，俱刻入。

---

[1] 其余作品为：第六，苏辙尺牍，纵八寸，横四寸六分，行书。第七，苏辙尺牍，纵八
寸，横四寸六分，行书。第八，苏辙尺牍，纵七寸五分，横五寸，行书。第九，苏辙尺牍，
纵七寸五分，横四寸四分，行书。第十，苏迈尺牍，纵九寸四分，横一尺五寸七分，行书。
第十一，苏过诗帖，纵九寸一分，横一尺四寸六分，行书。

苏轼制草　一卷[1]

本幅：纸本，九幅，纵一尺二寸。

第一，横八寸。

赐新除知枢密院事安焘□恩命不允断来章批答，臣。□表具之。德称其服，臣主俱荣。食浮于人，上下交病。朕之为天下虑，甚于卿之自为谋也。思而后行，有出无反。成命不再，卿毋复辞。所乞宜不允，仍断来章，无起空。“反”字不是“及”字。且仔细点对。切切。

第二，横七寸。

赐新除知枢密院事安焘辞恩命不许断来章批答，臣，□表具之。论材考德，圣人所以公天下，难进易退。君子□以善一身，权之以义。孰为轻重，训兵论将，威怀戎狄。卿以是事上，岂不贤于逡巡退避也哉。所请宜不许，仍断来章，无起控。

第三，横六寸。

朕承九五之尊，御亿兆之众。日有万微之务，咨于二柄之臣。而卿偶疾家居，露章朝听。欲避繁机之委，将图便郡之行。且蹈直道者，不可蓄嫌疑之怀。受大任者，不可轻去就之分，往绥冲履，来告嘉言。赐正议大夫同知枢密院事安焘乞退不允诏。

[1] 薛永年、王连起总主编《石渠宝笈：故宫博物院藏清内府抄本合编（全40册）》，第2182—2185页。

臣上（本文后有"上讫"二字）。

第四，横五寸五分。

朕褒显耆旧，取其宿望。养育俊义，待其成材。庶前后相继，朝不乏人。则堂陛自隆，国有所恃。方今在廷之士，孰非华发之良。而卿以康强之年，为远引之计。于义未可。盖难曲从，所请宜不允。故兹诏示，想宜知悉。（黏合裱。）

第五，横七寸二分。

勑安焘，省所劄子。奏乞解政事退守便州事，具悉。卿之屡请，固非矫激。朕之留行，亦岂空文。内之枢机之谋，外之疆场之议。责既身任，义难家辞。夫饰小行，竞小廉，务为难进易退。此疏远小臣之事，非朕所望于卿也。亟还厥官，毋烦朕命。所请宜不允，故兹诏示。想宜知悉。（二行旁注，后不复用。）

第六，横六寸。

省表具之，卿向自西枢。出殿藩服，顷由近辅，入侍燕间。昔有未识之思，今乃日闻其语。既见君子，无逾老臣。当益励于初心，尚何辞于新命。所请宜不允，仍断来章。（黏合裱。）

第七，横二寸一分。

旱暵既久，麦禾将空。仰惟□□□师，宜专云雨之施。庶几慈悯，宽我忧危。

第八，横五寸。

卿出入四朝，更涉夷险。金石之节，终始惟一。六卿之长，所以倡九牧而厚风俗也，岂以职事繁简为轻重哉。君子出处，朝廷之大事。而风雨寒暑，肤理之微疾也。姑安厥位，以称朕意。赐中散大夫试户部侍郎赵瞻上表陈乞便郡不允诏。臣，勑赵瞻，省所上表陈乞便郡事，具悉。（黏合裱，勑至具悉，误置后。）

第九。

　　若昔盛王，临御四海。必用耆德，以为师臣。卿三纪宗工，四
　　朝元老。识之不早，想见仪型，宠以维垣，迟闻德意。总我大
　　政，翊于丕平，宜略谦冲，以副眷倚。赐新除依前正议大夫守
　　门下侍郎孙固辞免恩命不允断来章批答，臣上。（黏合裱，有
　　袁桷识。）

　　故事翰院，每用院吏作屏风，盖恐学士迟拙故耳。苏文忠公，
　　岂假是哉。洪文敏公尝矜敏速，语老吏，吏拱手曰，视苏公虽
　　同，但捡本差不同，文敏赧然。今观此卷批答，肃拜心愧。桷
　　以滨海末学，三入承明，视文敏犹泰山之于邱垤。文忠公之侧，
　　其敢措词焉。后学袁桷谨识。

钤印一：越袁桷氏。

引首：御笔"玉堂仙翰"。钤宝一：乾隆御笔。

前隔水：董其昌题跋。

　　庚午五月望后一日，观于金沙惠生之𪩘斋。董其昌。

钤印一：昌。

后隔水：董其昌题跋。

　　此卷吾乡陈仲醇已借摹刻石，今日始见真迹。奇崛真率，正是
　　坡公本色，不经意而中程者。董其昌题。

钤印一：董其昌印。

后幅：前人题跋。

　　神物在天地间，六丁呵护。虽代有变迁，必不泯灭。若周之大
　　训天球，历世犹存也。观文安公，以道文壮节取重于天下。在
　　哲徽时，尝两知枢密院事。此其制辞，观制中所称。则公之柱
　　石两朝，为社稷之所倚赖，可见其概。然天葩绚烂，如云汉舒
　　光于层霄之表。莫不快睹，是宜诏昭远扬，为百世之所宝也。
　　辞乃坡老所书，忠义之气，浮动笔墨间。虽只字可贵，况六纸乎？
　　公为开封人，其后有携以南渡者，流落人间，泰山毫芷，几于
　　逸矣。阅四百年，而其裔孙民泰，乃得之于南昌袁氏，事岂偶

然？盖有呵护者，民泰尚义有文，多蓄古名帖。然水木本源，无逾此卷。所谓不失旧物矣，间命其子进士，持以示予。予歆欢高风，又以法祖为勉云。嘉靖己丑孟秋既望，石淙杨一清识。

钤印三：三台、应宁、大学士章。

万历庚子秋八月二日，过褒甫金陵客舍，获睹妙迹。吴郡后学娄坚敬题。

钤印一：娄坚之印。

右苏长公制草六道，考之内制集。其一为元祐二年六月廿四日行；其一为元年七月十三日行者，仅同一二语而已（此草旁注，以后不用），则集中是改定本也，余皆不载。盖公草安观文批答，前后尚有九通。安氏子孙求之而不得，不知尚留人间否耳。其一为祈雨朱表，亦不见于集。平生见公真迹，此最似不经意，天真烂漫，酷类鲁公槁草书。褒甫属识其后，得再披览。仿佛睹公执笔时眉宇，岂胜慨慕。中秋后二日，坚又题。

钤印一：娄坚。

东坡制草，极类《争座位》与《祭侄》《豪州》等帖。其楷而细者，皆院吏行依笔。如颜平原《告身》与《朱巨川告》，系令史填入，此可例推也。制草余已入晚香堂刻中，金沙王伯发所示，于褒父所藏，乃苏书中之烜赫者。敬题数语，以识得观之自，丁己二月晦日，眉道人陈继儒记。

钤印二：眉公、一腐儒。

鉴藏宝玺：八玺全。

收传印记：武清李氏、宝德堂赏鉴图书、玉斋赏鉴过物、于氏元襄、大明锡山桂坡安国民太氏书画印、天策上将之裔、忠彻、南昌袁氏家藏珍玩子孙永保、袁申儒印、袁□□章、明安国玩。

谨按：宋宰辅编年录，元祐元年闰二月乙卯。安焘自同知枢密院事，除知枢密院事。为给事中王岩叟对还，侍御史刘挚等交章争之。于是，安焘告更不降出，至二年六月辛丑。始除知枢密院事，其时轼正在翰林也。

安国，字民泰，号桂坡，无锡人。于嘉，字惠生，一字褒父，金坛人。考文徵明《甫田集》，有是卷跋。颇精核，在于褒藏董其昌跋之先，而卷中已轶，谨附录以备考证流文传所在。跋云：

> 右苏文忠公学士院批答五道，赐枢密安焘辞免恩命三。赐户部侍郎赵瞻、门下侍郎孙固各一。按文忠《内制集》，载赐焘不允批答。凡十有三，此前二首，元祐二年六月作，后二首元年七月作。赵瞻者，作于三年三月，孙固作于四月。按固以元祐三年四月壬午，守门下侍郎，而焘为右光禄大夫，依前知枢密院事，瞻为枢密院直学士签书院事。三人同日被命，先是焘以元年闰二月乙卯，自同知枢密进知院事，为言官论列。三月遽罢，至次年六月，竟被初命。此二首盖当时之词也，后人以三人并命。
>
> 因列于此，而实非也。后乃同知枢密乞退时所答，当在二首之前，不知何故反刻于后。而其词与集微有不同。瞻所赐，乃户部侍郎求外补时所答。而集中别有赐瞻辞免答书二首，实与固同日月。而此首当是未受金书之前，宜其与固前首日月不同也。最后祷雨道场斋文，亦载《内制集》中，而其文亦微有不同。仰惟天命，集作天人之师，当以集本为是也。按文忠元祐元年十二月入为中书舍人，寻迁翰林学士知制诰，至是恰两年耳。明年三月，遂出知杭州。于是公年五十有四矣。此卷旧为宁波袁尚宝家所藏。余往岁尝见，乃是册子，不知何人联属为卷，遂至颠错。因李君仁甫出示，余疏其略如此。

苏轼三帖　一卷[1]

本幅：素笺本，三帖。

第一，纵八寸，横七寸八分，行书，尺牍。

> 沖卿公弼，各计安胜。未及别状，幸为致恳。子由不知己离南京未，舟御到扬州。且托子骏递中示一书，贵知远近也。轼再拜。如未行，见仲冯几道及逢节推，各为致恳。

接绢徐守和题识。

> 坡公各计帖，一时出于契阔之怀。字不求工，气无窘迫，而天真烂漫，洋溢于纸墨之上，有不衫不履、意气翩翩之态，直与颜太师《争座位》《祭侄文》，同一无心之合作者也。余酷爱之，日临十数纸，无一字得其仿佛者。盖以有意希无心，终隔笔岸耳。愧而识此，守和。

钤印二：朗白、徐守和印。

第二，纵七寸八分，横四寸八分，楷书，贺状。

> 轼谨诣贺定国奉议阁下，正月日朝奉郎苏轼状。

接绢徐守和题识。

> 此帖神情散朗，俊伟雍容，金玉其质，冠冕其仪，有正人君子之象，无曲士促逼之气，泱泱乎表李北海之遗风矣，守和。

---

[1] 薛永年、王连起总主编《石渠宝笈：故宫博物院藏清内府抄本合编（全40册）》，第2185—2187页。

钤印二：朗白、徐守和印。

第三，纵七寸七分，横三寸五分，行书诗。

> 书钱侯不愿仕斋，用徐东明韵。渊明叹鸣鹄，其国有□□。□然赋归去，观表顾知里。寥寥千载间，高风邈难居。挂冠神武门，古有今则无。

接绢徐守和释文并识，张照钱陈群跋：

> 书钱侯不愿仕斋，用徐东明韵。渊明叹鸣鹄，其国有知己。悠然赋归去，观表顾知里。寥寥千载间，高风恳难居。挂冠神武门，古有今则无。右缺三字，故补释之。此诗似槁草，初不经意，信笔直书，而天动神随。云蒸霞蔚，若大海翻涛；长江排浪，而鼋鼍蛟龙。鱼鳖水族，杂杳喷薄于悬水流沫之中，令人洞心骇目，不可名其状，第惊怖奇绝而已。观此书乃知坡公之全出于《争座位》，其游刃不浅也。守和。

钤印二：朗白、徐守和印。

> 高风邈难居（"邈"释作"恳"。误，照），鸣鹄见城邑。"其国有放士"，渊明诗也。坡翁直用其句，原释作"知已"误。香树居士钱陈群。

后幅：前人题跋。

> 东坡墨迹三首，前两首似晋人，后一首似唐。其墨如漆，正是廷珪所作者。公平生喜蓄善墨，观此可见其为真迹无疑。懒云藏此久矣，今又将携以归茅山。吾知又增一宝气也。若公之辞翰，则后生小子，又何能赞一辞。永乐丙戌岁除，庐陵解缙书于冶城。

钤印一：解豸。

> 是日奉同翰林侍讲学士王达、吏部郎中叶履道同观。临川吴均识。

钤印一：吴氏仲平。

坡仙书法，自成一家。变化无穷，如云兴鸟逝，未易窥测。其题《石苍舒醉墨堂》诗有云："我书意造本无法。"盖其自谦之辞如此。今观懒云元议所藏三帖，字体各殊，法度森严，直与晋人抗行，谓之无法可乎？昔王大令书《〈东方朔画像〉赞》《乐毅论》《曹娥碑》，小楷则同，体制不一，其意各有所寓。由是观之，二贤可谓异世而同符者也。朱方汲古生胡渊识。

钤印三：汲古生、胡渊、本心。

右东坡先生墨迹三纸，诗书贺状各一楮。色皆不同，而笔势亦异，盖非一时所书，计其年逾三百甲子矣。茅山炼师王懒云，获而哀之，装为卷，以示余，俾题其首。余观古人论书法，则有所谓锥画沙、印印泥、折钗股、屋漏痕者，盖贵其藏锋也。草书之势，则有所谓龙跳天门、虎卧凤阁、怒猊抉石、渴骥奔泉之喻类焉。大率前辈学书，必本乎此。少时观长公书，不知其所本。及观王中令书，方知坡翁之所取法。今其首幅，则如有道之士，燕居雍容，安于礼法，而无窘束之态。次幅则如达士高人，遗身物外，消摇尘表。贺状则如朝士冠冕佩玉，趋锵中度，而书法皆在其中矣。

墨妙固可宝，然公尝云，古人论书，兼论其平生，则亦不专取乎书法矣。故澹菴胡公跋刘忠定公帖云，如公之遗墨，自当与颜太师同科。小人心画虽巧，而其神情，终有睢盱侧媚之态。盖亦深取乎苏公之言也，况坡翁平生，文章事业，忠义孝友。其志刚而不挠，其气直而不屈，真可谓百世之士矣。使遇鲁公时势，则其大节固当与日月争光。虽未尝居刘公之言路，而其谏疏切直，欲致君尧舜者。文忠之心，即忠定之心也。故其可宝者，岂独以其心画而已哉。即是卷而观之，书可（脱一字）其友爱之情，诗可见其高世之志，状可（脱一字）其不挟之德。于此亦可以窥公之心矣。卷中诸公，如陈公弼、鲜于子骏、刘仲冯、杜几先生、王定国辈，皆一时名士大夫。而定国则王丞相旦之孙，尝从苏公问学者也。名虽悉存于传记，而后世知之盖少矣。惟公之名，照耀今古。虽黄小之群，皆知其姓字焉。此前史所以称为人中之龙也，翰墨云乎哉。吁！懒云以方外士，知所宝爱，自非读书知道，安能好古尚贤如是夫？沧海叟识。
宋有国三百余载，士谓可接三代者，以其道统之传。倡于濂洛
关闽诸子，是以仁政德教，自非汉唐可同日语也。若辞章翰墨
之学，所弗道焉。而数百载以下，独以文翰称者，莫欧、苏、
黄、米若也。而传世之久，凡目历者，苏、米为多，故世皆知
所珍也。然文忠公以学行著于当时，垂之后世，其卓卓可称道
者，信与云汉昭回，三辰并辉，而不可澌尽泯灭者。惟欧阳公
相与焕耀后先，又岂黄、米所可并驾齐驱也哉。其于是书，风
神峻迈，标度耿逸，自可概见矣。三茅山王君东白，嗜古有文，
珍之犹至。暇日求识于末，其亦信可宝也，时阏逢涒滩之岁孟
夏晦日。后学沛郡张寓初，谨识于南郊客邸。

钤印四：寿山、林壑遗音、无为、四十三代天师章。

长公人品绝伦，故其书法变化如神。心手所至，姿态横生，而
各极其妙。观于此卷，可见前辈谓其一字落纸，足可宝玩，况
三帖之富乎。其珍藏之，其珍藏之。后学黄采拜题。

钤印一：黄采之印。

苏文忠公只字片纸，传之后世，观者孰不歆赏。非独以辞翰之
工，实重其人也。何在当时谗谤蝟兴，屡遭斥逐，竟至沦废而
亡。岂至公之论，必待于后世邪。然而系台狱，吴充辩之，贬
黄州，范纯仁力谏之。当时非无公论，惜君子寡，不能胜小人
之多也。右元议丁月渊，示余以其师王懒云所遗公之墨迹，展
玩之余，深有慨焉，遂借书其后。成化戊子春正月二十有五日，
莆中柯潜题。

钤印三：柯山、竹岩、翰林学士之章。

引首：张照书编目，坡仙墨宝、冲卿帖、诣贺帖、诗稿帖。
鉴藏宝玺（八玺全）：古希天子、五福五代堂古稀天子宝、八徵耄念之宝。
收传印记：姜绍书印、姜氏二酉家藏（姜绍书，明尚书姜宝之孙，金沙人，
照）、应田、张应田图书记、张氏春星草堂珍藏书画之印、诵先人之清芬、
十砚千墨之居、志在虚无缥间、没些愁、乐间、天容我懒、清间我所偏、

瑞锦窠吟香。

谨按：吴均，字平仲，临川人，寓琼州，官中允。黄采，字宗素，号一斋，嘉定人，洪武朝御史，授兖州知府。

苏轼《墨竹》　一轴[1]

本幅：素笺本，纵三尺七分，横一尺三寸五分。水墨画石旁倒枝竹，款：

元祐三年五月八日，武昌朱君善，招饮于云麓寺，宿无尘阁中，

作此。东坡居士。

御题行书：

绝壁离披数叶筠，髯翁作此宿无尘。莫嫌石瘦根何托，大似棱

棱强项人。庚午中秋，御题。

钤宝二：乾、隆。

题签：御笔"苏轼墨竹"。逸品上上，天府秘玩。

钤宝二：天府珍藏、乾隆宸翰。

鉴藏宝玺：八玺全。

收传印记：中山王鉴赏之章、太元子、位斋、归来印、审定真迹、显孺、

沈鸿祚图画记、天章、五峰、抒忠、见素、青森阁书画记、希之、波罗

蜜口朱乐圃氏、槜李姚氏继文珍藏。又半印不可辨。

---

[1]薛永年、王连起总主编《石渠宝笈：故宫博物院藏清内府抄本合编（全40册）》，第2188页。

宋四家墨宝　一册[1]

本幅：纸本，十六幅，蔡襄四帖、苏轼二帖、黄庭坚五帖、米芾五帖。

第五，纵九寸六分，横一尺四寸，苏轼行书诗。

> 君不见，诗人借车无可载，留得一钱何足赖。晚年更似杜陵翁，右臂虽存耳先聩。人将蚁动作牛斗，我觉风雷真一噫。闻尘扫尽根性空，不须更枕清流派。大朴初散失混沌，六凿相攘更胜坏。眼花乱坠酒生风，口业不停诗有债。君知五蕴皆是贼，人生一病今先差。但恐此心终未了，不见不闻还是碍。今君疑我特佯聋，故作嘲诗穷险怪。须防额痒出三耳，莫放笔端风雨快。《次韵秦太虚见戏耳聋》。

第六，纵九寸四分，横一尺三寸四分，苏轼行书尺牍。

> 东武小邦，不烦牛刀。实无可以上助万一者，非不尽也。虽隔数政，犹望掩恶耳。真州房缗，已令子由面白，悚息，悚息。轼又上。[2]

---

[1] 薛永年、王连起总主编《石渠宝笈：故宫博物院藏清内府抄本合编（全40册）》，第2341—2345页。

[2] 其余作品为：第一，纵九寸一分，横一尺二寸一分，蔡襄行书尺牍。第二，纵九寸三分，横一尺五寸八分，蔡襄草书尺牍。第三，纵七寸二分，横九寸，蔡襄行书尺牍。第四，纵八寸二分，横九寸，蔡襄行书尺牍。第七，纵一尺，横一尺九寸，黄庭坚行楷书尺牍。第八，纵九寸七分，横一尺三寸，黄庭坚行楷书《苦笋赋》。第九，纵九寸六分，横一尺三分，黄庭坚草书诗。第十，纵九寸，横一尺一寸六分，黄庭坚行书尺牍。第十一，纵八寸，横一尺四寸二分，黄庭坚行书尺牍。第十二，纵九寸五分，横一尺九寸五分，米芾行书诗。第十三，纵八寸一分，横一尺一寸，米芾行书尺牍。第十四，纵九寸五分，横一尺三寸七分，米芾行书尺牍。第十五，纵九寸，横九寸五分，米芾行书识。第十六，纵八寸八分，横一尺二寸三分，米芾行书识。

桂舜年等题。

　　一之。

钤印一：桂舜年印。

　　孟頫。

钤印一：赵子昂氏。

　　南阳仇远家藏。

钤印三：仇人之印、南阳仇氏、山村居士。（本幅）。

　　坡公虽草草数字，能使人敬爱，非他书比也。庐山黄石翁观。

钤印一：石翁。

　　巴西邓文原拜观。

钤印二：邓文原印、巴西邓氏善之。（接纸）

谨按：是札以下六帖，俱刻入《三希堂法帖》。

题签：御笔"宋四家墨宝，内府珍秘"。

钤宝一：乾隆宸翰。

鉴藏宝玺：八玺全。

收传印记：缉熙殿宝、内府（半印）、司印（半印）、贾似道图书、大雅（半
印）、石民瞻印、金渊四世五公、石翁邓文原印、巴西、邓氏善之、南
阳家藏、吴新宇珍藏印、吴桢、周生、子孙宝之、吴之矩、陈定平生珍赏、
陈氏世宝、陈定书印、以御鉴定珍秘、陈定、闻厓宝玩、有明王氏图书
之印、陈缉熙书籍印、翰林陈缉熙氏书画印章、陈缉熙图籍印、姑苏陈
鉴家藏清玩、元济、黄琳美之、孙绮之印、姚溥之印、姚溥平生真赏、
广若氏、姚广若秘笈、京父项氏韫韣图书、默庵主人、燕山珍玩、清和堂、
眄柯阁珍赏章、周驰景远章、桂舜年印、子畀氏、和叔、项笃寿印、审
定真迹、项墨林父秘笈之印、神品、净因庵、寄傲、子京父印、墨林秘玩、
六艺之囿、子孙世昌、檇李项氏士家宝玩、项元汴印、鸳鸯湖长、天籁
阁、项氏墨林赏章、项叔子、子京、墨林山人、墨林、子孙永保、乐琴
书以消忧、田畴耕耨、项子京家珍藏、虚朗斋、墨林生、神奇、项禹揆

印、项子毗秘赏印、臣禹揆、子毗、季振宜印、沧苇、绍勋、知颐印记。余印不可辨。

谨按：是册内蔡襄《离都帖》《暑热帖》，苏轼《耳聋诗》《东武帖》，黄庭坚《云夫帖》《苦笋赋》《七言诗》《天民帖》，米芾《三吴诗帖》《眼目帖》《经宿帖》《乡石帖》《紫金研帖》，俱见《书画汇考》。

宋四家法书　一卷[1]

本幅：纸本，四幅。

第二，纵九寸八分，横一尺四寸八分，苏轼书诗。[2]

　　《次韵三舍人省上》一首，轼。

　　纷纷荣瘁何能久，云雨从来翻覆手。慌如一梦堕枕中，却见三
贤起江右（刘贡父、曾子开、孔经父皆江西人也）。嗟君妙质
皆瑚琏，顾我虚名但箕斗。明朝冠盖蔚相望，共扈翠辇朝宣光。
武皇已老白云乡，正与群帝骖龙翔。独留杞梓扶明堂（明日扈
从谒景灵，故有此句）。元祐二年三月晦日。

　　有"属"字编号

后幅：笪重光题跋。

　　右宋四家真迹，米五月四日札，刻文氏停云馆。苏三舍人诗，
刻陈氏晚香堂。黄藏镪札，未见拓本。蔡扬州札，原属李四涯
篆，有君谟四帖卷内之一。曩皆余所珍袭，散去多载。时系于
怀，今转归书云李都谏，汇成此卷。盖欲择其尤者鉴玩之，为
海宇所希遘也，幸得重观于山中，因志其岁月卷尾。康熙丁卯
孟夏四月乙巳，十一日戊午。江上外史笪重光，书于媿笑斋。

钤印四：媿笑斋、笪重光印、一字太辛、铁瓮城西逸叟。

---

[1]薛永年、王连起总主编《石渠宝笈：故宫博物院藏清内府抄本合编（全40册）》，第
2346—2347页。

[2]其余作品为：第一，纵九寸，横一尺八寸五分，蔡襄尺牍。第三，纵九寸，横六寸五分，
黄庭坚尺牍。第四，纵八寸，横二尺二寸五分，米芾尺牍。

鉴藏宝玺：八玺全。

收传印记：内府书印、鲜于、南昌袁氏家藏珍玩、子孙永保、袁忠彻印、袁同印章、尚书少卿袁氏忠彻印、神品、项元汴、平生真赏、项墨林父秘笈之印、墨林、项季子章、西畴耕耦、子孙永保、檇李项子京家珍藏、项墨林鉴赏章、墨林懒叟、子京珍秘、神游心赏、寄傲、张□□、张应甲字先三号希逸宝藏书画印、张应甲、希逸氏、江上外史、笪氏书画印、笪重光印、笪在辛、直指绣衣御使章、润州笪重光鉴定印、江上笪氏图书印、西江直指、李书楼清赏、谨斋吴桢、牙门司马、竹用苍笈、出乎震也、匠施矫揉、劳乎坎也、制形者圜、象乎乾也、仗艮之指、执坤之柄、仗离之明、鼓巽之风、子其受之、无俾允折、浙河沈氏勘礼彦敬敬斋图书秘玩之印、邦杰、 野堂、姜氏珍玩、南台御史、汉川王谏印、复澂、玉乳、李宗孔、守真衷一、张孝思、张孝思赏鉴赏印、张则之、吴氏原适、琳记、商邱（丘）宋荦审定真迹、商邱（丘）宋氏收藏图书。

谨按：米芾《道味帖》，见《书画汇考》。

苏轼黄州谢表　一卷[1]

本幅：麻纸本，纵一尺三分，横二尺五分，行书。

　　臣轼言。去岁十二月廿八日，准敕，责授臣检校水部员外郎，黄州团练副使，本州安置，不得金书本州岛公事，臣已于今月一日，到州讫者。狂愚冒犯，固有常刑。仁圣哀矜，特从轻典。赦其必死，许以自新。只服训词，惟知感涕。臣轼，诚惶诚恐，顿首顿首。伏念臣早缘科第，误辱缙绅。亲逢睿哲之兴，妄有功名之意。亦尝赐对便殿，考其所学之言；试守三州，观其行事之实。而臣用意过当，日趋于迷。赋命衰穷，天夺其魄；叛违义理，辜负恩私。茫如醉梦之中，不知言语之出。虽至仁屡赦，而众议不容。按罪责情，固宜伏斧锧于雨观；推恩屈法，犹当御魑魅于三危。岂谓尚玷散员，更叨善地。投畀麕鼯之野，保全樗栎之生。臣虽至愚，岂不知幸。此盖伏遇皇帝陛下，德刑并用，善恶兼容。欲使法行而知恩，是用小惩而大戒。天地能覆载之，而不能容之于度外；父母能生育之，而不能出之于死中。伏惟此恩，何以为报。惟当蔬食没齿，杜门思愆。深悟积年之非，永为多士之戒。贪恋圣世，不敢杀身。庶几余生，不为弃物。若获尽力于鞭箠之下，必将捐躯于矢石之间。指天誓心，有死无易，臣无任瞻天恋圣。感涕激切之至，谨奉表称谢以闻。臣轼诚惶诚恐，顿首顿首。年月日，具衔臣苏轼上表。

---

[1] 薛永年、王连起总主编《石渠宝笈：故宫博物院藏清内府抄本合编（全40册）》，第2758—2759页。

引首：

苏文忠公黄州谢表。己酉夏五，宋实颖敬题。

钤印二：宋实颖印、既庭。

后幅：前人并孙承泽等题跋。

予生平四得文忠真墨。初购于王越石者。《兴龙节》，质之内兄谭扫菴。次购于华亭董家银鹿者。《春帖子》，质之华亭高诵清。次购于琴川某氏者。《韩文公送李愿归盘谷文》，质之江北季因是。次购于里中黄渟之者。《前赤壁赋》，质之表姻高寓公。每以力薄弃捐，往来梦想。冀如楚弓失得，梁燕去归。或一重遇不可得，乙酉兵燹城焦。其什袭于桑梓者，与夫云间江北之能存若否，难以遥问矣。兹复辛获此本，足慰予思。良有厚缘，愿文忠灵佑，勿使长贫。守护毋失耳，此余家故物也。丁亥冬十月，得楚僧行李中。以银拾两，布衲一领，绵一称作值。

钤印三：檇李、项声表印、口远。

右坡公《黄州谢表》手稿，患难后，语多沉郁愤惋。所谓可以怨者非耶，慨公正骨嶙峋，为世所忤。御史李定辈，至斥之为讪谤，几至不测。神宗怜其才，安置黄州。公在黄，怡情诗酒，放浪湖山，筑室东坡，有将终焉之意。其生平乐事，得于黄者为多，不独两赋与江山争胜也。小人辈方以此苦公，而公视之如蓬瀛方壶。世之小人，每每以害君子者成君子，宁止李定辈耶。归德宋君牧仲，高才博学，以名家子贰守黄州。在黄得公手稿，宝之如琬琰。然坡公在黄，适患难之余。牧仲年弱冠，履顺境，宦迹卓然。人方以公辅期之，而牧仲淡然泊然。读《将母楼诗稿》，如《漫兴》八首。载酒荒江，凭吊往迹。若与坡公千百年相上下者，牧仲识趣，讵可量耶。余闭户退谷，牧仲入计来京。独扣双环，晤对竟日。出此册相示，遂跋数语于后。牧仲归舟过赤壁，诵跋中语。公有知，或当掀髯一笑耶。北平孙承泽书。

钤印三：砚石斋、孙承泽印、退谷逸叟。

黄州通守宋子牧仲，购得此表于京师。及其还也，将谋刻石郡斋，以备黄州故实，夫亦好事者矣。牧仲交予将五年，其为人风流文采，殆不减晁张一辈人物。而其所守，又在云梦泽南之地。凡雪堂啸轩，岐亭赤壁。长公之所游处者，牧仲皆专而有之，此殆夙因致然。宜其于玉局老人，怀高山景行之慕也。第长公迁谪中，日益困顿，官所支俸钱，例得退酒袋数十，衣食不给，则借东坡数亩，躬耕其中，以庶几来岁之一饱。而牧仲乃因禁近扈从之臣，乘朱幡，佐莲幕，出有江山风月，助其登临；入有将母之楼，有退休之圃。寄其觞咏，盖非长公可及者矣。予亦迁谪无聊者，不胜妒且羡于牧仲，因附志于此。康熙七年春正月，长洲汪琬跋。

钤印三：玉遮、山房、汪琬。

康熙八年六月，龙暝方亨咸，观于白下黄公祠侧。

钤印三：安乐、方亨咸印、方邵村曾观。

南涧渔人何采观。

钤印二：何采之印、敬与。

文忠《黄州谢表》稿，为携李项子京家旧物。牧仲参守黄州时，入观京师，得以归。予从白门得一借观，想见文宗文章政事之奇。千载如动须眉，不独笔法超轶晋唐己也。今牧仲复返黄州，三湘七泽间，幸善护之。予终愿牧仲不靳黄州片石，寿此本不朽。异日采辑郡乘，当增一则佳话。而牧仲之于文忠，固旷千载若合也，因为志之纸尾。康熙八年六月。栎下周亮工，敬观于赖古堂，同儿子在浚、在延。

钤印四：栎园、亮工私印、周元亮氏、顾曲亭。

鉴藏宝玺：八玺全。
收传印记：子京、神游心赏、携李项氏士家宝玩。

苏轼杂书　一卷[1]

本幅：素笺本，纵八寸，横二丈二尺，行草书《千字文》。并三帖《千字文》（见乾清宫所藏陈淳书《千字文》卷）。

> 登临览观之乐，山川风物之美，将归老于故邱。布衣幅巾，从邦君于其上。酒酣乐作，援笔而赋之。以颂黎侯之遗爱，尚未晚也，轼。
>
> 承要墨戏，须醉乃作。今已断酒矣，然数百幅间，只择得一二得意者。续当转求为赠。轼，启。苦雾收残文豹别，怒涛惊起老龙蟠。

无名款。

后幅：前人题跋。

> 此东坡先生真迹《千文》全卷，实予内家南野堂中妙品也。自南野堂出为刘氏物，今转于文元所。曾知吴中继孟张先生，流至南野。继孟当时号博古，谓是书妙臻藏真笔法，可谓赏识至矣。然世宝东坡片简数行，不惜重购。况此千字烂漫奇崛，后又有漫书三篇，不一而足。岂公神畅笔放，必在未断酒时，兴发意得，不觉弥卷。不然，何得如此流快哉。后学沈周。

钤印一：启南。

---

[1] 薛永年、王连起总主编《石渠宝笈：故宫博物院藏清内府抄本合编（全40册）》，第2760页。

宏治丁巳四月二十八日，观于石田舟中，吴宽。

鉴藏宝玺：八玺全。

收传印记：松州之印、松州、吴中徵士、林村隐居、商邱（丘）宋荦审
定真迹。

谨按：是迹见书画舫，云是赠儋州黎子云作。《书画汇考》标为"赠黎
侯千文卷"。后多董其昌一跋，今佚。后三段刻入《快雪堂帖》。

宋法书六种　一卷[1]

本幅：纸本，六幅。宋徽宗二帖、苏轼、陈与义、刘光世、张栻各一帖。

第三，纵一尺一寸，横四寸八分，苏轼尺牍。[2]

> 此虽云同归院，亦不云宿于院中。不知别有文字，证得是宿学
> 士院为复。只是公家传说如此，乞更批示。轼白。今当改云宿
> 学士院为复，且只依旧云宿待漏舍，幸批示。

鉴藏宝玺：八玺全。

收传印记：虎孙、太邱陈氏、瞻近堂、忠彻、袁忠彻印、南昌袁氏家藏
珍玩、天水郡收藏书画印记、退密、子孙永保、项氏子京、项墨林秘笈
之印、庚子（瓢印）、砚癖（半印）、子京父印、项元汴印、鸳鸯湖长、
槜李项氏世家宝玩、项墨林鉴赏章。

---

[1] 薛永年、王连起总主编《石渠宝笈：故宫博物院藏清内府抄本合编（全40册）》，第
2915—2917 页。

[2] 其余作品为：第一，纵一尺一寸，横六寸，宋徽宗书诗《棣棠花》。第二，纵横如前，
宋徽宗书诗《笋石》。第四，纵一尺，横一尺一寸六分，陈与义尺牍。第五，纵一尺五分，
横一尺四寸，刘光世尺牍。第六，纵一尺，横二尺五分，张栻尺牍。

宋四家真迹　一册[1]

本幅：纸本，苏轼二帖，黄庭坚一帖，米芾四帖，蔡襄一帖。

第一，苏轼尺牍一幅。纵九寸五分，横九寸四分，行书。

> 轼启，江上邂逅，俯仰八年。怀仰世契，感怅不已，辱书。且
> 审起居佳胜，令弟爱子，各想康福。余非面莫既，人回忽忽不
> 宣。轼，再拜。知县朝奉阁下，四月廿八日。

第二，苏轼诗帖幅半。纵九寸，首幅，横一尺五寸；半幅，横七寸八分，
行书。

> 辩才老师退居龙井，不复出入。轼往见之。常出，至风篁岭。
> 左右惊曰："远公复过虎（缺，据集当为"溪矣"二字）。"
> 辩才笑曰："杜子美不云乎，与子成二老，来往亦风流。"因
> 作亭岭上，名之曰《过溪》，亦曰《二老》。谨次辩才韵，赋
> 诗一首，眉山苏轼上。
> 日月转双毂，古今同一邱。惟此鹤骨老，凛然不知秋。去往两
> 无碍，天人争挽留。去如龙出口，雷雨卷潭湫。来如珠还浦，
> 鱼鳖争骈头。此生暂寄寓，常恐名实浮。我比陶令愧，师为远
> 公优。送我还过溪，溪水当逆流。聊使此山人，永记二老游。

---

[1] 薛永年、王连起总主编《石渠宝笈：故宫博物院藏清内府抄本合编（全40册）》，第
2917—2921 页。

　　大千在掌握，宁有离别忧。元祐五年十二月十九日。[1]

题签：御笔"宋四家真迹""神品"。钤宝二：御赏、乾隆宸翰。

收传印记：封、悦生、司印（半印）、提领措置会子库印、福建路提举司之印、提举福建路税（半印）、景道进德斋记、鲜于、鲜于枢伯几父、子孙保之、为善最乐、爵、李和审定真迹、华雪斋、尧封、水竹家溪口堂、园公、寄傲、项元汴印、子京父印、墨林秘玩、项元汴氏审定真迹、退密、墨林生、子孙世昌、神奇、六艺之圃、西楚王孙、项墨林鉴赏章、沮溺之俦、墨林堂、世外法宝、神品、墨林懒叟、游方之外、墨林父、逸民、惠泉山樵、项子京家珍藏、桃花源里人家、煮茶亭长、会心处、项氏子京、墨林研僻、墨林外史、子京、癖茶居士、长病仙、项墨林父秘笈之印、虚朗斋、博雅堂宝玩印、墨林项叔子章、檇李项氏士家宝玩、沮溺之俦、天籁阁、廷、书印（半印）、浙河沈氏勖礼彦敬（半印）、黄琳美之、琳印、陈定印、陈氏家藏、陈定、郭口虎真赏印、鸿续之印、俨斋书印、宝晋山房、鸿绪、俨斋秘玩、赐金园主人、子孙永保、云间王俨斋收藏印、王俨斋鉴赏法书名画。

谨按：是册八帖，俱刻入《墨妙轩法帖》。

---

[1] 其余作品为：第三，黄庭坚尺牍并诗，二幅半，纵八寸一分。第四，米芾尺牍，纵九寸一分，横一尺二寸五分，行书。第五，米芾尺牍，纵九寸一分，横一尺二寸五分，行书。第六，米芾尺牍，纵八寸九分，横九寸八分，行书。第七，米芾尺牍，纵九寸二分，横一尺四分，行书。第八，蔡襄尺牍，纵七寸九分，横八寸四分，行楷书。

苏轼自书《后杞菊赋》　一卷[1]

本幅：金粟笺本，纵九寸五分，横三尺二寸，行书。

《〈后杞菊赋〉并序》。

天随生自言常食枸杞菊。及夏五月，枝叶老硬，气味苦涩，犹食不已。因作赋以自广。余尝疑之，以为士不遇，穷约可也，至于饥饿嚼啮草木，则过矣。而余仕宦十有九年，家日益贫，衣食之奉，殆不如昔者。及移守胶西，意且一饱，而斋厨索然，不堪其忧。日与通守刘君廷氏，循古城废圃。求杞菊食之，扪腹而笑。然后知天随之言，可信不缪。作《后杞菊赋》以自嘲，且解之云：

吁嗟先生，谁使汝坐堂上称太守？前宾客之造请，后掾属之趋走。朝衙达午，夕坐过西。曾杯酒之不设，揽草木以诳口。对案颦蹙，举箸噎呕。昔阴将军设麦饭与葱叶，井丹推去而不嗅。怪先生之眷眷，岂故山之无有？

先生听然而笑曰："人生一世，如屈伸肘。何者为贫？何者为富？何者为美？何者为陋？或糠核而瓠肥，或粱肉而墨瘦。何侯方丈，庾郎三九。较丰约于梦寐，卒同归于一朽。吾方以杞为粮，以菊为糗。春食苗，夏食叶，秋食花实而冬食根，庶几乎西河、南阳之寿。"坡翁。

钤印一：东坡居士老泉山人。

---

[1]薛永年、王连起总主编《石渠宝笈：故宫博物院藏清内府抄本合编（全40册）》，第3163页。

鉴藏宝玺：八玺全。

收传印记：之赤、笔砚精良人生一乐、江左人文、庞场居士、黄彪、合同。

苏轼自书《渔父词》 一卷[1]

本幅：腊笺本，纵七寸四分，横一尺六寸，行书。

渔父饮，谁家去，鱼蟹一时分付。酒无多少醉为期，彼此不论钱数。（右《渔父破子》一）

渔父醉，蓑衣舞。醉里却寻归路，孤舟短棹任斜横。醒后不知何处。（右《渔父破子》二）

轼。

钤印三：东坡、子瞻、东坡居士。

鉴藏宝玺：八玺全。

收传印记：文同、张天雨印、收付、归来印、蒋则希之、吴大成、中区阁、吴肇岐，又半印不可辨。

[1]薛永年、王连起总主编《石渠宝笈: 故宫博物院藏清内府抄本合编（全40册）》，第3164页。

林逋苏轼诗帖　一卷[1]

本幅：素笺本，纵一尺，横九尺五寸。林逋行书诗五首。

编松为箑寄山中，兼得紫薇诗一通。入手凉生殊自慰，可烦长
听隐居风。（制诰李舍人，以松扇二柄并诗为遗，亦次来韵）

片山兼水绕，晴雪复漫漫。一径何人到，中林尽日看。远分樵
载（昨盖切）重，斜压苇丛乾。楼阁严城寺，疏钟动晚寒。（《孤
山雪中写望》）

林表秋山白鸟飞，此中幽致世还稀。谁家岸口人烟晚，坐见渔
舟两两归。（《孤山从上人林亭写望》）

炎方将命选朝伦，治行何尝下古人。拥旆肯辞临远郡，登舻还
喜奉慈亲。水连芳草江南地，烟隔寒梅岭上春。若过中途值归
雁，慰怀能与致音尘。（《送史殿省典封川》）

空阶重叠上垣衣，白画初长社燕归。落尽海棠人卧病，春风时
复动斋扉。（《春日斋中偶成》）

殿直丁君，自沂适闽。舣舟惠顾，晤语未几。且以拙诗为索，
病中援笔勉书数章，少塞好事之意耳。时皇上登宝位岁夏五月，
孤山北斋手书，林逋记。

苏轼行书诗一首。

吴侬生长湖山曲，呼吸湖光饮山绿。不论世外瘾君子，傭儿贩
妇皆冰玉。先生可是绝俗人，神清骨冷无由俗。我不识君曾梦

---

[1] 薛永年、王连起总主编《石渠宝笈：故宫博物院藏清内府抄本合编（全40册）》，第3912—3914页。

见，眸子瞭然光可烛。遗篇妙子处处有，步绕西湖看不足。诗如东野不言寒，书似留台差少肉。平生高节已难继，将死微言犹可录。自言不作封禅书，更肯悲吟白头曲（司马长卿欲娶富人女。文君作白头吟以诮之。先生临终诗云："茂陵他日求遗草，犹喜曾无封禅书。"）。我笑吴人不好事，好作祠堂傍修竹。不然配食水仙王，一盏寒泉荐秋菊（西湖有水仙王庙）。

书和靖林处士诗后。苏轼。

御题（甲辰，诗见上册）：

甲辰暮春月，御题，五用苏轼韵。

钤宝二：古希天子、犹日孜孜。

御题（丁丑，诗见上册）：

乾隆丁丑二月望日题，即用卷中苏轼书后原韵，御笔。

钤宝二：乾隆宸翰、几暇临池。

御识：

钱塘孤山放鹤亭，宋处士林逋旧隐处。苏轼所为赋诗者也。西湖行宫在其阳。丁丑南巡，适得处士诗帖。坡诗宛在，墨彩犹新。顷来湖上，重展是卷，缅高风于千载，抒雅兴以重赓。并纪卷末以志缘起。御笔。

钤宝二：乾、隆。

后隔水：

御题（壬午，诗见上册）：

壬午暮春月，御题。再用苏轼韵。

钤宝二：乾隆宸翰、几暇临池。

后幅：

御题（乙酉，诗见上册）：

乙酉暮春月，御题。三用苏轼韵。

钤宝二：用笔在心、乾隆宸翰。

御题（庚子，诗见上册）：

　　庚子暮春月，御题。四用苏轼韵。

钤宝二：乾、隆。

御识（见上册）：

　　臣，董诰奉敕敬书。

钤印二：臣诰、敬书。

此卷与前二札册联匣，面镌御识同。

附前人题跋：

　　右和靖林处士君复手书五七言近体五首。其语冲夷可咏，而结体尤峭劲。然有韵态，不作岩岩骨立也。苏长公一歌，其推许此君至矣。然至"诗如东野不言寒，书似留台差少肉"二语，便是汝南月旦。何尝少屈狐笔也，留台者，李建中也。尝分司御史台，考之集称西台，以偶东野更当耳。长公书法，匀稳妍妙，风神在波拂间，而丽句层出，尤刺人眼。始钱塘人即孤山故庐以祀和靖，游者病其湫隘。因长公诗后有"我笑吴人不好事，好作祠堂傍修竹"，遂徙置白香山祠，与长公配，迄于今香火不绝。乃其遗迹与长公同卷，价踊贵十倍。太史公有云："伯夷叔齐，得夫子而名益。"彰若君复者，亦何其多幸也欤。壬午嘉平月，吴郡王世贞谨题。

钤印二：王世贞印、志信道人。

　　世言林和靖先生，字不如诗，诗不如人。然观此卷，亦自瘦劲有法。杜襄阳诗云"书贵瘦硬方通神"，岂先生谓耶。世人贵耳，若无坡翁诗，此卷当无以重价售者。第苏长公去先生时代无几，为长歌题其卷后。推重至此，吾辈固当以坡翁增重。讵使重末而忘其本耶。若苏书，则又是其生平合作。余兄谓君复多幸，诚然诚然。丁未春正月，吴郡王世懋书于奉常斋中。

钤印二：王敬美氏、墙东居士。

　　史称林逋力学好古，结庐西湖之孤山。二十年足不及城市，真宗闻其名。赐粟帛，诏长吏岁时劳问，尝自为墓于其庐侧。临终赋诗，有"喜无封禅书"之句。既卒，州为上闻，仁宗嗟悼，赐谥和靖先生。史又称其善行书，喜为诗，今遗墨数篇。为坡公所题，备极称许。君复词翰，得坡公而增重。数百年来，人奉为至宝。夫以坡公之才学品望，可函盖君复数倍。而长篇秀句，推奖不容于口。可见坡公乐道人之善，而不轻视前哲，如此其至也。

君复书亦峭劲，坡公书则出入鲁公季海间，姿媚可爱。而藏锋敛锷，运方圆于规矩之外。真得折钗股屋漏痕之妙，骎骎乎直逼晋王侍中书矣。盖能于偏处取正，中处见侧，相生互用，遂为大家。董文敏谓其好用偃笔，似犹未知坡公之深也。康熙五十七年，岁次戊戌。十一月六日，横云山人王鸿绪谨题于长安邱舍，时年七十有四。

钤印四：王鸿绪印、俨斋、大司农章、点易斋。

题签：御笔"林逋苏轼诗帖"。内府珍秘，上上神品。

钤宝一：乾隆宸翰。

鉴藏宝玺（八玺全）：乐寿堂鉴藏宝、古希天子、五福五代堂古稀天子宝、寿、八徵耄念之宝、游六艺圃、洗尽尘氛爽气来、妙意写清快。

收传印记：济阳文府、奭、宝奎堂、鸿绪俨斋秘玩、子孙永保、云间王鸿绪鉴定印、俨斋书印、鸿绪之印、宝晋山房、怡老堂珍藏印、王俨斋鉴赏法墨名画、横云山人。

谨按：济阳文府，乃元柯九思印。是卷见《书画汇考》《江村销夏录》。

苏轼《黄州诗帖》　一卷[1]

本幅：素笺本，纵一尺二寸二分，横三尺九寸，行书。

　　自我来黄州，已过三寒食。年年欲惜春，春去不容惜。今年又苦雨，两月秋萧瑟。卧闻海棠花，泥污燕支雪。暗中偷负去，夜半真有力。何殊病少年（"子"点去），病起头已白。

　　春江欲入户，雨势来不已（"雨"点去）。小屋如渔州，濛濛（蒙蒙）水云里。空庖煮寒菜，破灶烧湿苇。那知是寒食，但见乌衔纸。君门深九重，坟墓在万里。也拟哭涂穷，死灰吹不起。

　　右《黄州寒食》二首。

无名款，有黄庭坚、董其昌题跋。

御题行书：

　　东坡书豪宕秀逸，为颜、杨已后一人。此卷乃谪黄州日所书，后有山谷跋。倾倒已极，所谓无意于佳乃佳者。坡论书诗云："苟能通其意，常谓不学可。"又云："读书万卷始通神。"若区区于点画波磔间求之，则失之远矣。乾隆戊辰清和月上澣（浣）八日，御识。

钤宝三：乾、隆、几暇临池。

　　东坡此诗似李太白，犹恐太白有未到处。此书兼颜鲁公、杨少师、

---

[1] 薛永年、王连起总主编《石渠宝笈：故宫博物院藏清内府抄本合编（全40册）》，第3922—3923页。

李西台笔意。试使东坡复为之，未必及此。它日东坡或见此书，
应笑我于无佛处称尊也。余生平见东坡先生真迹不下三十余卷，
必以此为甲观。已摹刻《戏鸿堂帖》中。董其昌观，并题。

引首：御笔"雪堂余韵"。
钤宝一：乾隆御笔。

后幅：前人题跋。

> 东坡老仙三诗，先世旧所藏。伯祖永安大夫，尝谒山谷于眉之
> 青神，有携行书帖，山谷皆跋其后，此诗其一也。老仙文高笔
> 妙，粲若霄汉云霞之丽。山谷又发扬蹈厉之，可谓绝代之珍矣。
> 昔曾大父礼院官中秘书，与李常公择为僚。山谷母夫人，公择
> 女弟也。山谷与永安帖自，言识先礼院于公择舅坐上，由是与
> 永安游好。有先礼院所藏昭陵御飞白记，及曾叔祖卢山府君志
> 名，皆列山谷集。惟诸跋世不尽见。此跋尤恢奇。因详著卷后。
> 永安为河南属邑，伯祖尝为之宰云。三晋张缜季长甫懿文堂书。

钤印一：懿文堂图书。

题签：御笔"苏轼黄州诗帖"（长春书屋鉴赏珍藏神品）。
钤宝五：天府珍藏、御赏、乾隆宸翰、神、品。
鉴藏宝玺（八玺全）：乐寿堂鉴藏宝、古希天子、五福五代堂古稀天子宝、
寿、八徵耄念之宝、观书为乐、茹古含今。
收传印记：天历之宝、荆湖南北转运使印、司印（半印）、神品、沈纯
祉印、沈受蕃印、一字受公、沈氏受公、沈□□氏、韩逢禧印、韩世能印、
埋轮之后、张氏珍玩、北燕张氏珍藏、北平孙氏、成德容若、楞伽山人、
容若书画、容斋成德、香界、成子容若、楞伽真赏、琅琴阁珍藏、花间草堂、
楞伽、容斋清玩。
谨按：是迹刻入《懋勤殿帖》，亦见《晚香堂帖》。黄庭坚跋，见《山谷集》。
张缜跋所云"曾大父礼院"，乃张公裕，曾官秘阁校理。其子浩，即所
谓永安，庭坚为作仁宗皇帝御书记者也。卢山府君，乃公裕第公邸，官
通直郎，知卢山县。张氏世为蜀州江源人，云出留侯之裔，故以"三晋"
署望也。天历之宝，元文宗刻，见《辍耕录》。

苏轼二赋真迹 一卷^[1]

本幅：白麻纸本，纵九寸四分，横一丈三寸八分，行书。

《洞庭春色赋》《中山松醪赋》二篇，并自记，有张孔孙跋。

《洞庭春色赋》。吾闻橘中之乐，不减商山。岂霜余之不食，而四老人者游戏于其间？悟此世之泡幻，藏千里于一班。举枣叶之有余，纳芥子其何艰。宜贤王之达观，寄逸想于人寰。袅袅兮春风，泛天宇兮清间。吹洞庭之白浪，涨北渚之苍湾。携佳人而往游，勤雾鬓与风鬟。命黄头之千奴，卷震泽而与俱还。糅以二米之禾，藉以三脊之菅。忽云烝而冰解，旋珠零而涕潸。翠勺银罂，紫络青纶。随属车之鸱夷，款木门之铜镮。分帝觞之余沥，幸公子之破悭。我洗盏而起尝，散腰足之痹顽。尽三江于一吸，吞鱼龙之神奸。醉梦纷纭，始如髦蛮，鼓包山之桂楫，扣林屋之琼关。卧松风之瑟缩，揭春溜之淙潺。追范蠡于渺茫，吊夫差之虀鲩。属此觞于西子，洗亡国之愁颜。惊罗袜之尘飞，失舞袖之弓弯。觉而赋之，以授公子曰："乌乎噫嘻，吾言夸矣，公子其为我删之。"

《中山松醪赋》（见养心殿所藏，御临苏轼《中山松醪赋》卷）。始安定郡王以黄柑酿酒，名之曰洞庭春色。其犹子德麟得之以饷予，戏为作赋。后予为中山守，以松节酿酒，复为赋之。以其事同而文类，故录为一卷。绍圣元年闰四月廿一日，将适岭

---

[1] 薛永年、王连起总主编《石渠宝笈：故宫博物院藏清内府抄本合编（全40册）》，第3924—3927页。

表，遇大雨，留襄邑，书此。东坡居士记。

御题行书：

内府收苏轼书，凡数十种。妍秀飘逸，各极其胜。此所书二赋，乃将过岭时笔。精气盘郁毫楮间，首尾丽密，信坡书中所不多觏。读赋中"悟此世之泡幻，藏千里于一班"与夫"取通明于盘错，出肪泽于烹熬"数语，殆其自道，于无意中自然流出，所谓气高天下者，尚可想见。乾隆丙寅长至后一日，御题。

钤宝二：会心不远、德充符。

中山停畔忆松醪，开卷如亲书兴豪。大令漫教夸裹铁，曹郎差可拟持螯。文章烂岂惊徽缠，拄杖投扔起续骚。雪浪斋前重俯仰，髯翁曾此一挥毫。乾隆庚午小春，驻众春园题。

钤宝二：乾、隆。

予自鄂渚走豫章涮西，阅前宋名公墨迹，往往非真。今观郭仲实所藏坡仙出定州书二赋，笔意雄劲，与密国公家铁沟行。元遗山收王晋卿画《烟江叠嶂图》唱和，深相类，好事者当珍秘之。时至元乙酉七夕，同吏部尚书刘伯宣、应奉翰林文字杨从周，观于上都官舍。隆安张孔孙题。

前隔水：御题。

洞庭春及定州醪，二赋同书一卷豪。飞兴逸同子安雀，拍浮乐胜铜阳螯。盆成无碍安盘石，城守还教莫驿骚。行馆昼长值清暇，弗寻花柳试拈毫。

壬子清河上澣，再叠庚午诗，御题。

钤宝二：八徵耄念、自强不息。

后隔水：御题。

薄用收松制作醪，髯翁相见意雄豪。烹熬自可出肪泽，铺啜何须较蟹螯。犹子赠兹同气味，大夫拟彼畔牢骚。中山正此数典处，携卷重赓点咏毫。

丙午季春月，叠庚午诗韵。御题。

钤宝二：古希天子、犹日孜孜。

引首：坡翁宝翰（篆书）。

门生太原乔宇敬书。

钤印三：白岩、乔宇图书、甲辰进士。

后幅：前人题跋尺牍。

右《洞庭春色》《中山松醪》二赋。东坡先生之文翰也，如良金美玉，虽愚夫愚妇皆知为至宝。太学上舍襄阳郑君达，宝而藏之。固宜也，君亦以文翰之善，协赞凤池诸公。典制诰事，慎密简静。时论归之，兹以年劳。授盩厔（今作"周至"）知县，将行，特以示余求题。

士君子幼学壮行，盖有及物之志。君发轫伊始，实百里之民，休戚所系。先贤遗墨，尚知宝爱，推以及民，民其有不安者耶？君尚知所重哉。正统壬戌冬十月初吉，奉政大夫、修正庶尹、礼部郎中、赐食三品禄、直文渊阁、永嘉黄养正书。

钤印三：志彀斋、黄蒙养正私印、玉署余清。

中山松节洞庭柑，不待衔杯意已酣。三复好辞还妙翰，暑风吹鬓晚毵毵。

不用殷勤着酒经，自将辞赋托芳馨。若从颠素论书法，肯放人间是独醒。东阳。

钤印一：宾之。

苏文忠公书流传人间者，仆平生所见几数十卷。然独文史公家之《后赤壁赋》及《嵩阳帖》，徐文靖之《楚颂》《买田阳羡》二帖，李太仆之《乞居常州奏》，徐银台之《九歌》。惟此诸篇为绝妙，其余纷纷碎珉断璧，不称秘宝。顷观此二赋于陈君从训装中，纸墨精好，波画犹劲，诚哉伟丽之观。余家黄庭，亦欲并驱争先矣。乙亥八月廿又三日，王穉登谨题。

钤印二：穉登、王氏百穀（谷）。

苏文忠公书，余生平所藏四诗，潇洒飘逸，每谓人间无二。至于长篇完牍，纸精墨好，有冠冕佩玉之意，故当共推此卷。少时便见刻本，不意于从训所获见真迹，三复不能释手。为志年月姓名于后。甲申九月朔后一日，吴郡王世懋谨题。

钤印二：敬、美。

《洞庭春色》《中山松醪》二赋，实此公酒经之羽翼，既成而绝爱之，往往为客书，所谓人间合有数十本者。余于敬美所见石本，一则草而瘦，一则楷而放，与此迹颇不同。此迹不惟以古雅胜，虽姿态百出，而结构紧密，无一笔失操纵，当是眉山最上乘。观者毋以墨猪迹之可也。赋语流丽优浪，亦自可儿。计此公将过岭，留襄城，恰得五十九岁，与余正同。余不赴刑部侍郎，庶可免岭外游。第断米汁来仅旬日，已与二赋无缘，不知此公而在能首肯否？又后二日，世贞题。

钤印一：王世贞印。

昨一见足下，座谈之顷，使人爽然快心。及睹佳诗画，又复油然兴恋。欲治一筋以留足下，而不能事烹宰，粝饭菜羹，又非所以欵长者。奈何，一诗聊见情，然皆实境也，薄物不足将敬。扇污临并上。乡侍生王世贞顿首。启从训契兄先生词伯足下，二卷皆妙，而坡公笔尤出尘。惜跋不称耳，而仆又不称，可笑也。坡翁书，出于颜鲁公、杨少师，宋朝第一。以多偃笔，遂有墨猪之议。此二赋经营下笔，结构严整，郁屈瑰奇之气。回翔顿挫之姿，真如狮蹲虎踞。余所见坡翁迹甚众，惟此诚称甲观，三十年中，每当晴窗胜日，焚香展对，胸中尘谛，不复知消归何处矣。时戊戌季秋，懒逸张孝思漫识于培风阁。

钤印三：张孝思、懒逸、宜子孙。

题签：御笔"苏轼二赋真迹"，神品。

钤宝一：乾隆宸翰。

鉴藏宝玺（八玺全）：乐寿堂鉴藏宝、古希天子、卍有同春、寿、即事多所欣、和顺积中、笔花春雨。

收传印记：耆德中正、张孝思、张则之、放情邱（丘）壑、张孝思赏鉴印、胶西张应甲先三氏图书、张应甲、季振宜印、沧苇、河北棠邨、梁清标印、蕉林、苍岩、蕉林秘玩。

谨按：是迹刻入《三希堂法帖》，亦见《秋碧堂帖》。赋中"味甘余之小苦"，本集之作而。"袅袅兮春风"，本集作"秋风"。"包山"本集作"巴山"，盖异同笔也。安定郡王系宋燕王德昭后人世封。当轼作赋时，所称安定郡王为世准，字君平，见施注苏诗。德麟，名令畤，旧字景贶，轼为字德麟，著《字说》，华原郡公世宪子，后于高宗时，袭安定郡王。记称绍圣元年四月，将《适岭表》留襄邑。考是年，轼知定州，落两职知英州。乘舟沿汴入江，集有乞舟行赴，英州状，故道经襄邑也。襄邑属东京开封府，今睢州地。

张孔孙，字梦符，济南人，元世祖时侍御史，行御史台事。遗山为元好问号。元好问，字裕之，秀容人。金兴定间进士，历行省左司员外郎。刘伯宣，名宣，太原人。元至元间吏部尚书，后为南台御史中丞。追封彭城郡公，谥忠宪。乔宇，字希大，号白岩，太原乐平人，明武宗时吏部尚书。其称门生，盖是迹为李东阳所藏。东阳于成化八年，以礼部侍郎兼文渊阁大学士直内阁。宇系成化二十年进士，当是东阳门生也。黄蒙，字养正，温州瑞安人。永乐中中书舍人，正统中直文渊阁。

苏轼书《杜甫楷木诗》　一卷^[1]

本幅：素笺本，纵八寸五分，横二尺六寸五分，行书，《杜甫堂成诗》，
并轼自识语。

　　背郭堂成荫白茆（茅），缘江路熟俯青郊。楷林碍日吟风叶，
　　笼竹和烟滴露梢。暂下飞乌将数子，频来语燕定新巢。旁人错
　　比扬雄宅，懒惰无心作解嘲。

　　蜀中多楷木，读如敧侧之敧，散材也，独中薪耳。然易长，三
　　年乃拱。故子美诗云："饱闻楷木三年大，为致溪边十亩阴。"
　　凡木所芘，其地则瘠。惟楷不然，叶落泥水中辄腐，能肥田，
　　甚于粪壤。故田家喜种之，得风叶声发发如白杨也。吟风之句，
　　尤为纪实云。笼竹，亦蜀中竹名也。

御题行书：

　　杜甫草堂有数处，此诗云背郭缘江。则当属成都之浣花。山川
　　风物之美。惟久习者知之。东坡蜀人，故于楷林笼竹言之特详。
　　《山海经》云："单狐之山多机木。"郭注："似榆，可烧以粪田。"
　　与坡语合。此明杨慎以为即楷木也。坡以蜀人而书古人故乡之
　　诗，神采尤奕奕飞动，超越笔墨之外，不特寻常称诗字合璧而
　　已。明窗展卷，辄识数言，时巳巳腊日。

————————
[1] 薛永年、王连起总主编《石渠宝笈：故宫博物院藏清内府抄本合编（全40册）》，第
3927—3929 页。

钤宝二：几暇怡情、乾隆宸翰。

后幅：前人题跋。

金华胡长孺、淮阴汤炳龙、鄮川刘铉、眉山程郇、龙泉陈象祖、庐山连璧、富春潘梦得，大德辛丑立冬日，同观于胡氏颜乐斋。此苏太师真翰也，仲德先生其宝藏之。大名后进王执谦拜观。大德丁未十月朔日。

山翁之孙庚白携以见示，获寓目焉。至顺癸酉春正月既望，莆阳黄玭敬书于海宁寓舍。

钤印二：介石斋、玉邲。

矞童子时，师事南易先生，时从舒君和父与先师嗣伯寿父同观，今四十余年矣。至正三年三月，至长安镇，过先师甥馆之孙懋，出示斯卷，叹息之余，不啻晨夕。敬书于后，用以识存殁岁月云。河东张矞。

钤印一：张仲举父。

至正六年夏四月，濮阳吴叡拜观于长安章氏棣华堂（篆书）。

钤印二：吴叡私印、吴孟思氏。

文忠公墨迹，多散落人世。然此卷题识观玩者亦多。先辈皆物故殆尽，今存者特张君仲举，官至侍讲，盖侍讲尝学于仇仁近先生，而此卷则先生旧藏也。展卷之际，感念存殁，为之慨然。至正二十一年冬十有一月，遂昌郑元祐识。

钤印三：郑元祐印、遂昌山樵、郑明德氏。

临川危素，同四明袁士元拜观。

钤印二：危素私印、危太朴氏。

昔先生尝赞美杜子美诗、颜鲁公书，此求之于声律点画之外。今观先生书杜诗后，千百年宛然若昨日挥洒者。盖寓精神于翰墨，而材品所自到尔。倘拘以宇宙之得而论之，是未可同赏妙也，宜自袭藏宝玩为尚。洪武己巳八月六日，岩陵金冕志。

钤印二：金服之、醉素。

坡翁书，大概骨撑肉，肉没骨，自出新意，亦一快哉。今观此书，其字画更圆熟遒劲可爱。与余旧所见诸帖夐别，文干当宝爱以传诸子孙于无穷也。永乐己丑春三月望日，吴郡姚广孝识。

钤印二：太子少师姚广孝图书、寿杶堂。

此卷乡衮尚宝卿葛公所藏，唐思房得之。公字文干，思房之母，公之女孙也。成化丁亥，予于济南太守杨君必贵处，见东坡所书《醉翁亭记》，字径二寸。今又见此，并前元名卿硕儒观者题名。是日也，兼得拜詹东坡小影于其裔，足以洗尘心而偿夙念。观者题名，欲一一疏之。第注易未暇也，尚有俟焉。希世之珍，思房宜秘之，虞有力之娄人可也。癸卯岁月正壬戌日，姑孰谢理一卿跋。

钤印三：东岑子、尚友、三世制科进士。

题签：御笔"苏轼书《杜甫楷木诗》"（内府珍藏）。

钤宝二：神品、乾隆宸翰。

鉴藏宝玺（八玺全）：乐寿堂鉴藏宝。

收传印记：叡思东阁、绍兴、贾洵、徐氏珍玩、东海郡图书记、辽海王氏、卞令之鉴定、令之仙客、式古堂书画、式古堂。

谨按：是迹刻入《三希堂法帖》。

胡长孺，字汲仲，号石塘，婺州永康人。至元间官集贤修撰，著有《石塘文稿》。

汤炳龙，字子文，其先山阳人，徙居京口。辟庆元市舶提举，自号北村老民。著有《北村诗集》。

程郇，字晋辅，其先蜀人，徙居湖州，官婺源知州。

袁士元，字彦章，鄞县人。危素荐为平江路学教授，自号菊村学者，著《诗（"诗"应作"书"）林外集》。

金冕，宜兴人，正德间进士，官河南右参议。

谢理，当涂人，成化间进士。不仕，《书画汇考》载此帖，题跋俱同。

宋贤笺牍　一册[1]

本幅：纸本，十一幅。集宋人五人尺牍六种。

第一，苏轼书，一幅。纵八寸三分，横九寸六分，行书。

> 轼启，辱教具审孝履支持。承来日遂行，适请数客，未得走别。
> 来晨如不甚早发，当诣见次。梅君书写未及，非久差人去也。
> 李六丈近遣人赍书去，且为致恳，酒两壶，以饮从者而已。不
> 宣轼再拜，至孝廷平郭君。三日。[2]

谨按：此札刻入《三希堂法帖》，亦见《快雪堂帖》，载陈继儒秘笈。

鉴藏宝玺（八玺全）：乐寿堂鉴藏宝。

收传印记：莫景行氏、曹溶鉴定书画印。

---

[1] 薛永年、王连起总主编《石渠宝笈：故宫博物院藏清内府抄本合编（全40册）》，第4100—4102页。

[2] 其余作品为：第二，薛彭绍书，纵八寸八分，横一尺二寸，行书。第三，程元凤书，纵一尺四分，横一尺七寸二分，行书。第四，叶梦鼎书，劄子一通，分二幅，纵一尺一分，横通二尺四寸四分，行书。第五，叶梦鼎书，劄子一通，分四幅，纵一尺七分，横通四尺四分，行书。第六，陈存书札子一通，分二幅，纵一尺一寸五分，横通二尺八寸，行书。

眉山苏氏三世遗翰　一册[1]

本幅：纸本，八幅。集眉山苏氏三世四人尺牍诗帖十一种。

第三，苏轼尺牍，半幅。纵七寸九分，横七寸三分，行书。

　　轼再启，久留叨恩。频蒙馈饷，深为不皇。又辱宠召不克赴，

　　并积惭汗。惟深察深察。轼再拜。

第四，苏轼尺牍，半幅。纵七寸九分，横七寸三分，行书。

　　宣猷丈丈计已屏事斋居，未敢上状。至常乃附区区，轼惶恐。[2]

谨按：札内云"至常乃附区区"。考轼，凡三至常州，此当是第二次。

鉴藏宝玺（八玺全）：乐寿堂鉴藏宝。

收传印记：古林、焦林书屋、曹溶秘玩、曹溶鉴定书画印、通儒世家、

毗陵开国、赵氏、张羽钤、文安开国、永保之、曹溶之印、黄美曾观、

仓岩子、焦林、玉立氏图书、张铁。

---

[1] 薛永年、王连起总主编《石渠宝笈：故宫博物院藏清内府抄本合编（全40册）》，第
4107—4110页。
[2] 其余作品为：第一，苏洵尺牍，纵一尺一寸三分，横一尺六寸六分，行书。第二，苏洵尺牍，
纵一尺一寸，横一尺六寸，行书。第五，苏辙尺牍，纵八寸，横七寸六分，行书。第六，苏
辙尺牍，纵八寸，横七寸六分，行书。第七，苏辙尺牍，纵七寸九分，横六寸八分，行书。
第八，苏辙尺牍，纵八寸九分，横六寸三分，行书。第九，苏辙尺牍，纵七寸九分，横六寸
三分，行书。第十，苏过尺牍，纵八寸六分，横一尺六分，行书。第十一，苏过自书诗，纵
一尺，横一尺三寸，楷书。

苏轼《西山诗帖》 一卷[1]

本幅：素笺本，纵九寸二分，横六尺六分，行书。

春江绿涨葡萄醅，武昌官柳知谁栽。忆从樊口载春酒，步上西山寻野梅。西山一上十五里，风驾两腋飞崔巍。同游困卧九曲岭，褰衣独到吴王台。中原北望在何许，但见落日低黄埃。归来解剑亭前路，仓崖半入云涛堆。浪翁醉处今尚在，石臼杯饮无尊垒。尔来古意谁复嗣，君有妙语留山隈。至今好事除草棘，常恐野火烧苍苔。当时相望不可见，玉堂正对金銮开。岂知白首同夜直，卧看椽烛高花摧。江边晓梦忽惊断，铜镮玉锁鸣春雷。山人账空猿鹤怨，江湖水生鸿雁来。愿君作诗寄父老，往和万壑松风哀。右武昌西山，赠邓圣求一首。

有"园"字编号，岑象求跋。

子瞻内翰，昔窜谪黄冈，游武昌西山，观圣求所题墨迹。时圣求已贵处北扉，而子瞻方误时远放，流落穷困。不二年，遂与圣求对掌诰命，并驱朝门，同优游笑语于亲切之禁。在常人固足感叹，况有文而赋于情者，宜何如哉！此前诗之所以作也。元祐丁卯二月，因会饮子功侍郎宅，子瞻为予笔此，遂记而藏之。江陵岑象求岩起跋。

引首：坡翁诗翰（篆书），东阳。

---

[1] 薛永年、王连起总主编《石渠宝笈：故宫博物院藏清内府抄本合编（全40册）》，第4419—4421页。

铃印一：西涯。

后幅：前人题跋。

《西山诗碑》，止有坡、谷、张右史三篇。近岁邓公裔孙，曾以前辈和篇数十首相示，辄不揣次韵，附见于后。时在翰苑，仍效周益公用印章。盖南渡以来，官府印多更铸，惟翰林院犹用"承平"旧印，铸于景德二年。苏邓二公，俱曾用此也。

党论一兴谁可回，贤路荆棘争先栽。窜流多能擅笔墨，囚拘或可为盐梅。雪堂先生万人杰，论议磊落心崔嵬。向来罗织脱一死，至今诗话存乌台。凭高望远想宏放，眼界四海空无埃。黄冈踏遍兴未尽，绝江浪破琉璃堆。漫郎神交信如在，石为窊樽胜金垒。邓侯先曾访遗迹，铭文深刻山之隈。山荒地僻分埋没，二公前后搜莓苔。元祐一洗人间怨，天地清宁公道开。玉堂同念旧游胜，笔端万物挫欲摧。时哉难得复易失，弟兄远过崖与雷。北归天涯望阳羡，买田不及归去来。我为长歌吊此老，恸哭未抵长歌哀。嘉定四年重阳日，四明楼钥书于攻愧斋。

铃印三：钥、攻愧斋、考古正今。

有松自作中山醅，有橘欲向江南栽。末画东坡满堂雪，且赏西山千树梅。探奇览胜遍吴楚，直泛浩渺等崔嵬。偶来此地聘迟暇睇，风景不论凌虚台。酒酣一吸汉江水，净洗万斛胸中埃。神交远到玉堂署，归梦忽惊金粟堆。挥毫日对掌纶綍，话旧夜共开尊垒。遗篇断墨半流落，不在山巅还水隈。何人传袭得此本，幸免石壁漫苍苔。因怀故乡访旧迹，使我一见心神开。人才绝代可指数，仕路触眼多倾摧。谁令青蝇点白璧，已听夜蜚鸣春雷。终为列星上天去，或化孤鹤横江来。文章气节两不朽，安用吊古生悲哀。宫保都宪陆君全乡，得坡翁此诗。乃为岑象求书，赠邓圣求者。

岑跋云：子瞻谪黄冈，游西山，观圣求墨迹，时圣求已处北扉。不二年对掌诰命，作诗感叹，楼大防和章，并及元次山遗迹。有二公先后搜访同念旧游之语。今坡集载此诗序云。

嘉祐中，圣求为武昌令，居黄相望，常往来溪山间。元祐元年十一月会宿玉堂，偶话旧事。而其诗乃有金銮"相望不可见"之句，意者。圣求先入，坡亦随召，其题武昌西山者，则赋旧事为赠，非山游时作也。集又载次韵一首，序云，和者三十余人，今皆不复见。楼诗乃出其后，而坡亦不见之矣。圣求名壁，其在翰林为学士，承旨云。正德八年七月四日，长沙李东阳书。

钤印三：宾之、怀麓堂印，西涯。

题签：御笔"苏轼西山诗帖"。真迹神品，乾隆御府珍赏。

钤宝三：御赏、乾隆宸翰、稽古右文之玺。

鉴藏宝玺（七玺全）：淳化轩、淳化轩图书珍秘宝、乾隆宸翰、信天主人。

收传印记：内府书印、长（大字印）、长（小字印）、神奇、神物护持、子孙保之、臣天爵、雪舫中人、长州陆完、全卿、全卿珍赏、天籁阁项叔子真赏、沮溺之俦、退密、子京、墨林子、隐居放言、有何不可、项子京鉴赏章、子京父印、蘧庐、物外法宝、若水轩、项元汴氏审定真迹、神品、檇李、项子京家珍藏、子孙永保、墨林秘玩、墨林、六艺之囿、项元汴印、项墨林鉴赏法书名画、墨林研癖、项氏子京、墨林生、平生真赏、子京所藏、墨林项叔子章、子孙世昌、墨林山人、逸民、田畴耕耨、珍秘、宜尔子孙、率古轩书画印、项墨林父秘笈之印、檇李项氏士家宝玩、桃花源里人家、神游心赏、耿嘉祚印、字会侯、琴书堂、汉水耿会侯书画之章、会侯珍藏、漱六主人、汉水耿会侯书画之印、湛、嘉祚、丹诚、臣嘉祚。

谨按：是迹见珊瑚网《书画汇考》。三跋同。刻入《三希堂法帖》。

宋苏轼《种橘帖》 一卷[1]

本幅：纸本，纵九寸一分，横一尺五寸七分，行书。

吾来阳羡，船入荆溪，意思豁然，如惬平生之欲。逝将归老，
殆是前缘。王逸少云"我卒当以乐死"，殆非虚言。吾性好种
植，能手自接果木，尤好栽橘。阳羡在洞庭上，柑橘载至易得，
当买一小园，种柑橘三百本。屈原作《橘颂》，吾园若成，当
作一亭，名之曰"楚颂"。元丰七年十月二日书。

钤印一：东坡居士老泉山人。

后幅：前人题跋。

坡老墨迹，三尺童子亦知敬之重之，不待赘语。惟其处羁困流
落之余，而泰然不以穷达得丧累其心，此坡老之所以深可敬重
者。余故表而出之。壬戌季夏中澣，清源曾从龙君锡谨书。

无印。

东坡公欲买园种橘于荆溪之上，然志竟不遂，岂造物者尚有所
靳耶。而《楚颂》一帖，传之后世为不朽，则又非造物者所能
靳也。孟頫题。

钤印二：赵子氏、松雪斋（半印）。

---

[1] 薛永年、王连起总主编《石渠宝笈：故宫博物院藏清内府抄本合编（全40册）》，第
6337—6338页。《种橘帖》亦称《楚颂帖》。

"人生到处知何似，却似飞鸿踏雪泥。泥上偶然留指爪，鸿飞
那复计东西。"此苏长公诗也。弼尝谓非东西南北人，未必深
领其意，而此帖亦一指爪也。九思谓临文更惘然，信哉，弼识！

钤印一：汝弼。

长公此书，古淡遒劲，虽知好公书者，未必能识其妙也。予尝
见别本及士大夫家摸（应作模）入石者，要当以此本为真正。
又纸尾有"东坡居士老泉山人"印章。盖公自黄还朝，既老而
思其邱墓，去作此书不远，两别号相继在元丰年间也。当时如
宗室令畤，尝从公颖州，亦札记及此。而南渡后，虽马端临之
博，犹以老泉为明允号。至本朝杨用修太史，其该洽为一代所
推，亦仍其误，故并识之，使览者有考焉。万历戊戌岁穀日，
为太仓曹周翰题。后学娄孟坚。

钤印一：娄子柔。

癸卯十月，过娄江，观东坡《种橘帖》真迹。董其昌。

钤印二：董其昌印、太史氏。

此帖已摹勒入石，旧尝临数过，颇为优孟。今乃得拜观真迹，
沉着奇快，始知衣冠之于骨相，了不相关也。崇祯甲戌，后学
归昌世书。

钤印二：归昌世印、文休。

鉴藏宝玺（五玺全）：宝笈三编。

收传印记：湘云阁藏书画印记、曾经道目看、金庭翁子元闻珍玩。

谨按：曾从龙，字君锡，晋江人。公亮四世从孙，庆元五年进士第一，
累官知枢密院事，兼参知政事，卒赠少师，《宋史》有传。张弼，字汝弼，
华亭人，成化丙戌进士，历知南安府。晚自号东海翁。见《松江志》。
娄坚，字子柔，嘉定人，贡生。归昌世，字文休，昆山人，太仆丞有光孙，
崇祯末以待诏征，不应。见《明诗综》小传。

宋苏轼《墨竹》真迹　一卷[1]

本幅：纸本，纵八寸六分，横三尺五寸五分。墨画竹，一干一枝。款：

元祐二年八月廿三日，凤翔县公以李廷珪墨见赠，作此。轼。

钤印一：东坡居士。

后幅：题跋。

释仲仁书苏轼《墨君堂记》：凡人相与号呼者，贵之则曰"公"，贤之则曰"君"，自其下则尔汝之。虽公卿之贵，天下貌畏而心不服，则进而君公，退而尔汝者多矣。独王子猷谓竹君，天下从而君之无异辞。今与可又能以墨象君之形容，作堂以居君，而属余为文以颂君德，则与可之于君信厚矣。与可之为人也，端静而文，明哲而忠，士之修洁博习，朝夕磨治洗濯，以求交于与可者，非一人也，而独厚君如此。君又疏简抗劲，无声色臭味，可以娱悦人之耳目鼻口，则与可之厚君也，其必有以贤君矣。世之能寒燠人者，其气焰亦未至若霜雪风雨之切于肌肤也，而士鲜不以为欣戚，丧其所守。自植物而言之，四时之变亦大矣，而君独不顾。虽微与可，天下其孰不贤。然与可独能得君之深，而知君之所以贤。雍容谈笑，挥洒奋迅而尽君之德，稚壮枯老之容，披折偃仰之势。风雷凌厉，以观其操；崖石荦确，以致其节。得志，遂茂而不骄；不得志，瘁瘠而不辱。

---

[1] 薛永年、王连起总主编《石渠宝笈：故宫博物院藏清内府抄本合编（全 40 册）》，第 6338—6340 页。

群居不倚，独立不惧。与可之于君，可谓得其情而尽其性矣。余虽不足以知君，愿从与可求君之昆弟子孙族属朋友之象，而藏于吾室，以为君之别馆云。绍圣丁丑岁，霜降前二日，石门释仲仁书。

钤印二：仲仁、梅花念我

一片湘云湿未干，春风吹下玉琅玕。强扶残醉挥吟笔，帘帐潇潇翠雨寒。金城郭畀天锡题。

钤印三：郭畀、快雪斋、金城郭氏。

赤壁归来燕寝香，梦骑元鹤过三湘。玉箫唤醒月初堕，云影满帘秋气凉。建安樊阜。

钤印一：半窗主人。

东坡先生，以文章气节自重，书画特其绪余。而兴之所及，挥洒自如，无不神妙。盖天纵聪明，故一经染翰，辄前无古人，后无来者矣。

此《墨竹》卷，乃赠凤翔邑公者，真所谓胸有成竹。故笔势飞舞，其庄而不佻，则类公之为人尔。虞伯生以下各题，第传其风致之妙。至其笔墨之外，则非后之人所能表而出之也。正统十三年秋七月之望日。定山居士庄昶敬题。

无印，幅尾小字"永乐十九年三月"。表背（裱褙）幼匠汪胜保。

鉴藏宝玺（五玺全）：宝笈三编。
收传印记：翰林之印、神品、天籁阁（半印）、寄傲（半印）、鉴赏章（半印）、致和斋、之珍（半印）、金匮山房珍藏（重一）、金城郭氏、子京（重一）、项元汴印（重二）、墨林山人（重一）、子京甫印（重一）、子孙（半印）、乔氏蒉成、秘书监丞、员峤真逸、北燕□□、鸿绪堂藏、寄傲（重一）、项氏墨林鉴赏章（重一）、墨林山人、墨林（重一）、退密、子孙世昌、墨林甫、若水轩、天籁阁。又印一、半印一不可辨。
谨按：释仲仁，会稽人，住衡州华光山，与黄庭坚友。考见《续编》。
樊阜，字时登，缙云人，成化戊子举人，官延平儒学训导。庄昶，字孔旸，江浦人，成化丙戌进士，由检讨以谏谪桂阳判官，终南京吏部郎中，天启初，追谥文节。并见《明诗综》小传。昶跋中有"虞伯生以下各题"云云，今只有郭畀、樊阜二跋，是已为后人割去矣。

宋苏轼墨迹 　一卷[1]

本幅：纸本，皆纵八寸五分，横五尺九寸，行书。

"天际乌云含雨重，楼前红日照山明。嵩阳居士今何在，青眼看人万里情。"此蔡君谟梦中诗也。

仆在钱塘，一日谒陈述□，邀余饮堂前小阁中。壁上小书一绝，君谟真迹也。"约绰新娇生眼底，侵寻旧事上眉尖。问君别后愁多少，得似春潮夜夜添。"又有人和云："长垂玉筯残妆脸，肯为金钗露指尖。万斛闲愁何日尽，一分真态更难添。"二诗皆可观。后诗不知谁作也。

杭州营籍周韶，多蓄奇茗。常与君谟斗，胜之。韶又知作诗。子容过杭，述古饮之。韶泣求落籍，子容曰："可作一绝。"韶援笔立成曰："陇上巢空岁月惊，忍看回首自梳翎。开笼若放雪衣女，长念观音般若经。"韶时有服，衣白，一坐嗟叹。遂落籍。同辈皆有诗送之，二人者最善。胡楚云："澹粧（淡妆）轻素鹤翎红，移入朱栏便不同。应笑西园旧桃李，强匀颜色待东风。"龙靓云："桃花流水本无尘，一落人间几度春。解佩暂酬交甫意，濯缨还作武陵人。"固知杭人多惠也。

无款印。

后幅：题跋。

---

[1] 薛永年、王连起总主编《石渠宝笈：故宫博物院藏清内府抄本合编（全40册）》，第6787—6792页。

只今谁是钱塘守，颇解湖中宿画船。晓起斗茶龙井上，花开陌上载婵娟。（白乐天、蔡君谟、陈述古、苏子瞻，皆杭守也）

老却眉山长帽翁，茶烟轻扬鬓丝风。锦囊旧赐龙团在，谁为分泉落月中。

三生石上旧精魂，解后相逢莫重论。纵有绣囊留别恨，已无明镜著啼痕。

能言学得妙莲华，赢得春风对客夸。乞食衲衣浑未老，为题灵塔向金沙。

丹邱柯敬仲，多蓄魏晋法书，至宋人书，殆百十函，随以与人，弗留也。它日，独见此轴在几格间，甚怪之，及取观，则吾坡翁书蔡君谟梦中诗及守居阁中旧题也。第三诗以为不知何人作，其轩辕弥明之流欤。陈太守放营妓三诗，亦辱翁翰墨。传流至今，信亦有缘耶。卷后多佳纸，敬仲求集诗识其后，赋此四首。是日试郭玘墨，但目疾转深，不复能作字。又不知年岁，后虽若此者，亦尚能作否，临楮慨然。至顺辛未二月望日，蜀人虞集书。

钤印二：虞雍公世家、天藻亭。

山中覆鹿拾蕉叶，眼底生花二月明。不道人生俱梦里，新诗犹话梦中情。

绿窗度曲初含笑，银甲弹筝不露尖。人生莫待头如雪，华屋春宵酒屡添。

云中初下势如惊，白凤翩跹雪色翎。多少旧游歌舞地，不堪回首又重经。

桃花扇底露唇红，不复梳妆与众同。一曲山香春去也，荼蘼无语谢东风。

一颗摩尼不染尘，瑶池元圃度千春。寥阳殿里云深处，谁是当时解珮人。

三月旌旗幸玉泉，牙樯锦缆幸（"幸"字衍文。旁点）御龙船。千官车骑如云涌，杨柳枝（"枝"字衍文。旁点）梢头月色娟。长忆眉菴鹤发翁，旧时阿阁赞皇风。如今流落哪可（"可"字误。旁点）堪说，黼黻文章似梦中。

鼓瑟湘灵欲断魂，洞庭风浪不堪论。遥知旧赐宫袍锦，双袖龙钟总泪痕。

兴圣宫中坐落花，诗成应制每相夸。庐山面目秋来好，自杖青藜步白沙。

此卷天历间得之都下。予爱坡翁所书之事，俊拔而清丽，令人持玩不能释手。故侍书学士虞公，见而题之。予携归江南，会荆溪王子明，同予所好；携之而去，他日再阅于环庆堂。俯仰今昔，为之慨然。因走笔尽和卷中之诗，以舒其悒郁之气。

旁观者：子明之兄德斋、淮南潘纯、金坛张经、长安莫浩。至正三年夏五月，丹邱柯九思书。

钤印一：柯氏敬仲。

日将公事湖中了，醉入重城列炬明。自古大藩财赋地，古人偏得赋闲情。

谢女娇吟雪比盐，北台马耳见双尖。衲衣政索歌姬笑，不道春寒绣被添。

写韵轩中尘不惊，与谁同蹋凤凰翎。彩鸾可惜情缘重，只合清斋写道经。

钗头新绿荔枝红，哪与江珧色味同。闻道端明新进谱，一时殿阁起熏风。

香辟春寒玉辟尘，流苏斗帐醉和春。一双明月都无价，寂寞人间第二人。

江南在处烟波好，浪迹先生不上船。近就阊间城外宿，可怜霜月夜娟娟。

青城樵者一衰翁，写罢乌丝满袖风。消得玉堂金研匣，至今传入画图中。

听碾龙团怯醉魂，分茶故事待谁论。纤纤玉腕亲曾见，只有春衫旧酒痕。

白公种竹苏公柳，谈笑功名后世夸。依旧葑云三万丈，断桥谁与筑堤沙。

奉同柯丹邱前后用韵凡九章，言无伦次。且有广平媚语之罪，信识法者惧也。癸未冬十一月九日，吴郡张雨为子明王君写。

钤印二：张雨私印、句曲外史。

盈盈秋水眼波明，脉脉远山螺翠横。西北风帆江路永，片云不度若为情。

雨挟江潮来浦口，霜凋木叶见山尖。寒波曾照飞鸿影，鬓雪朝朝与恨添。

风雨翻江梦里惊，忽思风驭绛霄翎。世间安得麻姑爪，痒处爬搔忆蔡经。

湖边窗户倚青红，此日应非旧日同。太守与宾行乐地，断碑荒藓卧秋风。

奎章阁下掌丝纶，清浅蓬莱又几春。三十六宫秋寂寂，金盘零露泣仙人。

戊申十月十七日瓒。

蔡公闽峤双龙璧，苏子儋州万里船。未若（旁改"未若"为"何似"）归田虞阁老，醉吟清浦月娟娟。

嗜酒狂吟秃发翁，华阳坛馆百花风。晚年传得登真诀，归卧南山涧谷中。十九日又追和虞奎章韵。

东阁小书诗梦破，后堂残醉烛花明。春风客散茶香在，寂寞人间万古情。

红入两颧春意满，翠笼双袖晓寒尖。虽知别后情难减，也觉愁中醉易添。

彩笔诗成举坐惊，素衣新剪鹤毛翎。多生应是莲华女，留得银筝金字经。

透海丹砂一粟红，前身应与后身同。就中只换神仙骨，尘业何由到素风。

沧海桑田复几尘，东风惟见落花春。须知剩水残山外，冰雪肌肤别有人。

蜀人文采相先后，多在西湖载酒船。肠断至今湖上柳，空残眉翠簇连娟。

三百年来此两翁，诗人情性道人风。醉中还似毗耶老，花雨纷纷一笑中。

梅花香冷返冰魂，往事茫茫迹未论。宝剑已随龙化去，谁怜水上刻舟痕。

赋罢仙人鄂绿华，金声玉色众中夸。归来世上空尘土，白云江清月满沙。

洪武十四年，岁在辛酉，秋九月朔，义兴马治。

隃糜浓似乌云迹，玉版光争白雪明。七百年余数行字，只今如见古人情。

茗瓯细酌团龙乳，诗卷轻挥紫兔尖。看到疏棂纤月落，不知清漏暗中添。

岁月流波剧可惊，人雕青鬓鹤雕翎。眉山老去方皈佛，手写楞伽四卷经。

听雨高楼（秋帆都门旧寓）万烛红，金樽日日故人同。沧江此夕眠渔艇，独领黄州擘岸风。

卅载牙旗不动尘，华颠移镇楚江春。庾楼吟啸多僚佐，谁识看花第一人。

廿年惯借钱塘住，也向西湖夜放船。湖月不知诗老散，画栏犹送影娟娟。

香花岁岁祀髯翁，秦塞商墟遍采风。（秋帆抚峡时，得坡翁画像，每翁生日，必悬像祀之。海内名士游关洛者，皆与会，各纪以时。）酬得骊珠三百颗（卷中三百〇六字。），仙灵知尚在人中。

莺莺燕燕古芳魂，放鸽重将公案论。（坡诗"去年柳絮飞时节，记得金笼放雪衣"，窃谓正指此事，而自注乃云："杭人以放鸽为太守寿。"殆故谬其说，以避不知者诟病耶。）今日秋风犹有泪，当时春梦已无痕。

天华何必异空华，着袂从将绀唾夸。肯信浮云随变灭，未妨游戏算河沙。

此卷顷为同年秋帆尚书所获，治游江夏，得观于制署之澹宁轩中，借归临仿数过，并缀以诗。时治亲家陈望之，维藩兹土，亦共观焉。尚书与方伯，皆海内大鉴家。今会于一处，公事之暇，

出法书名画，相与评跋之。洵一时盛事，而治以樗散余年。犹
得躬亲其盛，不胜私幸云。乾隆庚戌花朝后二日，丹徒王文治。

钤印二：王氏禹卿、梦楼。

沧江舫上虹仍贯，瞻社湖中月又明。翰墨有缘诚得所，十年怀
想梦中情。（此帖曾见于京师已十年矣。）

当是枯肠醒酒后，更无芒角倚云尖。一分我欲量肥瘦，可许东
邻宋玉添。

鄂渚仙楼夜气惊，千年黄鹤尚修翎。故应楚颂来同庋，胜捡山
阴道士经。

新翻眉晕脸消红，鹤氅相看客意同。羡煞西湖贤太守，画桡鼍
鼓醉东风。

堂前小阁已成尘，数首诗留未了春。柳色六桥遗爱在，固应多
慧是杭人。

甲寅岁四月廿日，谒秋帆前辈于武昌，承以《楚颂帖》及此帖
见示，且许携归舟中，展玩弥日。因和帖中诗五首，应命即正。
湖口周厚辕、载轩并识。

钤印二：厚辕、载轩。

鉴藏宝玺（五玺全）：宝笈三编。

收传印记：苍岩子、蕉林鉴定、官保世家（重一）、天籁阁（重二）、
陈氏（半印）、子孙世昌之印（半印）、鉴定法书之印、快雪堂、项元
汴印（重五）、墨林秘玩（重一）、项子京家珍藏（重三）、项墨林鉴
赏章（重四）、鉴赏□珍、神品、冯铨字伯衡书画印记、冯氏鹿庵珍藏
图籍印、寄傲（重一）、陈氏（重一）、墨林山人（重三）、项墨林父
秘笈之印（重一）、退密（重二）、平生真赏（重一）、蕉林居士、檇
李项氏家宝玩（重一）、岩隐图书、冯铨私印、尘庵居士、德新（半印）、
李君实鉴定、柯九思印（墨印）、河北棠邨（重二）、安定、神游（半
印）、冶溪渔隐、项叔子（重一）、墨林子、子京、子孙永保（重一）、
梁清标印、蕉林秘玩、观其大略、蕉林收藏。

谨按：潘纯，字子素，合肥人，晚居淮浙，见《元诗选》小传。张经，
字德常，金坛人，仕张氏历官松江府判官，见《四朝诗》姓名考。马治，
字孝常，宜兴人。初为沙门，洪武时，官建昌知府，考见《续编》。

宋苏轼自书诗 　一卷[1]

本幅：纸本，四幅。皆纵八寸，通横四尺七寸二分，行书。

　　蟹眼已过鱼眼生，飕飕欲作（二字残损）松风鸣。蒙茸出磨细珠落，旋转绕瓯飞雪轻。银瓶泻汤夸第二，未识古人煎水意。君不见，昔时李生好客手自煎，贵从活火发新泉。又不见，今时潞公煎茶学西蜀，定州花瓷琢红玉。我今贫病长苦饥，分无玉碗捧蛾眉。且学公家作茗饮，砖炉石挑（"挑"应作"铫"）长相随。不愿撑肠拄腹文字五千卷，但愿一瓯长及睡足日高时。（《煎茶》）

　　大弦春温和且平，小弦廉折亮以清。平生未识宫与角，但闻牛鸣盎中雉登木。门前剥啄谁扣门，山僧未闲君莫嗔。归家且觅千斛水，净洗人间筝笛耳。（《听贤师定慧琴》）

　　云何见祖师，为识本来面。亭亭塔中人，问我何所见。可怜明上人，万法了一电。饮水能自知，指月无复眩。我本修行人，三世积精练。中间一念错，受此百年谴。抠衣礼真相，感动泪雨霰。借师瓶锡泉，洗我绮语研。（《过南华寺》）。

　　我欲乘轻舟，东访赤松子。蓬莱不可到，弱水三万里。不如金山去，清风半帆耳。中有妙高台，云峰自孤起。仰观初无路，谁信平如砥。台中老比邱，碧眼照窗几。巉巉玉为骨，凛凛霜入齿。机锋不可触，千偈如翻水。何须寻德云，即此比邱是。

---

[1] 薛永年、王连起总主编《石渠宝笈：故宫博物院藏清内府抄本合编（全40册）》，第6792—6796页。

长生未暇学，请学长不死。（《妙高台》）

子瞻。

无印记。

后幅：题跋。

煮茗听琴，而神游于南华妙高台之上。真蓬莱瀛洲方丈谪仙人也，就蓺龙麝，作婴香供已。时夜将半，月出房心间。风露浩然，曲肱就睡，梦与先生遇。且赐予义樽二、义墨一、鼠须笔三、雪茧纸三十六。曰汝往哉，后二年五月，当唤汝于集英龙池，汝勿怖。东嘉石楼后学徐龙友善大识。文天祥、陈文龙伏观至再，谨书（篆书）。戊辰三月初七日，蒙二先生留名。

钤鼎印一：东海石楼。

此卷二百余年，流传之自。其详已载张果老卷中（按：此亦龙友跋）。陈懋钦尧俞、郑文实仲登，同三山林天觉彦修拜观。壬午冬至日谨志。东海宗斗以南、宗鲁以礼、宗文以道、宗裕以仁。同观于跳珠轩，怡怡如也。立春后一□□谨志。

钤印一：（漫漶）。

熙宁五年壬子，先生在杭。八月监试进士，试院煎茶。七年甲寅先生同于潜毛令方尉游西菩提，听贤师琴。元丰八年乙丑七月，自常赴登，题金山妙高台。绍圣元年甲戌冬十月抵惠，过南华寺，合四时而观。相去二十三年事，何缘一时迸（"迸"疑作"并"）在纸上。山谷云："东坡极不惜书，遇纸无精粗，书遍乃已。"坡亦自言春蚓秋蛇随意画，往往一时，随意随写，又安知好事者宝藏，传为美观哉。虽然，此纸既录题南华诗，却是过海后书，有风涛汹涌之气。

钤印一：龙友。

苏文忠公文章字画妙天下，点墨落人间，例能裹去为荣。仆游京师卅年，乃独未之见，兹非恨与。甲戌暮春于蜀人王君，见公惠州帖二。越翼日，又得见公四诗于石楼君家。惠帖乃信笔书，诗乃公作意书也，流丽婀娜之态皆具，顾思壮岁诵公之文。景慕公平生大节，愿为执鞭竖而不可得。一旦获睹翰墨遗芳于二百载之下，世所谓洞心骇目之貌，有逾是耶。始知连城白璧，未足为宝。后学耦耕子王梦高，敬附贱姓名于下方。

钤印三：王梦高印、兰亭之裔、弥卿。

坡仙所作《煎茶》《听琴》二歌，《南华寺》《妙高台》二古选，中间大有悟境，非刻舟人所能识也。南华诗最后作，考其书是海外鸡毛笔所挥染，故多纤锋，大抵能以有意成风格，以无意取姿态，或离或合，乍少乍老，真所谓不择纸笔，皆能如意者也。人云"公书自李北海"，此书独得之《汝南公主志》《枯树赋》。余见公墨妙多矣，未有逾于此者。敬美自燕归，出示余，漫题其后。俟长夏无事，当尽取四诗和之。庚辰四月，王世贞谨题。

钤印二：五湖长、王世贞印。

跋之后五日，偶兴到，遂和此四诗。中间为韵所苦，幸不落爽，敬美谓何。

洪都鹤岭太粗生，北苑凤团先一鸣。虎邱晚出谷雨候，百斗百品皆为轻。慧水不肯甘第二，拟借春芽冠春意。陆郎为我手自煎，松飙写出真珠泉。君不见，蒙顶空劳荐巴蜀，定红输却宣瓷玉。毡根麦粉充调饥，碧纱捧出双蛾眉。搊筝炙管且未要，隐囊筇榻须相随。最宜纤指就一吸，半醉倦读《离骚》时。（右和《煎茶》韵。）

轻澌濯月秋江平，劳师五指谱双清。飞霜片片堕徽角，不辞身作爨下木。朱颜讵可依朱门，武陵博得安道嗔。道人胸中净于水，从此潮音难入耳。（右和《听颖师琴》韵。）

身自祖戒来，未识祖戒面。偶然赖拈出，一见不再见。紫马白玉堂。所得等露电，鲸海人鲊滩，厌药始瞑眩。悔不先师禅，荡荡一白练。濡首六欲尘，惊心九重遭。云胡岭外归，绮语纷如霡。但使能亦空，何烦焚笔砚。（右和《南华寺》。）

佛印老秃翁，片言柱苏子。禅房咫尺间，忽掷千万里。不解弦中调，如风过牛耳。却望妙高台，嵯峨插天起。俊雕摩空没，江平四如砥。意气稍得舒，归来对隐几。卷我广长舌，避汝（原本"我"字旁，改"汝"字）坚利齿。初若锥遇锤，契则针投水。欲识苏子谁，长爪梵志是。不向无智生，宁向有智死。（右和《妙高台》。）世贞再题。

钤印二：元美、弇州山人。

长公尝云："乐天事事可及，唯风流一事，不可及也。"公意盖以自况耳。余生平所畜长公书不少，所见尤多。风流洒落，未见有如此卷者。其诗即谈禅，亦自有一种不羁趣。跋有二状元篆书"忠义峥嵘"，尤足为四诗增气。余兄元美，尽和其诗，字即退舍。诗品当有定价也，余总名此卷曰人豪。万历丁亥春正月，吴郡王世懋题。

钤印二：王敬美氏、损斋道人。

旧题签：

苏文忠公四诗真迹，（神品），西陂秘宝。

鉴藏宝玺（五玺全）：宝笈三编。

收传印记：静观斋、静观斋珍赏图书印记、龙友、温之东海龙友、清河印记、友乡国天下士曰善士、商邱宋荦审定真迹、黄鹰字绣丞一曰素庵、琅琊王敬美氏收藏图书、古歙汪家珍碧人氏鉴定、琳琅馆、司□、江□。余印不可辨。

谨按：文文山、陈志忠二人题款。据石楼所记，乃戊辰三月，当是宋度宗四年，又十二年而宋亡。陈懋钦等志在壬午以后，则已入元初矣。自王梦高以上，殆皆宋元之际人，今并无考。陈文龙，字志忠，一字君贲，即戊辰岁进士第一。历官参知政事，宋亡被执，至杭州不食死，与文山事迹相同。王敬美跋中所谓"二状元'忠义峥嵘'"者也。

宋苏轼《墨竹》 一轴[1]

本幅：纸本，纵一尺二寸五分，横一尺九寸七分。墨画竹，款：

元丰四年冬，东坡居士。

无印。

旧题签：

东坡居士墨竹，晴岚敬旧之物。曾归于蒋文恪所，借观累日，

不知何以流转书肆中。为耦堂得之，幸甚幸甚。己亥首春钱载题。

鉴藏宝玺（五玺全）：宝笈三编。

收传印记：王百谷氏、清森阁书画印、君远珍秘、四明□氏、收藏图书记、

断轩、张晴岚敬观、心常依于古人、九馗、王元美印、须溪刘氏。

---

[1] 薛永年、王连起总主编《石渠宝笈：故宫博物院藏清内府抄本合编（全40册）》，第
6796页。

宋贤书翰　一册[1]

本幅：纸本，折装二十幅，对幅装二幅，集宋人尺牍诗帖二十种。

二、苏轼尺牍，一幅，纵九寸，横一尺四寸，行草书。

> 覆盆子甚烦采寄，感怍之至。令子一相访，值出未见，当令人
>
> 呼见之也。季常先生一书，并信物一小角，请送达，轼白。[2]

无印记。

后副叶（页）题跋。

> 昔人云，得古帖残本，如优昙出现。此册宋名贤真迹廿二件，
>
> 兼苏、黄、米、蔡尽有之。俨入琼林琪树中，赏玩终日莫能穷。
>
> 目眩心摇，岂止优昙出现耶。麓村安君博学嗜古，得而宝之。

---

[1] 薛永年、王连起总主编《石渠宝笈：故宫博物院藏清内府抄本合编（全40册）》，第7875—7881页。

[2] 其余作品为：一、蔡襄尺牍，纵八寸，横七寸五分，行楷书。三、黄庭坚书药方，纵九寸，横一尺一寸七分，行草书。四、米芾尺牍，纵九寸二分，横一尺四寸五分，行书。五、米芾尺牍，纵九寸二分，横一尺四寸五分，行书。六、钱勰尺牍，纵八寸八分，横一尺一寸一分，行楷书。七、刘焘尺牍，纵八寸八分，横一尺五分，行书。八、韩世忠尺牍，纵一尺八寸一分，横一尺三寸六分，行楷书。九、韩彦质尺牍，纵一尺八分，横一尺一寸九分，草书。十、汪藻尺牍，纵九寸五分，横九寸六分，行书。十一、叶梦得尺牍，纵一尺一寸九分，横一尺四寸，行楷书。十二、吴说尺牍，纵九尺四寸，横一尺六寸，行楷书。十三、吴琚尺牍，各纵九寸五分，横四寸五分，草书。十四、杨无咎尺牍，纵八寸五分，横一尺七分，行草书。十五、张舜民尺牍，纵八寸一分，横一尺二寸，草书。十六、范成大尺牍，纵一尺一分，横一尺三寸五分，草书。十七、陆游尺牍，皆纵一尺四寸，横九寸草书。十八、朱子尺牍，纵一尺七分，横一尺六寸，草书。十九、张九成尺牍，纵一尺，横一尺五寸，草书。二十、陈与义诗帖，纵一尺，横一尺三寸五分，行书。

因余来天津，谬以余能鉴别而视余。余获玩味而附记于后，如此数公。余辄附记于后，是余之不知量也。麓村乃嘱余，不以为尘点。爱我深矣。戊子八月廿五日漏下二十刻，海宁陈奕禧题。

钤印二：陈嘉、梦墨。

旧标签：宋贤书翰，海宁陈奕禧为麓村长兄题签。

鉴藏宝玺（五玺全）：宝笈三编。

收传印记：畀印（半印，重一）、李（半印）、黄琳美之、琳印、安氏仪周书画之印（重十五）、项笃、和叔、张镠（重四）、黄美曾观（重一）、天籁阁（半印，重二）、秘笈之印（半印）、世昌（半印重一）、神品、槜李项子京家珍藏、项叔子、退密（重二）、项元汴印（重二）、子京父印（重三）、项墨林鉴赏章（重一）、槜李项氏士家宝玩（重三）、真赏（重二）、安仪周家珍藏（重三）、虚朗斋、义阳、古香书屋、仪周鉴赏（重三）、明安国玩、珍绘堂记（重四）、孙承泽印（重三）、德寿堂书籍印、张铁（重九）、图书（半印）、藏书（半印）、苕溪刘南、曹溶、赋感甄人、曹溶秘玩、曹溶鉴定书画印（重一）、通儒世守、毗陵开国、赵氏（半印）、文兴、屠存智印（重一）、桃李、项墨林父秘笈之印（重二）、世家（半印，重一）、天水郡图书印、北燕张氏家藏、项子京家珍藏（重一）、舜昇、忠彻、清森阁书画印、何元朗氏、鉴躬、曹溶之印、欧阳元印、墨林项氏汴印、子孙永保、墨林山人、存智、仲醇、臣继儒、木庵居士、休伯、水村（半印）、友后裔（半印）、云壑、□□赞皇李氏家藏、子子孙孙其永宝用、梁清标印、蕉林秘玩、翩然阁、安仪周鉴赏、朝鲜安岐珍藏。半印二不可识。

宋四家书 一卷[1]

本幅：纸本，五幅。

一、纵九寸，横八寸九分，苏轼行书。

元祐八年八月十一日，将朝尚早，假寐梦归□行宅。遍历蔬圃中，已而坐于南轩。见庄客数人，方运土塞小池。土中得两芦菔根，客喜食之。予取笔作一篇文，有数句云："坐于南轩，对修竹数百、野鸟数千。"既觉，惘然思之。南轩，先君名之曰来风者也。轼。

钤印一：眉阳苏轼

二、纵八寸七分，横一尺二寸一分，苏轼行书尺牍。

轼启，衮衮职事，日不暇给。竟不获款奉，愧负不可言。特辱访别，愧怅不已。信宿起居佳胜，明日成行否？不克造诣违，千万保重保重。新酒两壶，辄持上。不罪浼渎，不一不一。轼再拜主簿曹君亲家阁下，八月十九日。[2]

无印记。

鉴藏宝玺（五玺全）：宝笈三编。

收传印记：松雪斋图书印、赵子昂氏、季振宜、沧苇氏鉴定印、李氏珍玩、

---

[1] 薛永年、王连起总主编《石渠宝笈：故宫博物院藏清内府抄本合编（全40册）》，第8066—8069页。

[2] 其余作品为：三、纵八寸七分，横一尺五寸一分，黄庭坚行书尺牍。四、纵八寸二分，横四尺五寸五分，米芾草书诗。五、纵九寸四分，横二尺二寸，蔡襄楷书晋陆云《寒蝉赋》。

困学斋、仲穆、檇李、子孙世昌、江德量鉴藏印、桂坡安国鉴赏、口斋、张镠（重一）、安仪周家珍藏、心赏、两山道人、安氏仪周书画之章、毛氏珍藏图书、毛九畴印、景父项氏韫椟图书（墨印）、曹溶之印、纪勋、董其昌印、宣和、政和（重一）、建炎、绍兴、迩英殿宝、御府之印、传世墨宝（重半印一）、埋轮之后、项元汴印（重一）、项墨林父秘笈之印、墨林子、墨林秘玩、元泰宝藏（重一）、京兆宇文公谅子贞章、退密、真赏（鼎印）、苏斋墨缘、檇李项氏士家宝玩、半印五图书、图书印、父印、黄氏、若东。余印不可辨。